세법의 전반적인 이론과 주·객관식 문제와 답을 수록한

쉬운 세법의 이해

고성삼·이동찬 저

- 공인회계사·세무사·수험생과
경영학도·실무자들의 필비서 -

법문 북스

머리말

자본주의 사회에 있어서 어느 누구든 세금을 떠나서는 살 수가 없다. 왜냐하면 현대국가의 유지 발전과 국민의 복지증진을 위한 재원은 바로 세금으로 조달되기 때문이다. 그러나 이러한 세금은 과세주체인 정부와 지방자치단체가 개별적 반대급부 없이 납세자로부터 강제적으로 징수하는 것이기 때문에 국가는 물론 기업, 소비자 등 국민 일반의 활동영역에 커다란 영향을 미치게 된다.

따라서 현대사회를 합리적이고 효과적으로 살아가기 위해서는 세금(조세)에 대한 기본지식은 반드시 알아두어야 할 일반상식이 되고 있다. 하물며 기업의 최고경영자를 꿈꾸는 경영학도들에게 있어 세금에 대한 지식의 필요성은 두말할 여지가 없는 것이다.

그러나 세법의 체계와 내용이 매우 방대하고 복잡하여 세법에 대한 기초지식이 없는 일반독자나 학생들이 짧은 시간에 세법에 대한 내용을 이해한다는 것은 거의 불가능에 가까운 편이라고 생각된다.

특히 기존의 세법관련 도서는 공인회계사나 세무사 시험을 준비하는 수험도서로 만들어져 거의 2000여 쪽에 이르는 매우 방대한 분량으로 짧은 시간에 세법을 이해하는데는 매우 어려운 편이어서 이러한 문제점을 탈피해 보고져 그 동안의 강의 경험을 토대로 세법을 쉽게 이해할 수 있도록 집필하였다.

특히, 본서는 세법의 전반적인 체계와 내용을 단기간 내에 습득할 수 있도록 세법 전반의 내용을 알기 쉽게, 될수록 간단명료하게 저술하였으며 본서를 통하여 독자여러분과 이 분야를 전공하려고 하는 학생들에게 매우 어렵게만 느껴졌던 세법을 조금이나마 친숙감을 가질 수 있는 계기가 되고, 나아가 우리나라 세무회계 제도의 향상에 조금이라도 기여할 수 있다면 더 이상의 기쁨이 없다 하겠다.

그러나 저자의 노력에도 불구하고 오류, 탈락 등 여러 가지 미비된 점이 많이 있을 것으로 생각되며 이러한 것들은 독자 여러분과 여러 동학제현의 지도편달을 바탕으로 본인의 끊임없는 노력에 의해서 보완될 것임을 약속드린다.

본서의 준비에 있어서 원고정리와 교정등 노력을 아끼지 않은 나의 제자들에게 깊은 사의를 표한다.

아무쪼록 애독자 여러분의 가정 위에 하나님의 은총이 함께 하기를 기원하는 바이다.

2015년 8월

혹석동 명수대 연구실에서
저자

차 례

머리말

제1부
세법의 개관

제 1 장 조세의 의의 ·· 17

제1절 조세의 개념 ·· 17

제2절 조세의 주요원천 ·· 18

제3절 조세부과시의 고려요소 ·································· 20

제4절 현행의 조세제도 ·· 22

  1. 우리나라의 조세제도의 주요변천과정 ············· 22

  2. 조세의 분류 ·· 24

  3. 우리나라 현행 조세체계 ·································· 28

  4. 부동산 관련 세제 ·· 29

  <객관식 문제> ·· 31

제 2 장 세법의 의의 ··· 35

제1절 세법의 개념 ··· 35

제2절 세법의 법원 ··· 36

   1. 헌법 ··· 36

   2. 법률 ··· 36

   3. 시행령 ··· 37

   4. 시행규칙 ··· 37

   5. 조례·규칙 ··· 37

   6. 조세조약 ··· 37

   7. 예규·통첩 ··· 38

   8. 판례 ··· 38

   9. 조리 ··· 38

제3절 세법의 해석방법 ··· 38

제4절 과세요건 ··· 40

   1. 납세의무자 ··· 40

   2. 과세물건 ··· 41

   3. 과세표준 ··· 41

   4. 세율 ··· 42

제5절 납부방법 및 신고납부기한 ··· 42

   1. 자진신고납부에 의한 세금 ··· 42

   2. 정부부과 과세제도에 의한 세금 ··· 42

   3. 원천징수납부제도에 의한 세금 ··· 43

   4. 신고납부 기한 및 신고불성실가산세 ··· 43

   <객관식 문제> ··· 45

제 3 장 세금의 사용현황과 세법제정상의 문제점 ··· 47

제1절 우리나라 세금의 사용현황 ··· 47

제2절 세법제정상의 문제점 ··· 48

   1. 예측가능성의 불비 ··· 48

    2. 소득분배의 왜곡 ·· 48
    3. 경제현실의 왜곡 ·· 49
    4. 탈루소득의 방치 ·· 49
    5. 추계결정의 임의성 ·· 50
    <객관식 문제> ··· 51

제2부
세법의 각론

제 1 장 국세기본법 ·· 55
  제1절 국세기본법의 기본내용 ·· 55
    1. 국세기본법의 목적 ·· 55
    2. 기간과 기한 ·· 56
    3. 서류의 송달 ·· 57
    4. 국세의 부과와 세법의 적용 ·· 58
  제2절 납세의무 ·· 59
    1. 납세의무의 성립·확정 및 소멸 ·· 59
    2. 납세의무의 확장 ·· 62
    3. 국세의 우선 ·· 65
    4. 고액·상습체납자의 명단공개 ··· 66
    5. 탈세제보자에 대한 포상금 지급 ··· 66
  제3절 납세자의 권리 ·· 67
    1. 수정신고 및 경정청구 ·· 67
    2. 환급 ·· 68
    3. 조세불복 ·· 68

　　　4. 납세자의 권리헌장 ……………………………………………… 69
　　　<객관식 문제> ……………………………………………………… 75

제 2 장　부가가치세법 …………………………………………………… 83
　제1절 부가가치세의 기초이론 ………………………………………… 83
　　　1. 부가가치세의 의의 ………………………………………………… 83
　　　2. 부가가치세의 납세의무 ………………………………………… 85
　　　3. 사업자 등록 ……………………………………………………… 87
　제2절 과세거래 ……………………………………………………… 88
　　　1. 과세대상 …………………………………………………………… 88
　　　2. 거래시기와 거래장소 …………………………………………… 93
　　　3. 영세율과 면세 …………………………………………………… 94
　　　4. 세금계산서 ………………………………………………………… 98
　　　5. 영수증 …………………………………………………………… 101
　제3절 부가가치세의 계산 ……………………………………………… 101
　　　1. 일반과세 ………………………………………………………… 101
　　　2. 간이과세 ………………………………………………………… 105
　　　3. 안분계산 ………………………………………………………… 107
　제4절 신고 납부 ……………………………………………………… 109
　　　1. 예정신고납부 …………………………………………………… 109
　　　2. 확정신고납부 …………………………………………………… 110
　　　3. 대리납부제도 …………………………………………………… 110
　　　4. 경정과 징수 …………………………………………………… 111
　　　<객관식 문제> …………………………………………………… 112
　　　<주관식 문제> …………………………………………………… 120

제 3 장　소득세법 ……………………………………………………… 127
　제1절 소득세의 기초 ………………………………………………… 127

1. 소득세의 개관	127
2. 소득세의 계산구조	131
제2절 종합소득	131
1. 소득금액의 계산	131
2. 과세표준의 계산	146
3. 자진납부세액의 계산	151
제3절 퇴직소득	159
1. 퇴직소득	159
제4절 양도소득	161
1. 과세대상	162
2. 양도의 개념	165
3. 양도 및 취득시기	165
4. 비과세 양도소득	166
5. 양도소득세의 계산	169
제5절 신고·납부	175
1. 종합소득과 퇴직소득	175
2. 양도소득세	179
<객관식 문제>	182
<주관식 문제>	194
제 4 장 법인세법	197
제1절 법인세의 기초	197
1. 법인세의 의의	197
2. 법인세의 납세의무	197
3. 법인세의 계산구조	199
제2절 각 사업연도 소득금액의 계산	202
1. 세무조정과 소득처분	202
2. 익금산입과 손금불산입	206
3. 손금산입과 익금불산입	208

4. 손익의 귀속시기 및 자산·부채의 평가 ······················ 210

5. 재고자산과 유가증권의 평가 ······························· 211

6. 감가상각 ··· 213

7. 외화자산·부채 ··· 217

8. 충당금 ··· 217

9. 준비금 ··· 220

10. 부당행위계산의 부인 ··· 221

11. 접대비 ··· 222

12. 기부금 ··· 222

13. 지급이자 ··· 226

제3절 법인세액의 계산 ··· 226

1. 과세표준 ··· 226

2. 산출세액 ··· 227

3. 차가감 납부세액 ·· 228

제4절 기타의 법인세 ·· 230

1. 토지 등 양도소득에 대한 법인세 ······················· 230

2. 청산소득에 대한 법인세 ···································· 232

3. 비영리법인의 법인세 ··· 233

4. 외국법인의 법인세 ·· 233

5. 동업기업의 과세특례 ··· 235

제5절 신고·납부 ··· 235

<객관식 문제> ·· 238

<주관식 문제> ·· 248

제 5 장 상속세 및 증여세법 ······································· 255

제1절 상속세법 ··· 255

1. 상속세의 기초 ··· 255

2. 과세표준의 계산 ·· 258

    3. 상속세액의 계산 ·································· 263

    4. 신고·납부 ······································· 265

제2절 증여세 ··· 266

    1. 증여세의 의의 ································· 266

    2. 증여세의 과세표준 ····························· 267

    3. 조세특례제한법상 증여세 과세특례 ············· 271

    4. 증여세액의 계산 ······························· 272

    5. 신고 납부 ····································· 273

제3절 재산의 평가 ······································· 274

    1. 부동산 ··· 275

    2. 주식과 출자지분 등. ··························· 276

    3. 무체(無體)재산권 ······························· 277

    4. 증권투자신탁 수익증권 ························· 278

    5. 예금, 저금, 적금 ······························· 278

    6. 대부금, 채권 ·································· 278

    7. 저당권 등이 설정된 재산 ······················· 278

    8. 정기금의 평가 ································· 278

    <객관식 문제> ································· 280

제 6 장 종합부동산세법 ································· 285

제1절 종합부동산세법 ··································· 285

    1. 의 의 ··· 285

    2. 과세기준일 및 납세지 ························· 285

    3. 과세구분 및 세액 ····························· 286

    4. 비과세·감면 등 ······························· 286

제2절 주택에 대한 과세 ································· 287

    1. 납세의무자 ··································· 287

    2. 과세표준 ····································· 289

　　　3. 세율 및 세액 ··· 291
제3절 토지에 대한 과세 ··· 292
　　　1. 납세의무자 ··· 292
　　　2. 과세표준 ··· 294
　　　3. 세율 및 세액 ··· 294
제4절 종합부동산세의 납세절차 ··· 296
　　　1. 신고·납부 ·· 296
　　　2. 물납과 분납 ··· 297
　　　3. 결정과 경정 ··· 297
　　　<객관식 문제> ·· 300

제 7 장　기타의 세법 ··· 303
제1절 지방세법 ·· 303
　　　1. 세율 ·· 304
　　　2. 징수방법 ··· 305
　　　3. 불복절차 ··· 306
　　　4. 취득세 ··· 307
　　　5. 등록면허세 ··· 309
　　　6. 재산세 ··· 311
　　　7. 기타 지방세 ··· 312
제2절 국세징수법 ·· 315
　　　1. 국세징수법의 의의 ··· 315
　　　2. 징수 ·· 315
　　　3. 체납처분 ··· 316
제3절 국제조세조정에 관한 법률 ··· 317
　　　1. 의의 ·· 317
　　　2. 이전가격세제 ··· 317
　　　3. 과소자본세제 ··· 318

   4. 조세피난처의 법인소득에 관한 과세조정 ················· 318

   5. 국외증여에 대한 증여세 과세특례 ······················· 319

   6. 상호합의 절차 ··································· 319

   7. 국가간의 조세협력 ····························· 320

제4절 조세특례제한법 ······································· 320

   1. 조세특례제한법의 의의 ························· 320

   2. 조세특례제한법의 성격 ························· 321

   3. 조세감면의 배제 ····························· 321

   <객관식 문제> ······························· 322

제 1 장 조세의 의의

제1절 조세의 개념

　정부는 재화와 서비스를 구입하기 위해 지불해야 하는 경비, 그리고 국민들을 대상으로 한 이전지출에 소요되는 경비의 충당을 위해 재정수입을 필요로 한다. 조세는 이와 같은 재정수입의 필요성에 의해 민간부문으로부터 강제적으로 징수되는 자원을 의미한다. 정부는 조세이외에도 여러 방법에 의해 재정수입을 얻고 있다. 국채발행, 사용자부담금, 공공기업의 이윤 등이 그 예이다. 그러나 정부가 정부의 역할을 수행하는데 필요한 경비의 대부분은 조세수입에 의해서 이루어지고 있다.

　조세는 여러 가지로 설명되고 있지만, 일반적으로 '국가 또는 지방자치단체 등 공권력체가 경비충당의 재정조달 목적으로 과세권에 의하여 법률에 규정된 과세요건을 충족한 모든 자에게 특정한 개별적 보상 없이 부과하는 금전급부'라고 정의할 수 있다. 이를 자세히 설명하면 다음과 같다.

　(1) 조세는 국가 또는 지방자치단체가 그의 유지 활동을 위해서 필요로 하는 재원조달을 목적으로 한다. 그런데 현대 세제에 있어서는 재원조달목적보다는 오히려 경기조절, 소득재분배, 경제성장촉진 등 부수적인 사회정책적 목적이 주된 기능으로 발휘되는 경우도 있다.

　(2) 조세는 국민경제 내부에서 생산된 부의 일부를 강제적으로 정부에 이전시키는 수단이므로 재산권의 보장을 침해하는 성격을 갖게 되어 반드시 법률에 의해서만 부과 징수할 수 있도록 하고 있다.

　(3) 조세채권채무관계는 국가와 세법이 규정한 과세요건을 충족한 국민 간에 자동적으로 성립하게 된다. 그래서 이는 사계약상의 계약이나 공법상의 계

약과는 다르다.

(4) 조세는 개별보상의 원리를 따르지 않고 일반보상의 원리를 따른다. 국가가 재원을 조달하여 생산하는 서비스는 국민에게 그 혜택이 주어지는 것은 사실이지만 이는 개별적인 인과관계가 아닌 간접적인 관계일 뿐이다.

(5) 조세는 원칙적으로 금전으로 납부하도록 되어 있다. 이는 현대의 화폐경제의 발달에 기인한 것이나 예외적으로 법인세·소득세·상속세·증여세·종합부동산세에서 물납을 인정하고 있다.

제2절 조세의 주요원천

인류의 역사를 되돌아 볼 때 조세는 잘 정비된 정부가 존재하는 한 항상 존재해 온 것을 발견하게 된다. 시대의 흐름에 따라 조세제도의 특징도 여러 측면에서 조금씩 변화해 왔는데, 그 중에서 특히 관심을 끄는 것은 세원구성에 생긴 변화의 추세이다.

세원(Tax source)이란 조세부과의 대상이 되는 경제변수 혹은 경제행위를 의미한다. 예를 들어 소득이나 재산, 혹은 부가가치가 세원이 될 수도 있고, 재산을 사고파는 행위나 소유권을 등록하는 행위 같은 것도 세원이 될 수가 있다. 여기서는 시대가 바뀜에 따라 조세제도의 골격을 이루는 세원이 경제발전 단계에 따라 변화해 온 역사를 간단히 소개하고자 한다.

(1) 전통사회

전통사회에서는 화폐경제화의 정도가 지극히 미약하였으며, 상업화 및 도시화도 별로 진전되지 못했기 때문에 선택가능한 조세의 종류도 아주 제한되어 있었다. 이때에는 권력자의 지배하에 있는 토지와 사람에 대한 과세, 즉 지세와 인두세가 주요한 세입원이었다. 조세의 화폐화는 아직 이루어지지 않아 현물로 납부하거나 영주에게 노역을 제공함으로써 실질적인 납세를 했던 것을 볼 수 있다. 이와 같은 사정은 서양뿐 아니라 우리나라를 위시한 동양도 비슷했다. 조세를 납부하는 관행(habitual practice)이 정착된 것은 이보다 훨씬 후 근대사회가 태동하기 시작하던 때였다.

(2) 근대사회로의 이행기

전통사회에서 근대사회로의 이행하는 단계에서는 관세, 주세, 혹은 담배세 같은 전통적인 물품세가 주종을 이루게 되었다. 이와 같은 변화는 당시 점차 활기를 띠어 가던 국내의 상업활동과 외국과의 무역활동이 과세당국의 관심을 끌기 시작한 데에서 연유한 것으로 해석할 수 있다. 오늘날 소득세제도가 가장 잘 정착된 미국 같은 경우에도 1913년 법체계이전에는 연방정부 수입의 대부분을 관세와 물품세에 의존했던 것을 볼 수 있다. 이때 이후에야 소득세가 본격적으로 도입되어 주요세원으로서 물품세를 대체하기 시작했다. 근대사회로의 이행기에서 발견할 수 있던 또 하나의 특징은 조세에 관한 고려가 거의 전적으로 재정수입의 달성에만 국한되어 있었다는 점이다. 예컨대 조세제도가 갖는 효율성이나 공평성은 당시 사람들의 관심 밖에 놓여 있었던 것이다.

(3) 근대사회

근대사회로 들어온 후부터는 소득세나 법인세같은 직접세에 대한 의존이 점차 늘어나게 되었다. 이와 동시에 물품세 부과의 대상이 점차 확대되어 근대적인 물품세의 체계를 갖추게 되었다는 점도 또 하나의 특징적인 현상이었다. 결국 부가가치세 같이 광범한 성격을 갖는 물품세까지 개발되어 소득세와 나란히 어깨를 겨루기에 이르렀다. 한 나라의 재정이 소득세를 중심으로 하는 직접세와 부가가치세를 중심으로 하는 간접세에 각각 어느 정도로 의존하고 있는가는 그 나라의 사회 역사적 배경에 따라 다른 양상을 보이고 있다.

예를 들어 미국의 경우에는 전통적으로 유럽이나 일본에 비해 소득세를 위시한 직접세의 비중이 큰 특징을 보여 왔다. 반면에 유럽의 여러 나라들은 직접세보다 간접세 위주의 조세제도를 운영해 온 것을 볼 수 있다. 조세와 관련하여 근대사회가 보이고 있는 또 하나의 특징은 조세를 징수할 때 이것이 경제 사회에 미치는 영향을 광범하게 고려하기 시작했다는 점이다. 과거의 주요한 관심사는 어떻게 하면 부작용을 최소화하면서 조세를 순조롭게 거두어들일 수 있느냐였다. 약간 더 적극적인 태도를 취하여 바람직한 조세제도의 성격이 무엇인가에 대해 관심을 가질 때도 있었다.

그러나 조세가 사람들의 경제적 선택에 미치는 영향을 실증적으로 연구하고 이를 정책에 반영시키고자 하는 시도는 별로 찾아볼 수 없었다. 이와 대조적으로 현대에서는 조세가 단순히 재정수입을 조달하는 수단만이 아니라 정책적인 목표를 달성하는 데 사용할 수 있는 수단으로서도 인식되고 있는 것을 볼 수 있다.

제3절 조세부과시의 고려요소

오늘날 조세는 다양한 목적으로 제도화되고 있다. 특히, 소득분배의 주요한 수단으로 활용하려는 움직임이 많이 보이지만 실제로 그 효과는 미미한 것으로 나타나고 있는 것이 현실이다. 정책적 목적으로 조세제도를 활용함에 따라서 많은 부작용도 나타나고 있다. 따라서 여기서는 바람직한 조세제도가 갖추어야할 요건들을 살펴보고자 한다.

(1) 조세부담의 공평성

이는 납세자의 경제적 여건에 비추어 볼 때 부담의 분배가 공평해야 한다는 요구로서 왜 그래야 하는지에 대해서는 따로 설명할 필요가 없으리라고 생각한다. 조세라는 것은 기본적으로 국가가 수행하는 사업 비용을 국민으로 하여금 부담시키는 수단임을 생각할 때, 조세부담이 공평하게 분배되어야 한다는 요구는 다른 어떤 것보다 더 큰 중요성을 갖는다는 사실을 인식할 수 있다.

(2) 경제적 효율성

앞에서 말한 바와 같이 조세의 존재는 민간부문의 의사결정에 상당한 영향을 주고 있다. 그 결과 자원의 배분과정이 잘못되는 데서 비효율성이 유발되는 것이다. 그러므로 좋은 조세제도란 자원배분과정에서의 혼란을 가능하면 작게 하여 경제적 효율성의 상실을 극소화시킬 수 있어야 한다.

(3) 행정적 단순성

조세제도가 아무리 공평하고 효율적이라 해도 매우 복잡하여 사람들이 이해하기 어렵고 운영에도 많은 비용이 든다고 하면 결코 좋은 제도라고 할 수가 없다. 그러므로 행정적인 측면에서 볼 때 지극히 단순하여 납세자들이 쉽게 이해할 수 있을 뿐만 아니라 적은 비용으로 운영할 수 있어야 한다는 요구 역시 결코 경시할 수 없다.

(4) 신축성

조세제도는 신축성을 가지고 있어 경제적 여건의 변화에 쉽게 반응할 수 있어야 바람직하다고 말할 수 있다. 예를 들어 정부가 조세수단을 통해 경제의 안정을 도모하려고 할 때 조세제도가 신축성을 갖고 있으면, 훨씬 쉽게 목표를 달성할 수 있을 것이다. 만약 제도 자체가 경직성을 갖고 있어 경제적 상황이 아무리 급격하게 변화하고 있어도 이에 대한 적응을 허용하지 않는다면 결코 바람직한 결과를 가져올 수 없다.

(5) 정치적 책임성

현행의 조세제도하에서 각 납세자가 얼마나 큰 부담을 지고 있는지를 명백히 알 수 있게 해야만 정치적으로 책임 있는 방법으로 조세제도가 운영된다고 말할 수 있다. 정부는 누가 얼마나 부담하는가 잘 알 수 없는 간접세를 재원조달의 수단으로 삼음으로써 납세자들의 반발을 회피하려는 성향을 갖고 있는데, 이는 정치적으로 무책임한 방법이 아닐 수 없다. 책임감을 갖고 있는 정부라면 각 납세자가 얼마나 부담하게 되는지 명백히 밝힌 다음 이들로 자유로운 선택을 하도록 허용해야 할 것이다.

이와 같은 많은 고려요소 중에서 특히 중요한 것은 공평성과 효율성인데 이것들은 서로 상충관계(contradiction)에 있기 때문에 동시에 충족하는 것은 불가능하다. 복지사회를 지향하는 오늘날은 공평성에 비중을 두었는데 이에 따라 조세제도의 소득분배효과가 미미하다는 연구결과가 나오게 되어 최근에는 효율성을 중시하는 추세로 변하고 있다. 특히 국제경쟁의 치열함으로 인해 공평성 보다 경제적 자원의 효율적 배분을 중시하는 조세제도가 선호되고 있다.

제4절 현행의 조세제도

1. 우리나라의 조세제도의 주요변천과정

한국의 조세제도에서 1950년대와 1960년대에 걸쳐 일어났던 변화는 주로 조세수입을 증진하는 데 주안점을 두고 도입된 것들이었다. 전후 복구 및 국가기반의 확립을 위해 막대한 재정자금이 소요되는 당시의 현실에서 아직 초창기에 있었던 조세제도는 주요한 재정수입원으로서의 구실을 제대로 하지 못하고 있는 상황이었다. 또한 그 당시의 조세제도는 충분한 세수를 벌어들일 수 없다는 점에서 문제를 갖고 있었을 뿐만 아니라, 제도 그 자체가 허점과 불합리성으로 가득차 있는 상황이었다. 선진국의 조세제도를 그대로 빌려 채택한 것이 한국의 실정에 잘 맞지 않는 점이 발견되면 이리 저리 손질해 가면서 쓸 수 밖에 없는 시행착오의 과정이 불가피한 시기였다고 할 수 있다. 따라서 조세수입의 기반을 확충해 나가면서 점진적으로 조세제도의 기본틀을 잡아가는 것이 그 시대에서는 무엇보다도 더 중요한 과제였던 것이다. 조세수입의 증진에 중점을 두고 개혁을 추진하던 기조는 1970년대에 들어오면

제1부

세법의 개관

서 한 차례 전환점을 맞게 된다. 이제는 경제개발을 촉진하기 위한 유인의 제공이라는 측면이 더욱 부각되기 시작한 것이다. 성장전략산업의 육성을 위해 1970년부터 철강, 석유, 나프타 분해사업 등에 대해 5년간 세액면제를 해 주고, 1973년부터 조선 및 기계산업에 대해 역시 5년간 세액면제를 해 주는 것을 위시하여 여러 가지의 투자유인책이 조세제도에 유입되기 시작하였다. 국내저축과 외자도입을 촉진하기 위하여 예금과 국공채 이자수입에 대해 비과세 혜택을 준다든가 외국인 투자기업에 대한 조세감면 등의 조치가 취해지기도 하였다. 우리가 지금 보고 있는 거의 모든 조세지원제도가 그때 도입되었다고 해도 과언이 아닐 정도로 많은 종류의 조세상의 특혜가 이 시기에 도입되기 시작했다. 또한 1980년대 들어오면서 경제의 기조가 성장에서 안정으로 바뀌어 그동안 조세지원제도의 난립에 따른 부작용이 상당히 크다는 점을 인식하고, 이를 점차 정리해 가려는 움직임을 보이기 시작했다. 그 한 예로 1981년부터 중요산업에 대한 지원범위를 줄여가기 시작하여, 1986년에는 항공산업에만 예외를 인정하고 나머지는 완전히 폐지하기에 이른 바 있다. 그러나, 이와같은 조세지원의 범위와 규모를 감축하려는 노력이 일관성을 갖고 추진된 것은 아니었다. 기업의 체질과 경쟁력을 강화시킨다는 명목으로 또 다른 형태의 조세지원제도가 도입되어 조세지원의 전반적 규모가 눈에 띄게 줄어드는 현상은 찾아 볼 수 없었던 것이다. 결국 조세상의 특혜조치를 정책수행의 중요한 수단으로 사용하는 1970년대 이래의 경향 그 자체에는 아직까지도 별다른 실질적 변화가 생기지 않았다고 말할 수 있다.

우리나라 조세제도의 개혁과정에서 중요한 이정표가 될 만한 일들을 몇가지 뽑아 본다면, 우선 1974년의 종합소득세제도의 도입을 꼽아 볼 수 있다. 그 이전에는 소득의 원천별로 따로 과세하는 분류과세를 실시하고 일정한 소득수준을 넘는 경우에 대해서만 종합과세하는 방식을 채택해 왔다. 그 결과 소득의 종류에 따라 세율이나 공제액 등이 서로 달라 매우 복잡한 소득세제를 만들었을 뿐만 아니라 개인별로 합산하여 과세하는 것이 아니었기 때문에 능력에 맞는 과세를 할 수도 없었다. 종합소득세제의 도입을 통해 이와 같은 문제를 시정할 수 있는 계기를 맞게 되었으며 그 때에야 우리나라는 비로소 근대적인 소득세제도를 갖기 시작했다고 할 수 있다. 그렇지만, 40여년이 지난 지금에도 완전한 종합과세는 실시되지 못하고 있는 실정이다.

조세제도의 개혁과정에서 또 하나의 이정표가 될 수 있는 것은 1977년의 부가가치세 도입이라고 할 수 있다. 유럽의 여러 나라들이 1960년대 말에서 1970년대 초에 걸쳐 부가가치세의 도입을 마무리 하였는데, 우리나라도 이들의 경험을 기초로 하여 부가가치세제도를 서두르게 된 것이다. 당시 우리나라의 경제, 사회의 일반적 상황이 이들 선진국보다 훨씬 뒤떨어져 있었고, 조세제도 역시 낙후성을 면치 못하였음에도 불구하고 부가가치세 제도를 도입한 것은 과감한 조치였다. 당시에 우리나라 경제가 이를 수용할 만한 능력을 갖추지 못한 상태여서 정착과정에서 많은 무리가 뒤따랐다는 점을 부정하기 어렵다. 그러나 오늘날 아직도 문제점이 남아있기는 하지만 점차 정착단계에 이르고 있다. 또한 1993년 8월에 실시된 금융실명제와 2006년도에 실시된 종합부동산세 제도는 투기억제를 위한 조세개혁차원에서 실시된 제도이다.

2. 조세의 분류

조세는 여러 가지 측면(과세권자·부담자·세원·세율 등)에서 관찰해 볼 수 있는데 다음과 같이 분류해 보기로 한다.

(1) 국세와 지방세

이는 과세의 주체, 즉 과세권자를 기준으로 분류한 것으로서 국가가 부과 징수하는 조세를 국세라고 하고, 지방자치단체가 국가로부터 과세권을 부여받아 부과 징수하는 조세를 지방세라고 한다. 아직은 지방자치권이 미미하여 지방세의 규모가 작은 실정이지만, 서서히 지방자치권이 확대되면서 지방세의 규모를 확대하기 위해 전반적인 국세와 지방세의 조정이 논의되고 있다.

(2) 내국세와 관세

이는 국세의 하위분류로서 국경통과 유무에 따라 내국세와 관세로 구분하는
데 관세는 과세물품이 국경을 통과하여 수입 또는 수출될 때 부과되는 조세이
고 내국세는 관세이외의 국내에서 과세되는 모든 조세를 말한다.

(3) 직접세와 간접세

이는 세금을 납부하는 사람과 그 세금을 실제로 부담하는 사람이 같은가에
따른 분류이다. 직접세는 세금을 납부하는 사람, 즉 법률상의 납세의무자와 세
금을 실제로 부담하는 사람, 즉 경제상의 담세자가 일치하는 조세를 말하며,
간접세는 법률상의 납세의무자와 경제상의 담세자가 일치하지 않는 조세이다.
소득세나 법인세, 상속세, 증여세 등이 직접세에 해당하며, 부가가치세, 개별소
비세 등은 간접세에 해당한다. 조세부담에 있어서 직접세가 일반적으로 누진
적인데 반하여, 간접세는 역진적이기 때문에 조세의 소득재분배 효과를 측정
하는데 주로 이용되는 분류법이다.

(4) 보통세와 목적세

이는 조세수입의 용도가 특정목적에 있는지 여부에 따른 분류로서 목적
세는 조세수입을 특정목적에만 사용되는 조세이며, 보통세는 용도를 특정
하지 않고 일반경비에 사용되는 조세를 말한다.

(5) 인세와 물세

이는 과세대상에 납세의무자의 인적요소를 고려하는지 여부에 따른 분류
이다. 소득이나 재산이 귀속되는 사람을 중심으로 인적요소를 고려하여 과세
하는 조세를 인세(人稅)라고 하고, 인적요소를 고려하지 않고 재산이나 수익

자체라는 과세물건에 대하여 과세하는 조세를 물세(物稅)라고 한다. 그래서 인세는 조세의 부담능력에 따라 부담시킬 수 있게 된다.

(6) 수익세·재산세·소비세·유통세

이는 담세력을 표상하는 과세물건을 기준으로 하는 분류인데, 수익세는 경제활동을 함으로서 얻게 되는 소득이나 이익에 대하여 담세력을 인정하는 조세이며, 재산세는 재산을 소유한다는 사실에 담세력을 인정하여 조세를 부과하는 조세이다. 또한, 소비세는 재화나 용역을 소비한다는 사실에 담세력을 인정하는 조세이며, 유통세는 권리의 취득, 변경 또는 재화의 이전 등의 사실에 담세력을 인정하여 과세하는 조세이다.

(7) 종가세와 종량세

이는 세액산출의 기초가 되는 과세표준을 금액으로 하느냐 또는 물량으로 하느냐에 따른 분류이다. 과세물건의 금액을 가지고 과세표준을 정하는 조세를 종가세라 하고 과세물건을 수량을 과세표준으로 하는 조세를 종량세라 한다. 종가세는 세율이 일정비율로 표시되고 종량세는 세율이 일정금액으로 표시된다. 우리나라 조세는 대부분 종가세에 해당되며 주세, 인지세, 자동차세, 개별소비세 등이 종량세를 적용하고 있다.

(8) 비례세와 누진세

이는 적용되는 세율의 성질을 기준으로 한 분류이다. 비례세는 과세표준의 크기와는 관계없이 일정율의 동일한 세율을 적용하는 조세이고 누진세는 과세표준이 증가함에 따라 적용되는 세율도 점차 높아져가는 조세이다. 한편 역진세는 부담능력이 커짐에 따라 오히려 부담이 적어지는 조세를 말하는데 이는 과세형평을 논할 때 비례세도 일종의 역진세로 분류를 하게 되고 누진세는 부

담능력이 증가함에 따라 그 부담의 정도가 증가하는 조세로서 보통 초과누진
세를 적용하게 된다.

(9) 경상세와 임시세

조세부과의 적용시기의 계속성 여부에 따른 분류로서 경상세는 매기마다 주
기적으로 부과되는 조세를 말하고 임시세는 일정기한을 두고 한시적으로 부과
하는 조세이다.

(10) 독립세와 부가세

독립된 세원이 있는지 여부에 따른 분류로서, 독립세는 독립된 세원에 대하
여 부과하는 조세를 말하고, 부가세는 다른 조세에 부가되는 조세로서 교육세,
농어촌특별세 등이 있다.

3. 우리나라 현행 조세체계

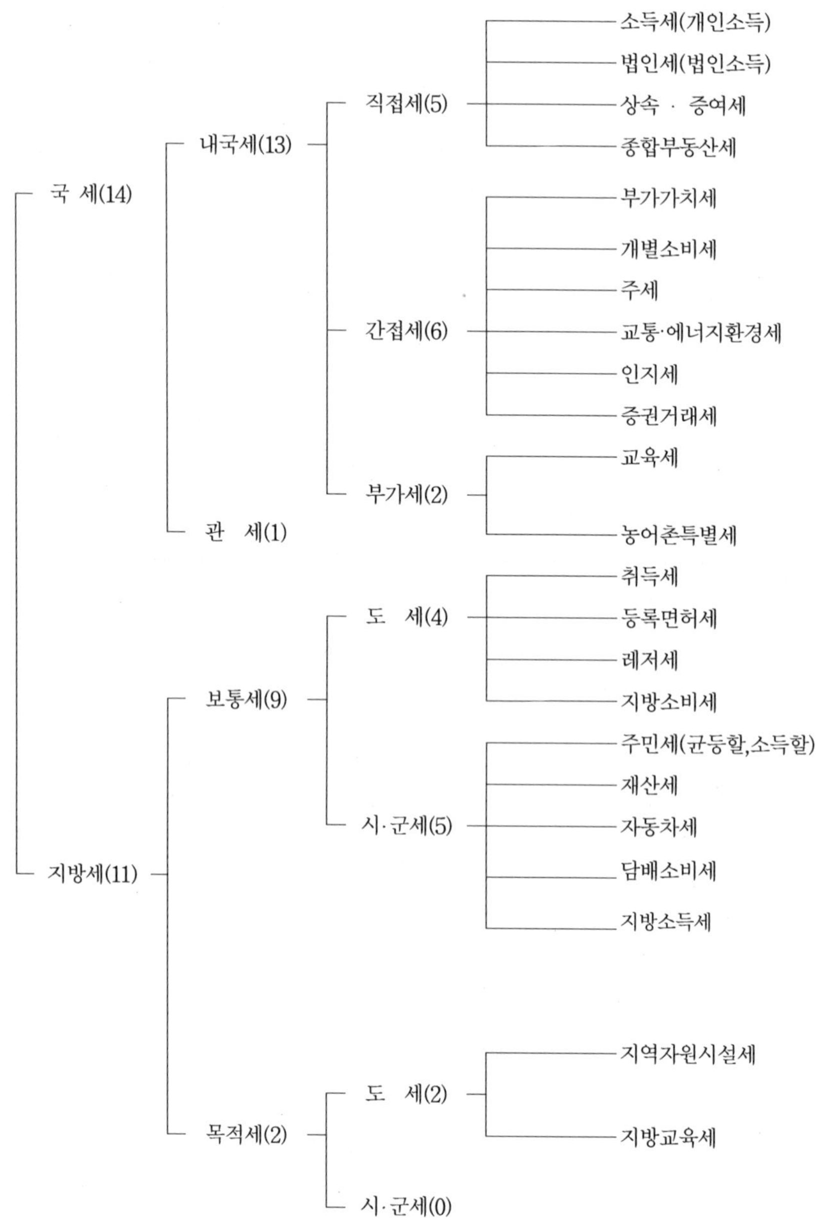

4. 부동산 관련 세제

(1) 부동산 관련조세의 체계

1) 부동산 취득과 관련된 조세
취득세, 등록면허세, 상속증여세, 인지세, 지방교육세, 농어촌특별세,
일반적인 취득시 : 대략 5%정도
 : 취득세(2.8%), 등록면허세(2%), 농어촌특별세(취득세의 10%), 지방교육세
(등록면허세의 20%)

2) 부동산의 보유와 관련된 조세
-보유한다는 사실에 부과 : 재산세, 종합부동산세, 지역자원시설세
-부동산 임대시 : 임대소득에 대한 소득세, 부가가치세
*재산세, 지방교육세(재산세 세액의 20%부과) 농어촌특별세(종합부동산세
 액의 20%)

3) 부동산 양도와 관련된 조세
양도소득세, 법인의 경우는 법인세, 건물의 양도에 대해서는 부가가치세
*양도소득에 대해서 조세특례제한법에 의한 감면세액에 대해서 농어촌특별
 세(20%)

(2) 부동산 관련 조세의 납세의무 성립시기

1) 취득관련조세
취득세(부동산을 취득하는 날), 등록면허세(부동산을 등기·등록하는 때). 상
속세(상속개시되는 때), 증여세(증여에 의해 부동산을 취득하는 때), 인지세
(문서를 작성하는 때), 지방교육세 · 농어촌특별세(본세의 납세의무가 성립하
는 때)
2) 보유관련조세

재산세 · 종합부동산세(매년 6월 1일), 지역자원시설세(매년 6월 1일),

3) 부동산의 양도관련조세

양도소득세(과세기간이 종료하는 때), 법인세(사업연도종료일), 부가가치세(과세기간이 종료하는 때, 6월 30일과 12월 31일), 소득세(매년 12월 31일)

(3) 부동산 관련 조세의 신고납부기(간)한

1) 취득관련 조세

취득세(취득한 날로 부터 60일 이내), 등록면허세(등기신청서 접수일, 중과세 등으로 인한 추가납부사유 발생시 발생일로 부터 30일 이내), 상속세(상속개시일로부터 6월 이내), 증여세(증여를 받은 날로부터 3월 이내), 인지세(인지를 첨용하는 때)

2) 보유관련조세

재산세(매년 7월 16일부터 7월 31일까지, 주택의 2분의 1과 토지는 9월 16일부터 9월 30일까지), 종합부동산세(매년 12월 1일부터 12월 15일까지), 법인세(사업연도 종료일로 부터 3월이내)

3) 부동산의 양도관련조세

양도소득세(양도일이 속하는 달의 말일부터 2월이내), 법인세(사업연도 종료일로 부터 3월 이내), 부가가치세(과세기간 종료일로 부터 25일 이내: 1/25, 7/25 단, 4월 25일과 10월 25일까지 예정신고)

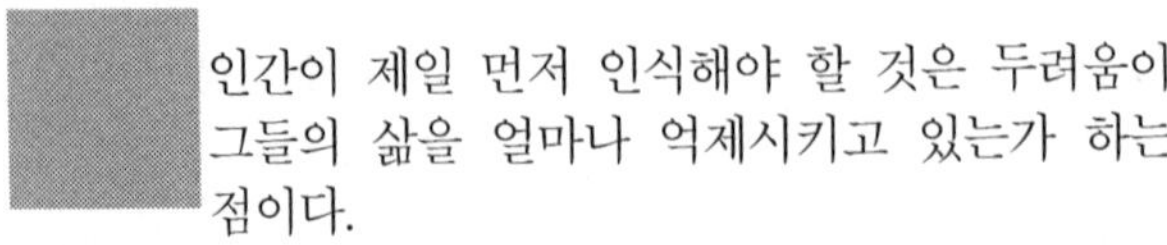

1. 조세의 개념을 설명한 것이다. 잘못 된 것은?
   ① 조세는 국가 또는 지방자치단체가 그의 유지활동을 위해서 필요로 하는 재원조달을 목적으로 한다.
   ② 조세는 국민경제 내부에서 생산된 부의 일부를 강제적으로 정부에 이전시키는 수단이므로 재산권의 보장을 침해하는 성격을 갖게 되어 반드시 법률에 의해서만 부과징수 할 수 있도록 하고 있다.
   ③ 조세는 세법이 규정한 과세요건을 충족한 경우에는 국가와 요건을 충족한 국민 간에는 채권 채무관계가 자동적으로 성립된다.
   ④ 조세는 개별보상의 원리를 따라 수익자 원칙에 의해서 그에 상응하는 혜택을 부여하고 있다.
   ⑤ 조세는 원칙적으로 금전으로 하도록 하고 있으나, 예외적으로 법인세, 소득세, 상속·증여세에서는 물납을 인정하고 있다.

2. 조세의 원천인 세원이란 조세부과의 대상이 되는 경제변수 혹은 경제행위를 의미한다. 다음 중 현대의 주요 세원이 아닌 것은?
   ① 소득   ② 재산   ③ 부가가치   ④ 소유권 이전행위   ⑤ 금전

3. 현대의 조세는 다양한 목적을 위해서 활용되고 있다. 정책적 목적으로 조세제도가 수정을 가하게 됨에 따라서 많은 부작용도 나타나고 있는데, 이런 조세제도가 바람직한 조세제도가 되기 위한 요건이 될 수 없는 것은?
   ① 조세부담의 공평성   ② 경제적 효율성   ③ 행정적 단순성
   ④ 경직성   ⑤ 정치적 책임성

4. 다음은 우리나라 조세제도의 변천과정을 서술한 것이다. 틀린 것은?
   ① 1950년대와 1960년대는 선진국의 조세제도를 그대로 빌려 채택한 것이

한국의 실정에 맞지 않는 경우에는 손질을 해서 사용하던 시기였다.

② 1970년대에는 경제발전을 촉진하기 위하여 각종 투자 유인책이 조세제도에 도입되기 시작했던 시기였다.

③ 1974년에는 소득의 원천별로 따로 과세하던 소득세를 개인별로 모든 소득을 합산하여 과세하는 종합소득세제를 도입하였다.

④ 1980년대에는 경제의 기조가 성장에서 안정으로 전환되면서 조세지원제도의 난맥상도 정리되기 시작했다.

⑤ 1987년에는 올림픽을 앞두고 각종 소비세제를 통합한 부가가치세제를 도입하였다.

5. 부동산 취득시 부담해야할 세금이 아닌 것은?

① 재산세 ② 등록면허세 ③ 지방교육세 ④ 취득세 ⑤ 농어촌특별세

6. 곰두리는 자동차에 주유소에서 휘발유를 주유하였다. 이때 곰두리가 부담하는 조세가 아닌 것은?

① 부가가치세   ② 소득세   ③ 교통·에너지·환경세
④ 자동차세   ⑤ 개별소비세

7. 다음 중 국세가 아닌 것은?

① 법인세   ② 재산세   ③ 부가가치세   ④ 소득세   ⑤ 증권거래세

8. 한석이가 지난 8월에 (주)삼성전자의 주식을 100주 취득하여 10월에 매각한 경우에 부담하게 되는 세금은?

① 양도소득세   ② 개별소비세   ③ 증권거래세   ④ 부가가치세
⑤ 교통·에너지·환경세

9. 현행 우리나라 조세제도상의 세목이 아닌 것은?

① 소득세 ② 교통·에너지·환경세 ③ 전화세 ④ 부가가치세 ⑤ 인지세

10. 재형이는 지난 9월에 삼촌으로부터 아파트를 무상으로 받았다. 이 때 부담해야할 세금은?

① 종합소득세　② 재산세　③ 부가가치세　④ 상속세　⑤ 증여세

11. 직접세와 간접세는 세금을 납부하는 사람과 그 세금을 실제로 부담하는 사람이 같은가에 따른 분류로서 직접세는 같은 경우이고, 간접세는 다른 경우이다. 다음 중 직접세가 아닌 것은?

① 법인세　② 소득세　③ 개별소비세　④ 종합부동산세　⑤ 상속증여세

12. 소득재분배 기능을 수행하기 위해서 조세부담능력에 따라 그 부담정도가 증가하는 초과누진세를 취하고 있는 조세가 아닌 것은?

① 부가가치세　② 소득세　③ 상속세　④ 증여세　⑤ 법인세

13. 또순이는 다가오는 12월에 자동차를 구입하려고 한다. 자동차 취득과 관련하여 부담하게 될 조세가 아닌 것은?

① 취득세　② 등록면허세　③ 자동차세　④ 개별소비세　⑤ 부가가치세

[해답]

1.④ 2.⑤ 3.④ 4.⑤ 5.① 6.② 7.② 8.③ 9.③ 10.⑤ 11.③ 12.① 13.③

제 2 장 세법의 의의

제1절 세법의 개념

세법은 과세권의 주체인 국가 또는 지방자치단체와 경제활동의 주체인 국민과의 사이에 형성되는 조세법률관계를 규율하는 법을 말한다. 즉 조세에 관한 법 전체를 말하는 것으로서 넓은 의미의 세법에는 지방세법과 관세법도 포함된다.

세법은 행정법의 일부로 취급되어 오다가 법률학의 한 분야로서 연구와 교육의 대상이 된 것은 세계 제1차 대전 이후이다. 그 이전에는 납세인구도 적고 세부담도 비교적 가벼워 사회·경제적으로 그 중요성이 미약했기 때문이다. 점차로 경제가 성장하여 경제규모가 커짐에 따라 담세규모도 증가하고 국민개납주의를 표방함으로서 과세당국과 납세자와의 조세마찰이 빈번하게 발생하게 되었다. 또한 종래의 조세법률관계는 국민이 국가의 과세권력에 복종하는 관계로만 이해되었지만, 이제는 조세채권 채무관계로 생각하게 됨에 따라 새로운 독자적인 법원리의 필요성을 인식하게 되었다. 그래서 사실상 행정법의 일부로서의 위치에서 분리되어 독자적인 길을 모색하고 있다. 우리나라도 1980년도부터 세법에의 관심이 무척 부각되어 오다가 1990년대에 이르러 국제통화기금(IMF) 사태와 관련하여 급격한 변화를 하고 있는 실정이다.

제2절 세법의 법원

조세에 관한 법의 존재 형식을 세법의 법원(law source)이라고 한다. 법원으로서 성문법과 불문법이 있을 수 있는 점에 있어서는 다른 법의 분야나 다를 것이 없지만 세법은 헌법에서 선언한 조세법률주의에 의하여 엄격히 지배되는 법역이므로 세법의 법원인 법률이 그 중추적 지위를 점하게 되고 불문법이 법원으로서 그 역할을 담당할 영역은 다른 법의 분야에 비하여 매우 협소하게 된다. 특히 관습법이 세법의 법원이 될 수 있는가는 논란이 되고 있는 문제이며 과세관청의 예규통첩은 세법의 법원은 아니지만 사실상 과세과정에서 극히 중요한 기능을 발휘하고 있다.

1. 헌법

조세법도 국가의 최고의 규범인 헌법의 질서하에서 유지되어야 하기 때문에 헌법은 최상위의 법원이다. 따라서 세법이 헌법에 위반되는 경우는 위헌의 문제가 야기되게 된다. 헌법 제38조에는 '모든 국민은 법률이 정하는 바에 의하여 납세의 의무를 진다'고 규정되어 있고, 제59조에는 '조세의 종목과 세율은 법률로 정한다'고 규정함으로서 헌법적 규범근거를 마련하고 있다. 이는 또한 조세법률주의를 명문화한 규정이기도 하다.

2. 법률

조세영역에서 법적 안정성과 예측가능성을 보장하기 위해서 과세요건 등 조세에 관한 모든 사항을 법률에서 규정하도록 하고 있다. 법률이 세법의 대종을 이루는 것은 조세법률주의의 실현을 구현하기 위한 것으로서 이는 세법이 개인 재산권의 침해의 가능성이 크기 때문이다.

3. 시행령

법률에서 규정할 수 없는 세부적인 사항을 구체적으로 범위를 정하여 명령으로 위임하게 되는데 이를 시행령 즉 대통령령이라고 한다. 이는 법률에서 위임받은 사항을 대통령이 발할 수 있는 것으로서 위임받지 않은 사항을 제정하는 것은 위법이므로 그 효력이 없다.

4. 시행규칙

국무회의에서 다루기 힘든 구체적인 행정실무사항에 대해서는, 대통령령인 시행령에서 권한을 위임받아 국무총리 또는 각부장관이 제정하는 것을 시행규칙이라고 하는데 이는 입법기관인 국회의 의결을 거치지 않기 때문에 권한 남용의 문제가 남게 된다. 따라서 구체적으로 위임받은 사항만을 제정할 수 있을 뿐이다.

5. 조례·규칙

조례는 지방자치단체의 의회가 제정하는 법규이며 규칙은 지방자치단체의 장이 정하는 법규이다. 지방세법 제 3조 1항에는 '지방자치단체는 지방세의 세목·과세객체·과세표준·세율 및 기타 부과징수에 관하여 필요한 사항을 정함에 있어서 조례로서 하여야 한다'라고 규정되어 있고, 제3조 3항에는 "지방자치단체의 장은 제1항의 조례의 시행에 따르는 절차와 기타 그 시행에 관하여 필요한 사항을 규칙으로 정할 수 있다."라고 규정되어 있어서 세법의 법원임을 확실히 하고 있다.

6. 조세조약

조약은 국가 간을 구속하는 법적 효력을 가지는 것으로서 국내법과 동일한 효력을 발휘하게 되므로 그 조약이 세법에 관한 것인 조세조약은 세법의 법원이 되는 것이다.

7. 예규·통첩

예규는 상급관청이 그의 소속기관 및 직원의 직무운영에 있어서 기본적이고 일반적인 사항을 명령할 때 취하는 형식이고, 통첩은 직무운영에 관한 세부적 사항, 법령해석 등을 개별적이고 구체적으로 시달할 때 취하는 형식이다. 그러나, 양자가 모두 훈령의 범주 내에 속하지만 실무상 양자가 엄밀히 구분되어 사용되는 것이 아니기 때문에 통상 예규통첩이라고 함께 부르고 있다.

8. 판례

판례는 재판의 선례를 말한다. 따라서 법원의 판례는 추상적으로 규정되어 있는 법규의 내용을 구체성 있게 명확히 하고, 혹은 관습법의 존재와 그 내용을 명백히 하거나, 혹은 무엇이 조리인가를 선언하는 등의 기능을 통해서 성문법의 해석기준을 제시하고 성문법의 결함을 보충한다.

9. 조리

조리는 사물의 이치 또는 도리를 말하는 것으로 사람의 이성 또는 사회정의에 기하여 합리적이라고 생각되는 규범을 말한다. 이와 같은 조리는 경우에 따라서 사회통념·사회적 타당성·정의·법에 있어서의 체계적 조화 등으로 표현되기도 한다. 조리가 법과 관련을 가지는 것은 민사실정법 및 계약의 해석에 있어서 표준이 된다는 점과 법에 흠결이 생겼을 경우 재판의 근거가 된다는 것에 있다.

제3절 세법의 해석방법

세법도 국법질서 속에 존재하는 부분적 법질서이므로 일반적으로 승인되어 타당성이 인정된 법의 해석방법과 기준은 세법의 해석 적용에도 그대로 적용하여야 할 것이다. 다만, 세법만이 가지고 있는 고유한 성질 때문에 세법에 특유한 해석의 기준과 방법이 더 모색되어야 하며, 법의 일반적 해석기준이나 방법이 경우에 따라 배제되거나 수정되어야 하는 것이다. 왜냐하면 세법은 첫째, 국민의 재산권보장에 대하여 침해법규적 성격을 가지고 있으므로 그 해석 적용은 법적 안정성과 예측가능성을 그 본질적 기능으로 삼는 조세법률주의에 위배하지 않는 범위에 머물러야 한다는 요청이 강하고, 둘째 조세는 공동필요에 의해 합의구성한 통치단체가 사용할 경비의 분담을 그 본질로 하기 때문에 그 분담은 각 구성원에게 공평해야 한다는 조세평등주의에도 세법의 해석 적용은 부응될 수 있는 것이어야 하기 때문이다. 이러한 명제는 세법을 해석 적용함에 있어서 법의 일반적 해석방법을 배제하기도 하고 수정하기도 하게 된다.

법 해석방법에는 문리해석과 논리해석이 있는데 문리해석은 문자 문언·문법적 구조에 구애되면서 이에 중점을 두고 해석하는 방법이고, 논리해석은 법에 담겨있는 이치 내지 조리, 법령의 취지 내지 목적에 중점을 두고 해석하는 방법이다. 또한 논리해석(論理解釋)은 확장해석(擴張解釋), 축소해석, 반대해석, 유추해석 등으로 분류할 수도 있다.

세법도 문리해석은 물론 논리해석이 가능한데 이는 국세기본법 제18조 1항의 '세법의 해석 적용에 있어서는 과세의 형평과 당해 조항의 합목적성에 비추어 납세자의 재산권이 부당히 침해되지 아니하도록 하여야 한다.'는 규정이 뒷바침하고 있다. 그러나 세법은 조세법률주의에 의하여 지배되고 있으므로 법문에 표현되어 있는 그 문언에 충실하여야 하지 확장해석이나 유추해석을 허용한다는 것은 아니기 때문에 문언에 충실한 엄격해석을 하도록 주문하고 있는 것이다. 즉 논리해석을 인정하되 납세자의 재산권을 침해하는 국고주의적 해석은 금지하고 그 의미가 불분명하게 인식되어 의심스러운 경우에는 납세자의 이익에 따르도록 제한적으로 인정하고 있는 것이다.

세법의 목적을 재정수요충족을 목적으로 하는 조세의 목적 내지 과세의 목적과 구별하여 과세행정의 영역에 있어서 국민의 재산권이 위법하게 침해되는 것을 방지하는데 있다고 주장하는 경우도 있다. 이는 국가의 재정수요를 충족하기 위한 과세에 있어서 과세·비과세 그리고 조세를 부담하여야 할 한계를 명확하게 함으로써 국민의 재산권을 보장하는 것이 법규범으로서의 세법의 목적이라는 것이다. 따라서 세법을 해석함에 있어서 이 세법의 근본목적을 항상 고려하여야 한다는 것은 당연하게 된다.

따라서 세법의 해석에 있어서는 자유민주주의 기본질서를 이루는 조세법률주의를 최고의 가치기준으로 하고 조세평등주의를 차위의 가치질서로 삼으면서 그 하위에서 충돌되는 가치는 비교형량에 의하여 조화되도록 하여야 할 것이다.

제4절 과세요건

현대는 과세권자와 납세자와의 관계를 조세채권·채무관계로 보고 있기 때문에 과세권이 행사되기 위해서는 조세채권·채무관계가 성립하여야 하는데 이 성립요건이 과세요건의 충족이다. 과세요건은 실체적 구성요건을 의미하므로 세목마다 그 구체적인 내용은 다를 수 있다. 따라서 각 세목의 구성요건은 각 세법에 규정되어 있다. 이를 개별적 과세요건이라고 한다. 이론적 기초개념으로서 과세요건은 포괄적 일반적 과세요건이라고 할 수 있다. 과세요건에 포함시키는 범위를 어디까지로 볼 것인가에 대하여 여러 가지 학설이 있는데 여기서는 납세의무자, 과세물건, 과세표준, 세율을 과세요건으로 하는 4분설에 대하여 살펴보기로 한다.

1. 납세의무자

납세의무자란 세법이 당해 세금을 납부하도록 규정하고 있는 납세주체로서 개인 또는 법인은 세법의 규정에 따라 다 같이 납세의무자가 될 수 있다. 구체적인 납세의무자는 각 세법이 따로 정하고 있으며, 소득세법상의 거주자와 비거주자, 법인세법상의 내국법인과 외국법인, 부가가치세법상의 사업자 등이 그 예이다. 따라서 이러한 납세의무자는 조세의 권리·의무관계의 주체로서 세법에 의하여 세금을 내야 할 사람이며, 실질귀속의 원칙이 적용되어져야 한다. 납세의무자와 유사한 개념으로 세법상 흔히 사용되는 것에는 납세자, 징수의무자, 제2차납세의무자, 납세보증인 및 담세자 등이 있다.

2. 과세물건

조세법이 과세의 대상으로 정하고 있는 물건·행위 또는 사실을 과세물건이라고 한다. 이는 납세의무의 성립을 위하여 필요한 핵심적인 물적기초를 의미한다. 조세법을 입법함에 있어서는 무엇을 과세물건으로 선정하는 것이 응능부담의 요청에 부합하는가의 문제와 관련되므로 과세물건에 관한 논의는 그 중요성을 가진다. 과세물건은 세원의 존재를 표상하는 것들이다. 이러한 것들에는 소득, 소비지출, 재산 등이 있는데 그 중 어느 것에 과세하느냐에 따라 국민계층간의 조세부담상 공평한 정도와 조세가 경제의 효율성에 미치는 정도가 달라진다. 따라서 한 나라의 세제를 운영할 때 소득, 소비, 재산 중에서 어떤 것에 더 무겁게 과세하느냐에 따라 공평과 효율이 다르게 나타난다.

3. 과세표준

조세채무의 크기인 세액을 계산하기 위하여는 과세물건이 어떤 특정인에게 귀속되어 납세의무자가 확인되는 것만으로는 부족하고, 그 과세물건을 일정한 가치척도에 의해 측정함으로써 그 크기를 가려야 한다. 큰 과세물건에는 많은 세액을, 작은 과세물건에는 작은 세액을 과세할 수 있어야 하기 때문이다. 즉 과세표준은 과세물건을 가치척도로 계산한 값이다. 따라서 과세물건을 금액·수량·건수 및 인원 등의 척도로 계량화·금액화한 것을 과세표준이라고 한다. 이와 같이 담세력을 표상하는 과세물건이 금액 또는 수량으로 측정된 과세표준은 세액을 산출함에 있어서 세율의 피승수가 되는 것이다.

4. 세율

과세표준에 대한 세액의 비율을 세율이라고 한다. 그런데 통상적으로는 산출세액의 계산을 위하여 과세표준에 적용되는 법률이 정한 비율이라고 표현한다. 세율의 크기, 그 구조를 어떻게 할 것인가는 조세정책을 반영하는 입법상의 문제이다. 세율의 종류, 크기, 누진구조의 완급 등은 그 나라의 자본축적도, 소득분배도, 경기변동에 미치는 영향, 납세도의와 포탈의 관련성, 재정수요의 크기 등이 종합적으로 고려되어야 하는 것이므로 다분히 역사적, 경제적, 정치적 요소에 의하여 좌우된다고 할 수 있다. 그러나 국제거래의 규모가 거대화되고 자본이 국제간에 자유롭게 이동하는 개방경제체제하에서는 국제간에 조세조화의 문제가 중요시되고 있으며 세율의 조화가 그 하나이다.

제5절 납부방법 및 신고납부기한

납세의무자가 세금을 납부하는 방법으로는 납세의무자가 과세거래와 과세소득에 대하여 자신이 스스로 계산하여 신고납부하거나, 정부가 세원을 포착하여 부과, 고지, 납부하도록 하거나, 다른 납세자가 세금을 징수하여 대리납부하는 방법 등이 있다. 이러한 제도를 자진신고납부제도, 부과과세제도, 원천징수납부제도라고 한다.

1. 자진신고납부에 의한 세금

법인세, 소득세, 부가가가치세, 개별소비세, 주세, 증권거래세, 교육세, 취득세, 등록면허세 등

2. 정부부과 과세제도에 의한 세금

상속세, 증여세, 종합부동산세, 재산세, 주민세, 자동차세 등

3. 원천징수납부제도에 의한 세금

근로소득, 퇴직소득, 이자소득, 배당소득 및 기타소득 등

4. 신고납부기한 및 신고불성실가산세

모든 세금은 납세의무 성립일로 부터 일정 기한까지 신고, 납부하도록 규정
하고 있다. 이 기한을 경과하면 가산세 등의 불이익을 받게 된다. 각 세법에서
규정하고 있는 납부기한과 신고의무를 성실하게 이행하지 못했을 경우의 가산
세율을 요약하면 다음과 같다.

신고·납부기한 및 가산세율

구분 세목	유 형	과세기간	신고납부기한
소득세	종합소득세	1.1 ~ 12.31	다음 해의 5.1~5.31
	근로소득 연말정산	1.1 ~ 12.31	다음 해의 3월 10일
	양도소득예정신고	각 양도 시점	양도일이 속하는 달의 말일 부터 2월 이내
	양도소득확정신고	1.1 ~12.31	다음 해의 5.1~5.31
	이자, 배당 등 분리과세소득	각 지급시점	다음달 10일
종합 부동산세	재산보유	과세기준일 6.1	12.1 ~ 12.15
법인세	각 사업년도 소득	정관상의 사업년도기간 (1년을 초과하지 못함)	말일로부터 3월 이내
상속세	자연인의 사망 또는 실종선고	사망시 이전 재산(일생동 안의 누적재산)	사망일로 부터 6월, 9월(해외거주)내
증여세	증여계약 후 실행된 재산	5년간 증여재산 합계액(5년전~증여시점)	증여일로부터 3월
부가 가치세	확정신고납부	1기 : 4.1~6.30 2기 : 10.1~12.31	종료후 25일까지 (외국인 50일)
	예정신고납부	1기 : 1.1~3.31 2기 : 7.1~9.30	종료후 25일까지
지방세	재산취득행위 (취득세)	부동산 등 취득시마다	취득일부터 60일
	등기, 등록 행위 (등록면허세)	관서, 관청 등록시마다	신청일납부
	대부분의 지방세	1년 혹은 일정기간 단위	기준일에서 1월 내 고지, 1월 내 납부

신고불성실 가산세율

구 분	부 당	일 반
무 신 고	40 %	20 %
과 소 신 고	40 %	10 %

1. 조세에 관한 법의 존재형식을 세법의 법원이라고 하는데, 다음 중 세법의 법원이라고 할 수 없는 것은?
   ① 헌법 ② 시행규칙 ③ 조세조약 ④ 조례·규칙 ⑤ 국세청 훈령

2. 현대는 과세권자와 납세자와의 관계를 조세채권·채무관계로 보기 때문에 과세권이 행사되기 위해서는 조세채권·채무관계가 성립하여야 하는데, 이 성립요건을 과세요건이라고 한다. 이러한 과세요건은 학설에 따라 여러 가지로 보고 있는데, 가장 보편적으로 보고 있는 과세요건에 포함되지 않는 것은?
   ① 납세의무자 ② 담세자 ③ 과세물건 ④ 과세표준 ⑤ 세율

3. 조세에 관한 법의 존재형식을 세법의 법원이라고 하는데, 다음 중 세법의 법원이라고 할 수 없는 것은?
   ① 법률 ② 시행령 ③ 시행규칙 ④ 예규통첩 ⑤ 조세조약

4. 납세의무자가 세금을 납부하는 방법에는 자진신고납부제도와 정부부과과세제도 및 원천징수납부제도로 구분할 수 있는데, 다음 중에서 자진신고납부제도를 취하고 있지 않은 조세는?
   ① 법인세 ② 소득세 ③ 개별소비세 ④ 상속세 ⑤ 부가가치세

5. 다음 설명 중 틀린 것은?
   ① 세법은 국민의 재산권보장에 대하여 침해법규적 성격을 지니고 있다.
   ② 국법질서속에 존재하는 부분적 법질서이므로 일반적으로 승인되어 타당성이 인정된 법의 해석방법과 기준은 세법의 해석 적용에도 그대로 적용

된다.

③ 세법의 해석은 논리해석을 인정하기 때문에 세법의 의미가 불확실한 경우에는 국고주의적 해석으로 국고가 침해되지 않도록 해석해야 한다.

④ 세법의 적용해석에 있어서는 법적 안정성과 예측가능성을 그 본질적 기능으로 삼는 조세법률주의에 위배되지 않는 범위에 머물러야 한다.

⑤ 조세법률주의의 범위 내에서 조세평등주의의 실현에도 무게를 두기 때문에 세법을 해석 적용함에 있어서 법의 일반적 해석방법을 배제하기도 하고 수정하기도 한다.

6. 납세의무자가 세금을 납부하는 방법에는 자진신고납부제도와 정부부과세제도 및 원천징수 납부제도로 구분할 수 있는데, 다음 중에서 정부부과 과세제도를 취하고 있지 않은 조세는?

① 상속세　② 부가가치세　③ 증여세　④ 종합부동산세　⑤ 재산세

7. 납세의무자가 세금을 납부하는 방법에는 자진신고납부제도와 정부부과세제도 및 원천징수 납부제도로 구분할 수 있는데, 다음 중에서 자진신고납부 제도를 취하고 있지 않은 조세는?

① 재산세　② 소득세　③ 개별소비세　④ 취득세　⑤ 부가가치세

⊏해답⊐

1.⑤　2.②　3.④　4.④　5.③　6.②　7.①

제 3 장 세금의 사용현황과 세법제정상의 문제점

제1절 우리나라 세금의 사용현황

우리나라의 조세부담률은 17.8%로 일본(16.7%) 멕시코(16.8%)보다 다소 높지만 미국(18.9%) 영국(28.4%) 등에 비해서는 낮은 수준이며 경제협력개발기구(OECD) 회원국 평균(24.7%)에 비해 많이 낮은 편이다. OECD국가 중에서 조세부담율이 가장 높은 나라는 덴마크로 47.1%로 나타났으며, 영국 28.4%, 프랑스 28.3%, 캐나다 25.9%, 미국 18.9%의 순으로 나타났다.

우리나라의 2015년도 예산은 375.4조원으로 그 규모가 상당히 크다고 할 것이다. 그에 대한 상세한 내역을 보면 SOC. 주택부문에 24.8조원, 수출. 중소. 벤처 기업지원부문에 16.4조원, 농어촌지원에 19.3조원, 과학기술분야(R&D)에 18.9조원, 문화·관광·체육분야에 6.1조원, 교육분야에 52.9조원, 보건·복지·고용분야에 115.7조원, 환경보전분야에 6.8조원, 통일외교분야에 4.5조원, 국방비 및 안보에 37.5조원, 일반행정비에 58조원으로 설정되어 있다.

교육개혁에는 16조원으로 지방자치단체 투자분 4조원을 포함하여 20조원으로 국민총생산의 5%수준이다. 중소기업지원부문에는 7.9조원으로 벤처기업의 발굴 육성, 산업기술개발, 중소기업구조개선 등에 지원하는 등 경쟁력 강화와 영세사업자의 사업전환 현대화 등에 중점을 두었다. 과학기술진흥과 정보화부문은 국가경쟁력 강화를 위한 정부국책사업, 미래 성장잠재력 배양을 위한 기초과학 진흥, 초고속 정보망 구축 등 국가정보화 사업 등에 지원된다. 국토 및 지역개발과 농어촌 구조개선 사업비에는 6조원으로 농업부문의 사회간접자본에 해당되는 생산기반 투자, 수리시설 개보수 등 용수개발, 영농자금, 생산과 유통시설 현대화 등에 쓰여질 예정이다. 사회복지부문의 예산을 생활보호대상자 지원, 의료보험, 국민연금, 경로연금, 응급의료센터 설치 등에 사용되고 있다. 환경분야 예산은 6.8조원으로 맑은 물 공급과 수질개선, 폐기물처리, 환경기술 연구개발과 대기 자연보호 등에 사용되고 있다. 그리고 사회간접자본, 재해예방 및 국민생활안전확보, 방위비, 기타 외교통일지원, 문화예술 및 체육진흥기금, 지역균형개발지원, 주택건설지원 등에 사용되고 있다.

제2절 세법제정상의 문제점

1. 예측가능성의 불비

세법은 장기적인 안목에서 계속적으로 개선이 있어야 함에도 불구하고 임기응변식으로 개정되는 것이 많다. 그래서 경제행위에 혼란을 부추기고 있으며, 먼 미래를 계획하고 예측가능성에 바탕을 둔 합리적인 경제활동에 지장을 주고 있다. 예를 들면 최근의 세법개정과정에서 드러난 것을 보면, 부가가치세에서 장기적으로는 부가가치세의 대원칙인 전단계세액공제법의 예외조항인 과세특례를 줄여나가고 일반과세를 하겠다는 것인데도 불구하고 한계세액공제를 도입했다가 이를 폐지하고 부가가치세의 또 하나의 예외조항인 간이과세를 도입한 경우이다.

2. 소득분배의 왜곡

우리나라는 경제성장을 인위적으로 하려다 보니 편중된 지원을 하게 되고, 이러한 지원의 상당부분을 조세로 하고 있다. 그래서 지원받는 산업과 소외된 산업간의 소득의 괴리가 발생하고 있다. 특히 소득세가 소득원천설에 의해서 열거된 소득만 과세를 하고, 미열거된 소득에는 과세를 제외함으로서 대부분이 고소득자의 소득의 원천을 이루고 있는 주식 양도소득 등과 같은 소득에 비과세함으로서 부의 왜곡이 갈수록 심각한 실정이다. 특히, 근로소득의 대부분은 과세표준에 빠짐없이 포함되지만, 자유직업, 사업자 등은 대부분의 소득이 과표에서 빠지고 있는 것이 현실이다. 또한 대부분의 이자소득이 분리과세됨으로서 누진과세를 기초로 하고 있는 소득세의 근본을 흔들어 놓고 있다. 물론 이를 시정하기 위해서 금융소득종합과세를 실시하고 있지만 연간 금융소득이 4천만 원을 초과하는 경우에만 적용된다.

3. 경제현실의 왜곡

조세제도를 입안시 고려해야 할 요소로서 중요한 것이 부의 분배의 공평성과 경제적 효율성의 측면이라고 앞에서 설명하였다. 우리나라의 조세제도는 경제성장을 지원하기 위한 정책적 측면이 많이 가미되어 경제활동을 왜곡하고 있는 정도가 심각한 실정이다. 특히 너무 많은 곳이 손질이 되어서 누더기를 기워 놓은 것 같은 형상이다. 예를 들면 어떤 개인이나 법인이 공익단체 등에 기부금을 내면 소득세 및 법인세상의 공제를 허용하고 있으며, 투자를 촉진시킨다는 명목으로 투자세액공제 같은 여러 유인책을 마련하고 있다. 그런데 이런 혜택이 중복되는 사례가 많고 대부분의 이러한 조세지원의 혜택을 고소득자들이 받고 있어서 부의 왜곡현상도 발생하고 있는 것이 현실이다.

4. 탈루소득의 방치

경제는 매우 빠른 속도로 변화하고 있다. 그래서 소득의 원천도 빠르게 변모하고 있다. 이러한 변화에 부응해서 소득이 있는 곳에 과세가 이루어져야 함에도 불구하고 그렇지 못한 경우가 많다. 즉 세원발굴의 노력이 부족한 것이다. 또한 세법이 정교하지 못해서 합법을 가장해서 과세표준에서 누락되는 경우가 많다. 그런데도 특별한 방법이 없다는 것이 과세당국의 설명이다. 그래서 응능부담의 원칙을 훼손하고 분배의 공평성을 해치고 있는 중요한 문제가 되고 있다.

5. 추계결정의 임의성

세법의 추계결정은 불가피한 경우에 한해서 이루어져야 함에도 불구하고 너무 많은 부분에서 실시되고 있다. 특히 유흥음식점 등 서비스업종은 세무공무원의 추계에 의해서 사실상 세액의 크기가 결정되고 있다. 그래서 실질적인 소득이 파악되지 못하고 세수의 탈루가 심각하다. 이러한 원인은 추계에 관한 명확한 기준이 불비하고 세무공무원의 재량권이 너무 많이 행사되고 있기 때문이다.

이상으로 간단히 세법제정상의 문제점을 살펴보았다. 이외에도 조세제도의 인플레이션을 고려하지 못한 점이라든지 간접세의 비중이 너무 크다든지 하는 것들이 있을 수 있다.

고민을 가볍게 하는 가장 좋은 치료법은 신뢰하는 사람에게 자기고민을 이야기 하는 것이다.

1. 우리나라는 해마다 세법이 개정되고 또한 새로운 조세가 도입되고 기존의 조세가 사라지기도 한다. 이렇게 변화되는 조세제도의 개·제정되는 과정에서 드러난 문제점이라고 할 수 없는 것은 ?
   ① 예측가능성의 불비   ② 소득분배의 왜곡   ③ 경제현실의 왜곡
   ④ 탈루소득의 방치   ⑤ 세무공무원의 재량권의 축소

해답

1.⑤

제2부

세법의 각론

제 1 장 국세기본법

제1절 국세기본법의 기본내용

1. 국세기본법의 목적

국세기본법 제 1조에 '국세기본법은 국세에 관한 기본적이고 공통적인 사항과 위법 또는 부당한 국세처분에 대한 불복절차를 규정함으로써 국세에 관한 법률관계를 명확하게 하고 과세를 공정하게 하며 국민의 납세의무의 원활한 이행에 이바지함을 목적으로 한다.'와 같이 규정함으로써 국세기본법의 목적과 국세기본법이 규정하고 있는 사항이 국세에 관한 기본적 사항, 공통적 사항 그리고 위법 또는 부당한 과세처분에 대한 불복절차 등임을 명확히 하고 있다.

한편 국세기본법은 세법에 우선하여 적용한다. 따라서 국세기본법의 규정에 저촉되는 개별세법의 규정은 효력이 없는 것이다. 다만, 다음의 사항에 대해서는 개별세법이 국세기본법에 대한 특례규정을 둔 경우에는 그 세법이 정한 바에 따른다.

① 국세부과의 원칙
② 납세의무의 승계
③ 연대납세의무
④ 납세담보
⑤ 관할관청
⑥ 경정 등의 청구
⑦ 국세환급금

⑧ 보칙

2. 기간과 기한

기간이란 특정시점에서 특정시점까지의 계속된 시간을 말하며, 기한이란 법률행위의 효력발생, 소멸이나 채무이행을 위하여 정해진 일정한 시점을 말한다. 국세기본법은 국가의 과세권행사와 납세자의 납세의무의 이행 및 재산권에 중대한 영향을 미치는 기간과 기한에 대하여 다음과 같이 규정하고, 국세기본법이나 세법에 정하지 아니하는 사항에 대하여는 민법에 의하도록 함으로써 민법과의 관계를 명확히 하고 있다.

기간을 일·주·월·년으로 정한 때에는 기간의 초일은 산입하지 아니하고 기간의 말일의 종료로 기간이 만료한다. 다만, 기간이 오전 0시부터 시작한 경우에는 초일을 산입하고 기간의 말일이 공휴일인 경우에는 그 다음날로 기간이 만료한다. 이러한 기간을 주·월·년으로 정한 경우에는 역에 의하여 계산하여야 하며, 기간을 일수로 환산하지 않는다. 또한 처음부터 기산하지 아니한 경우에는 최후의 주·월·년에서 그 기산일에 해당하는 날의 전일로 기간이 만료하며, 최후의 월에 해당일이 없는 경우에는 그 월의 말일로 기간이 만료한다.

천재·지변 등의 사유로 인하여 국세기본법 또는 세법에 규정하는 신고·신청·청구·기타 서류의 제출·통지를 정하여진 기한까지 할 수 없다고 인정하는 때에는 정부가 직권으로 또는 신청에 의해 그 기한을 연장할 수 있다.

납세고지서·납부통지서·독촉장 또는 납부최고서를 송달한 경우에 도달한 날에 이미 납부기한이 경과 하였거나 도달한 날로부터 14일이내에 납부기한이 도래하는 것에 대하여는 도달한 날로부터 14일이 경과하는 날을 납부기한으로 한다. 다만, 국세징수법에 의하여 납기전 징수를 위한 고지를 한 경우 당해 고지서가 도달한 날에 이미 납부기한이 경과한 때에는 그 도달한 날을 납부기한으로 하고 당해 고지서의 도달한 후 납부기한이 도래하는 때에는 도달한 날로부터 14일이내에 납부기한이 도래하더라도 그 도래하는 날을 납부기한으로 한다.

3. 서류의 송달

서류의 송달이란 과세관청이 국세처분의 내용이 담긴 서류를 납세자에게 보내어 도달하게 하는 것을 말한다. 국세기본법 또는 세법에 규정하는 서류는 그 명의인의 주소·거소·영업소 또는 사무소에 송달한다. 연대납세의무자에게 서류를 송달하는 경우에는 그 대표자를 명의인으로 하며, 대표자가 없는 경우에는 연대납세의무자 중 국세징수에 유리한 자를 명의인으로 한다. 다만, 납세의 고지와 독촉에 관한 서류는 연대납세의무자 모두에게 각각 송달하여야 한다.

서류는 교부·우편 또는 전자송달에 의하여 송달하나, 송달받을 자의 주소 또는 영업소가 분명하지 아니한 사유 등으로 인하여 서류를 송달할 수 없는 경우에는 공시송달에 의한다. 교부에 의한 서류의 송달은 당해 행정기관의 소속 공무원이 이를 송달할 장소에서 그 송달을 받아야 할 자에게 서류를 교부함으로써 행한다. 다만, 송달을 받아야 할 자가 송달받기를 거부하지 않으면 다른 장소에서 교부할 수 있고 송달할 장소에서 송달받아야 할 자를 만나지 못한 때에는 그 사용인 기타 종업원 또는 동거인으로서 사리를 판별할 수 있는 자에게 서류를 교부할 수 있다. 서류의 송달을 받아야 할 자 또는 그 사용인 기타 종업원 또는 동거인으로서 사리를 판별할 수 있는 자가 정당한 사유 없이 서류의 수령을 거부한 때에는 송달할 장소에 서류를 둘 수 있다.

우편에 의하여 서류를 송달하는 경우에는 등기우편이나 통상우편에 의할 수 있다. 그러나 납세자의 고지·독촉·체납처분 등 세법에 의한 정부의 명령에 관계되는 서류의 송달을 우편에 의하고자 할 때에는 등기우편에 의하여야 한다.

전자송달은 송달받을 자가 지정한 전자우편주소에 입력된 때(국세정보통신망에 저장한 경우 저장한 때)에 송달효력이 발생한다.

공시송달이란 서류의 송달을 받아야 할 자가 교부나 우편에 의한 정상적인 방법으로는 송달할 수 없는 일정한 사유가 있는 경우 서류의 요지를 공고함으로써 서류가 송달된 것과 같은 효과를 발생시키는 송달방법을 말한다.

송달의 효력은 교부 또는 우편에 의해 송달하는 서류는 송달 받아야 할 자에게 도달한 때에 효력이 발생하고 공시송달의 경우는 세무서, 국세정보통신망, 관할 시·군·구의 게시판, 기타 적절한 장소에 게시하거나 관보 또는 일간신문에 게재하여 공고한 날로부터 14일이 경과함으로써 서류의 송달이 있는 것으로 본다.

4. 국세의 부과와 세법의 적용

(1) 국세부과의 원칙

이미 성립한 납세의무를 확정하는 절차를 국세의 부과라 하는데 국세를 부과하는 과정에서 과세권자의 우월적 행사로 인하여 납세의무자의 재산권을 부당하게 침해할 우려가 있으므로 일정한 기준하에서 국세부과가 이루어지도록 원칙을 정하고 있다. 이러한 원칙에는 실질과세의 원칙, 신의성실의 원칙, 근거과세의 원칙, 조세감면의 사후관리가 있는데 국세의 부과는 과세권자뿐 아니라 납세자 자신에 의해서도 이루어질 수 있으므로 이 원칙들은 과세권자와 납세자 쌍방에게 요구된다 할 수가 있다.

(2) 세법적용의 원칙

세법적용의 원칙이란 세법의 해석, 과세요건 사실인정, 인정된 사실을 해석된 세법에 적용하는 과정에서 준수되어야 할 원칙을 말한다. 이러한 세법의 해석 적용은 법적 안정성과 예측가능성을 그 본질적 기능으로 하는 조세법률주의에 위배되지 않아야 하고, 조세부담은 각 구성원에게 공평해야 한다는 조세평등주의에도 따라야 한다. 이러한 세법 적용의 원칙에는 세법 해석의 기준(재산권 부당침해금지의 원칙), 소급과세의 금지, 세무공무원의 재량의 한계, 기업회계의 존중이 있다.

제2절 납세의무

1. 납세의무의 성립·확정 및 소멸

납세의무는 각 세법이 규정하고 있는 과세요건을 충족하는 때에 성립한다. 즉 일정한 시점에 있어서 어떤 사람에게 과세물건이 귀속하게 되면 세법이 정한 바에 따라 이를 화폐 또는 수량으로 측정하여 과세표준을 산정하고, 여기에 세율을 적용할 수 있는 상태에 이르러서는 그 사람에게 당연히 납세의무가 성립한다. 이와 같이 성립한 납세의무는 추상적으로 성립한 것에 불과하므로 그것이 곧 납부나 징수의 대상이 될 수 없다. 따라서 관계 세법 규정을 적용하여 과세표준과 세액을 계산하는 등 조세법률관계의 당사자 중 어느 일방이 이를 확인해야 한다. 이러한 절차를 납세의무의 확정이라 한다. 확정된 납세의무는 통상적으로 세액의 납부 등의 원인으로 소멸하므로 결국 납세의무는 성립·확정·소멸의 단계를 거친다.

(1) 납세의무의 성립

납세의무는 과세요건을 충족하는 사실이 발생할 때 성립하며, 과세요건의 구성요소는 납세의무자, 과세물건, 과세표준 및 세율의 4가지이다. 이러한 과세물건을 충족하는 사실이 발생하면 납세의무가 성립하나, 납세의무가 성립한다고 해서 곧 현실적으로 세액을 납부할 의무가 발생하는 것은 아니므로 추상적으로 과세대상이 존재할 뿐이다. 이는 국가의 과세권 행사가 가능해지는 시점을 명확히 함으로서 국가의 과세권 행사시기를 제한하고 조세채권의 법률상 성립시점을 확실하게 하며 국세에 관한 법률관계를 명확히 해주는 데 의의가 있다.

납세의무의 성립시기는 기간과세를 하는 세목의 경우는 당해과세기간이 종료하는 때이고, 그렇지 않은 경우는 과세물건의 귀속에 관한 중요한 사건이 발생하는 때이다.

(2) 납세의무의 확정

납세의무의 성립이 단지 추상적으로 과세대상이 존재하는 것을 밝히는 것인데 반해, 납세의무의 확정이라 함은 국세의 납부 또는 징수를 위하여 세법이 정하는 바에 따라 납부할 세액을 납세의무자 또는 과세관청의 일정한 행위나 절차를 거쳐서 일정액의 금액으로 구체화하는 절차를 말한다. 이에는 납세의무자가 세법이 정하는 바에 따라 국세의 과세표준과 세액을 정부에 신고함으로써 납세의무가 확정되는 신고납부방식과 세법이 정하는 바에 따라 납세의무자가 국세의 과세표준과 세액을 정부에 신고하면 정부가 과세표준과 세액을 조사 결정하는 절차를 거쳐서 납세의무를 확정하는 정부부과방식이 있다. 그리고 인지세나 원천징수하는 소득세 또는 법인세와 같이 납세의무가 성립하는 때에 특별한 절차 없이 그 세액이 확정되는 자동확정방식이 있다.

납세의무자는 신고에 오류가 있는 경우 수정신고와 경정 등의 청구를 할 수 있다. 수정신고란 과세표준신고서를 법정신고기한 내에 제출한 자가 그 기재사항에 누락, 오류가 있는 때에 이를 수정하여 신고할 수 있는 제도이다. 경정 등의 청구는 납세자의 실수로 과다하게 신고한 세액의 감액이며, 특별한 외부적인 요인으로 인한 세액의 증감을 다루는 제도이다. 이때 과세표준수정신고서를 법정신고기한 경과 후 6월 이내에 제출할 경우는 최초의 과소신고로 인하여 부과하여야 할 가산세의 50%를 경감하며, 일반적 사유에 의한 감액경정 등의 청구는 법정신고기한 후 3년 이내에 후발적 사유에 의한 경정 등의 청구는 사유가 발생한 것을 안 날로부터 2개월 이내에 당초에 신고한 국세의 과세표준 및 세액 등의 감액경정을 청구할 수 있다.

한편, 법정신고기한 내에 과세표준신고서를 제출하지 아니한 자로서 세법에 의하여 납부하여야 할 세액(가산세는 제외)이 있는 자는 관할 세무서장이 당해 국세의 과세표준과 세액을 결정하여 통지하기 전까지 기한후 과세표준신고서를 제출하고 세액을 납부할 수 있다.

(3) 납세의무의 소멸

성립 확정된 납세의무가 절대적으로 없어지는 것을 납세의무의 소멸이라고 하는데 이에는 납부나 충당과 같이 국세채권이 실현되는 경우와 부과의 취소, 제척기간의 만료, 소멸시효의 완성과 같이 실현되지 못하는 경우가 있다.

1) 국세부과권의 제척기간

납세의무는 과세요건의 충족에 의하여 당연히 추상적으로 성립하지만 이는 관념적인 존재에 불과하기 때문에 납세의무가 이행되기 위해서는 그 국세채권이 보다 구체화되어야 한다. 따라서 추상적 존재인 국세채권을 구체적으로 확정함으로써 현실적으로 납세의무를 확정시키는 권리를 국세부과권이라 한다. 조세법률관계의 조속한 안정을 위하여 국세부과권을 일정기간 행사하지 아니하면 이를 행사할 수 없도록 하고 있다. 이를 국세부과권의 제척기간이라고 한다. 제척기간제도는 권리의 존속여부를 객관적, 획일적으로 확정하려는 것이므로 시효와 같이 원용이나 포기 또는 중단·정지라는 문제가 발생하지 않는다. 국세기본법상 제척기간은 5년, 7년, 10년, 15년, 평생으로 되어 있다.

2) 국세징수권의 소멸시효

국세징수권은 부과에 의하여 확정된 세액의 이행을 청구하는 권리이다. 이러한 권리가 일정기간 경과함으로써 소멸하는 법적인 기간을 국세징수권의 소멸시효라 한다. 이는 확정된 국세채권에 대하여 국가가 장기간 징수권을 행사하지 않기 때문에 납세의무가 없었던 것과 같은 상태가 오래 계속된 경우에 그 사실상태를 인정함으로써 납세자의 거래의 안전 및 법적 안정성을 도모하고자 존재하는 제도인 것이다. 이에 국세기본법에서는 국세의 징수를 목적으로 하는 국가의 권리는 이를 행사할 수 있는 때로부터 5년간 행사하지 아니하면 소멸시효가 완성된다고 규정하고 있다.

소멸시효에는 중단과 정지가 있는데 중단은 납세고지, 독촉 또는 납부최고,

교부청구, 압류 등과 같이 권리를 행사함으로써 권리의 불행사라는 사실상태가 계속되지 않는 것을 말하고, 정지는 일정한 사유(분납기간, 징수유예기간, 체납처분유예기간, 연부연납기간)로 시효의 진행을 일시 멈추게 하고 사유가 해제된 때로 부터 다시 잔여기간이 계속 진행하는 것을 말한다.

2. 납세의무의 확장

조세는 국가 또는 지방자치단체의 존립과 그 활동을 위한 경제적 기초를 이루는 재원이므로 납세의무가 성립하여 확정된다는 것만으로는 부족하고 그 실현이 확실히 보장되어야 한다. 따라서 세법은 일정한 경우에 본래의 납세의무자 이외의 자에게 보충적으로 납세의무를 지우는 등의 제도를 두고 있다.

(1) 납세의무의 승계

납세의무의 승계란 이미 과세요건을 충족시켜 성립된 납세의무나 확정된 납세의무가 타인에게 이전되는 것을 말한다. 조세는 경제적 부담능력을 기준으로 과세되게 하기 위하여 납세의무자의 담세력, 인적사정 등이 고려되기 때문에 납세의무의 승계가 개인상호간의 계약 등에 의하여 임의적으로 이루어지는 경우는 인정되지 않으며 합병과 상속과 같은 포괄승계의 경우만 예외적으로 허용되고 있다. 합병법인에게 승계되는 납세의무의 범위는 '부과되거나', '납부할' 국세이므로 세법에 의하여 이미 확정된 국세는 물론 장차 부과되거나 납부할 국세도 모두 승계된다. 따라서 보충적 납세의무, 담보제공, 물납, 징수유예 등에 관한 의무도 모두 합병법인에게 승계된다.

상속이 개시된 때에 그 상속인 또는 상속재산관리인은 피상속인에게 부과되거나 그 피상속인이 납부할 국세·가산금과 체납처분비를 상속으로 인하여 얻은 재산을 한도로 하여 납부할 의무를 진다.

(2) 양도담보권자의 물적납세의무

양도담보가 설정되면 법률상으로는 그 양도담보재산의 소유권이 채권자(양도담보권자)에게 귀속되기 때문에 채무자(양도담보설정자)의 국세 등 체납을 이유로 양도담보의 목적물인 재산을 압류할 수 없게 된다. 그러나 세법에서는 양도담보가 국세 등의 법정기일 후에 이루어진 경우에는 그 납세자의 다른 재산에 대하여 체납처분을 집행하여도 부족한 경우에 한하여 그 양도담보자산으로 납세자의 국세 등을 징수하겠다는 것으로 이를 양도담보권자의 물적납세의무라고 한다.

(3) 통정허위의 담보권 설정계약의 취소

법정기일 전에 질권, 저당권, 가등기 담보, 양도담보가 설정된 담보채권은 국세 보다 우선변제권(優先辨濟權)이 인정됨으로써 담합에 의한 허위의 담보권설정으로 국세를 면탈할 가능성이 있다. 그래서 국세기본법에서는 납세자가 제3자와 통정하여 허위로 담보권설정계약을 체결한 경우에는 당해행위의 취소를 법원에 청구할 수 있다. 이때 납세자가 국세의 법정기일 전 1년 내에 친족·기타 특수관계자와 담보권 설정계약을 한 경우에는 통정한 허위계약으로 추정하도록 하고 있다.

(4) 납세담보

납세담보란 납부 또는 징수의 기한을 연장해 주는 경우 조세채권을 확보하기 위하여 확정된 조세채권에 대하여 인적·물적담보를 제공하는 것을 말한다. 다만, 납세자가 화재, 전화(戰禍, horror / ravage of war), 기타 재해를 입거나 도난을 당한 때는 제외한다.

납세담보가 요구되는 경우로는 천재지변 등으로 인하여 납부 또는 징수의 기한 연장시, 징수유예시, 체납처분유예시, 상속증여세의 연부연납시, 특별소비세 물품을 수입면허전에 보세구역에서 반출시 등이 있다. 납세담보는 조세채권이나 납세의무의 이행을 확보하기 위한 것이므로 납세담보로 제공할 수 있는 물건의 종류와 제공방법, 담보의 제공금액 등을 규정하고 있다.

(5) 연대납세의무

연대납세의무란 2인 이상의 사람이 하나의 동일한 납세의무에 대하여 각각 독립하여 전액의 납부의무를 부담하고, 그 중 1인이 전액을 납부하면 다른 사람의 납세의무가 소멸하게 되는 것을 말한다. 이렇게 함으로써 국가는 조세채권에 대해 다수의 인적담보를 얻는 것과 동일한 효과를 얻게 되어 조세채권을 보다 확실하게 확보할 수 있게 된다.

국세기본법 제25조 1항에는 "공유물·공동사업 또는 당해 공동사업에 속하는 재산에 관계되는 국세·가산금과 체납처분비는 그 공유자 또는 공동사업자가 연대하여 납부할 책임이 있다"고 규정하고 있다. 이에 대해서 각 개별세법에는 연대납세의무를 배제하는 규정과 확장하는 규정이 있다.

(6) 제2차 납세의무

제2차 납세의무란 납세의무자의 재산으로 체납처분을 하여도 그가 납부하여야 할 국세, 가산금 및 체납처분비에 충당하기에 부족한 경우 납세의무자와 일정한 관계에 있는 자가 그 부족액에 대하여 납세자에 갈음하여 부담하는 납세의무를 말한다. 제2차 납세의무는 보충적 납세의무로서 본래의 납세의무에 대하여 부종성과 보충성을 갖는다. 국세기본법에 규정된 제2차 납세의무는 다음과 같다.

1) 법인이 해산한 경우에 그 법인에게 부과되거나 그 법인이 납부할 국세 등을 납부하지 아니하고 잔여재산을 분배 또는 인도한 때에는 그 법인에 대하여 체납처분을 집행하여도 부족한 금액에 대하여 청산인은 분배 또는 인도한 재산의 가액을 한도로, 또는 잔여재산을 분배 또는 인도 받은 자는 그 분배 또는 인도 받은 재산의 가액을 한도로 제2차 납세의무가 있다.

2) 비상장법인의 재산으로 그 법인에게 부과되거나 납부해야할 국세 등에

충당하고도 부족한 금액이 있는 때는 그 국세의 납세의무 성립일 현재 무한책임사원과 과점주주 중 일정한 자가 그 부족액에 대하여 제2차 납세의무를 진다.

3) 국세의 납부기간 종료일 현재 법인의 무한책임사원 또는 과점주주의 재산으로, 그 출자자가 납부할 국세 등에 충당하여도 부족한 금액에 대하여 당해 법인은 법정요건에 해당하는 경우에 한하여 그 출자자의 소유주식 또는 출자지분의 가액을 한도로 제2차 납세의무를 진다.

4) 사업의 양수도가 있는 경우에 양도일 이전에 납세의무자가 확정된 당해 사업에 관한 국세 등을 양도인의 재산으로 충당하고도 부족한 금액에 대하여 사업의 양수인은 양수한 재산의 가액을 한도로 제2차 납세의무를 진다.

3. 국세의 우선

이는 국세채권과 일반채권 간에는 비록 양채권이 모두 담보 없는 것이라고 하더라도 채권자 평등의 원칙이 적용될 수 없고 발생시기 또는 변제시기의 선후를 불문하고 국세채권이 우선함을 의미한다. 그런데 국세우선권에 대해서 다음과 같은 예외가 있다.

(1) 지방세 또는 공과금의 체납처분시 그에 관한 가산금과 체납처분비는 국세 등에 우선한다.

(2) 강제집행, 경매, 파산절차에 의한 재산 매각시 그 때 소요된 비용은 국세 등에 우선한다.

(3) 임대차에 관한 보증금 중 일정액은 임차주택의 환가대금에서 국세보다 우선하여 변제받을 수 있다.

(4) 국세의 법정기일 전에 저당권 등이 설정된 재산의 매각시는 그 담보된 채권이 국세 등에 우선한다. 다만, 당해 자산 자체에 부과된 국세는 그 설정시기를 불문하고 항상 피담보채권보다 우선한다. 여기서 법정기일이란 담보권자가 국세의 존재를 확인할 수 있는 시기를 말한다.

(5) 사용자의 재산을 매각시 임금, 퇴직금, 재해보상금 등 근로관계로 인한 채권은 원칙적으로 담보된 채권을 제외한 조세·공과금·다른 채권에 우선한다. 다만, 최

종 3개월분의 근로채권 등은 담보된 채권보다도 우선한다.

(6) 대물변제의 예약으로 가등기되어 있는 재산은 법정기일 전에 가등기가 설정된 경우에만 가등기로 담보된 채권이 우선한다.

4. 고액·상습체납자의 명단공개

국세청장은 체납일로부터 2년이 경과한 국세(결손 처분한 국세로서 징수권 소멸시효가 완성되지 아니한 것 포함)가 10억원 이상인 체납자에 대하여는 그 인적사항·체납액 등을 비밀유지에 관한 규정에 불구하고 공개할 수 있다. 다만, 체납된 국세가 이의신청·심사청구·심판청구 등 불복청구 중에 있거나 체납액(가산금포함)의 30% 이상을 납부한 경우 및 재산상황 기타 사정등을 고려할 때, 공개의 실익이 없다고 인정될 경우에는 명단공개를 하지 않는다. 체납자의 인적사항·체납금액 등에 대한 공개 여부를 심의하기 위해 국세청에 국세 정보 공개심의위원회를 둔다. 명단공개는 관보게재, 국세정보통신망 또는 관할 세무서 게시판에 게시하는 방법에 의한다.

5. 탈세제보자에 대한 포상금 지급

국세청장은 조세를 탈루한 자에 대한 탈루세액 또는 부당하게 환급·공제받은 세액을 산정함에 있어서 중요한 자료를 제공한 자에 대하여는 1억원 범위 안에서 포상금(탈루세액 등의 2% 이상 5% 이하에 상당하는 금액)을 지급할 수 있다. 다만, 탈루세액 또는 부당하게 환급·공제 받은 세액이 1억원 미만이거나 공무원의 그 직무와 관련하여 자료를 제공한 때에는 포상금을 지급하지 않는다. 포상금은 탈루세액 등이 납부되고 국세기본법상 불복제기기간 또는 행정소송의 제소기간이 경과 되었거나 불복청구절차(행정소송에 의한 불복절차 포함)가 종료되어 부과처분 등이 확정된 후에 지급한다.

제3절 납세자의 권리

1. 수정신고 및 경정청구

수정신고란 이미 신고한 과세표준 및 세액이 과소(또는 이미 신고한 결손금액 또는 환급세액이 과대)한 경우 또는 이미 신고한 내용이 불완전한 경우에 납세의무자가 이를 정정하는 신고를 말한다. 관할세무서장이 당해 국세의 과세표준과 세액을 결정 또는 경정하여 통지를 하기 전까지 과세표준수정신고서를 제출할 수 있다.

경정 등의 청구란 이미 신고·결정·경정된 과세표준 및 세액 등이 과대(또는 이미 신고·결정·경정된 결손금액 또는 환급세액이 과소)한 경우 과세관청으로 하여금 이를 정정하여 결정 또는 경정하도록 촉구하는 납세의무자의 청구를 말한다. 과세표준신고서를 법정신고기한 내에 제출한 자는 다음중 어느 하나에 해당하는 때에는 법정 신고기한 경과 후 3년 이내에 최초신고 및 수정신고한 국세의 과세표준 및 세액등의 결정 또는 경정을 관할세무서장에게 청구 할 수 있다. 또한 일정한 후발적 사유가 발생한 때에는 그 사유가 발생한 것을 안 날로부터 2월 이내에 결정 또는 경정을 청구할 수 있다.

여기서 후발적 사유에는 ① 거래 또는 행위 등이 소송에 대한 판결에 의하여 다른 것으로 확정된 때 ② 소득 기타 과세물건의 귀속을 제3자에게로 변경시키는 결정 또는 경정이 있는 때 ③ 조세조약규정에 의하여 상호 합의가 다르게 이루어진 때 ④ 결정 또는 경정으로 다른 과세기간으로 귀속되는 때 ⑤ 거래 또는 행위 등의 효력에 관계되는 관청의 허가 기타의 처분이 취소된 때 ⑥ 거래 또는 행위 등의 효력에 관계되는 계약이 성립된 후 발생한 부득이한 사유로 인하여 해제되거나 취소된 때 ⑦ 장부 및 증빙서류의 압수 기타 부득이한 사유로 인하여 과세표준 및 세액을 계산할 수 없었으나 그 후 당해 사유가 소멸한 때 등이다.

2. 환급

  납세의무자가 국세, 가산금 또는 체납처분비로서 납부한 금액 중 과오납부한 금액이 있거나 세법에 의하여 환급하여야 할 환급세액이 있는 때에는 즉시 그 오납액, 초과납부액 또는 환급세액을 반환하여야 하는데, 그 반환되어야 할 금액을 국세환급금이라고 한다. 이러한 환급금은 법에 의하거나 신청에 의하여 충당하고도 남은 금액은 국세환급금 결정일로부터 30일 이내에 당사자에게 환급한다.

3. 조세불복

  국세기본법은 국세에 관하여 과세관청의 위법 또는 부당한 처분을 받거나 필요한 처분을 받지 못함으로써 권리 또는 이익의 침해를 당한 자가 그 처분의 취소 또는 변경이나 필요한 처분을 청구하여 그 권리를 구제받을 수 있는 특별한 행정구제절차를 규정하고 있다. 조세에 관한 처분에 의하여 권리나 이익을 침해당한 자는 처음부터 행정소송을 제기할 수 없으며 국세기본법상 필수적인 절차인 심사청구나 심판청구를 거치거나 감사원법에 의한 심사청구를 거쳐야만 행정소송를 제기할 수 있다. 국세처분에 대한 불복절차는 심사청구나 심판청구의 1심제가 원칙이나 심사청구이전에 이의신청을 제기할 수 있게 함으로서 선택적 2심제로 되어 있다. 각각의 청구는 처분이 있은 것을 안 날 또는 전심의 결정의 통지를 받은 날로부터 90일 이내에 할 수 있고, 결정은 이의신청은 30일, 심사청구와 심판청구는 90일, 감사원법에 의한 심사청구는 3월 이내에 하도록 하고 있다. 결정에는 각하, 기각, 인용의 3가지가 있으며, 인용에는 다시 취소, 경정결정, 필요한 처분의 결정이 있다.

4. 납세자권리헌장

(1) 납세자의 권리

재정수요의 충당을 위하여 조세의 원활한 징수에 치중함으로써 실제 조세를 부담하는 납세자의 권리는 등한히 취급되고 있다. 그래서 납세자는 공권력을 가진 과세관청에 비하여 상대적으로 열악한 지위에 놓여 있는 상황이다. 이러한 열악한 납세자의 권리를 보호함으로써 납세자 중심의 조세관리체계로 전환하기 위하여 국세기본법에 납세자의 권리를 보호하기 위한 여러 가지 규정을 신설하였다.

(2) 납세자권리헌장의 내용

> 납세자로서 귀하의 권리는 헌법과 법률이 정하는 바에 의하여 존중되고 보장되어야 합니다. 이를 위하여 국세공무원은 귀하가 신성한 납세의무를 신의에 따라 성실히 이행할 수 있도록 필요한 정보와 편익을 최대한 제공하여야 하며, 귀하의 권리가 보호되고 실현될 수 있도록 최선을 다하여 협력하여야 할 의무가 있습니다. 이 헌장은 귀하에게 납세자로서 보장받을 수 있는 권리를 구체적으로 알려드리기 위한 것입니다.
>
> 1. 귀하는 기장·신고 등 납세 협력의무를 이행하지 않았거나 구체적인 조세 탈루혐의가 없는 한 성실한 납세자이며 귀하가 제출한 세무자료는 진실한 것으로 추정됩니다.
> 2. 귀하는 법령이 정하는 경우를 제외하고는 세무조사의 사전통지와 조사결과의 통지를 받을 권리가 있고 불가피한 사유가 있는 경우에는 조사의 연기를 신청할 권리가 있습니다.
> 3. 귀하는 세무조사시 조세전문가의 조력을 받을 권리가 있고, 법령이 정하는 특별한 사유가 없는 한 중복조사를 받지 않을 권리가 있습니다.
> 4. 귀하는 자신의 과세정보에 대한 비밀을 보호받을 권리가 있습니다.
> 5. 귀하는 권리의 행사에 필요한 정보를 신속하게 제공받을 권리가 있습니다.
> 6. 귀하는 위법적인 또는 부당한 처분을 받거나 필요한 처분을 받지 못함으로써 권리 또는 이익을 침해당한 경우에 적법하고 신속하게 구제받을 권리가 있습니다.
> 7. 귀하는 국세공무원으로부터 언제나 공정한 대우를 받을 권리가 있습니다.
>
> 국 세 청 장

(3) 납세자권리헌장의 교부

세무공무원은 다음 각 경우에는 납세자권리헌장의 내용이 수록된 문서를 납세자에게 교부하여야 한다.

① 조세범처벌절차법의 규정에 의한 범칙사건에 대한 조사를 하는 경우
② 법인세의 결정 또는 경정을 위한 조사 등 부과처분을 위한 실지조사를 하는 경우
③ 사업자등록증을 교부하는 경우
④ 기타 대통령령이 정하는 경우

(4) 납세자의 성실성 추정

세무공무원은 납세자는 성실하며 납세자가 제출한 신고서 등이 진실한 것으로 추정하여야 한다. 따라서 과세당국은 특별히 성실추정이 깨지는 경우가 아니면 원칙적으로 세무조사를 할 수 없는 것이다. 다만, 다음의 경우에는 그러하지 아니하다.

① 납세자가 세법이 정하는 신고, 세금계산서의 작성 교부, 지급조서의 작성 제출 등의 납세협력의무를 이행하지 아니한 경우
② 납세자에 대한 구체적인 탈세 제보가 있는 경우
③ 신고내용에 탈루나 오류의 혐의를 인정할 만한 명백한 자료가 있는 경우
④ 국세청장이 납세자의 신고내용에 대한 분석결과 불성실혐의가 있다고 인정하는 경우
⑤ 무자료거래, 위장·가공거래 등 거래내용이 사실과 다른 혐의가 있는 경우

한편, 세무공무원은 납세자가 다음 중 어느 하나에 해당하는 경우에는 신고내용의 정확성 검증 등을 위하여 필요한 최소한의 범위 내에서 세무조사를 할 수 있다.

① 무작위추출방식에 의한 표본세무조사 대상으로 선정된 경우
② 최근 4과세기간 이상 동일 세목의 세무조사를 받지 아니한 납세자에 대

하여 납세자의 이력 또는 세무정보 등을 감안하여 국세청장이 정하는 기준에 의해 신고내용의 적정성 여부를 검증 할 필요가 있는 경우

한편, 세무공무원은 과세관청의 조사결정에 의하여 과세표준과 세액이 확정되는 세목의 경우 과세표준과 세액을 결정하기 위하여 세무조사를 할 수 있다.

(5) 세무조사의 연기신청

세무공무원이 국세에 관한 조사를 위하여 당해 장부·서류·기타 물건 등을 조사하는 경우에는 당해 납세자에게 조사개시 10일 전까지 관련사항을 통지하여야 한다. 다만, 범칙행위에 대한 조사 또는 사전통지의 경우 증거인멸 등으로 조사목적을 달성할 수 없다고 인정되는 때에는 그러하지 아니하다. 세무조사의 통지를 받은 납세자가 다음에 해당하는 사유로 인하여 조사를 받기 곤란한 경우에는 조사를 연기하여 줄 것을 문서로 당해 행정기관의 장에게 신청할수 있다.

① 천재·지변 또는 화재·기타 재해로 사업상 심한 어려움이 있을 때
② 납세자 또는 납세관리인의 질병·장기출장 등으로 세무조사가 곤란하다고 판단될 때
③ 권한 있는 기관에 장부·증빙서류가 압수 또는 영치된 때
④ 위의 사유에 준하는 사유가 있는 때

세무공무원은 범칙사건의 조사, 법인세의 결정 또는 경정을 위한 조사 등 부과처분을 위한 실지조사를 마친 때에는 그 조사결과를 서면으로 납세자에게 통지하여야 한다. 다만, 다음에 해당하는 경우에는 그러하지 아니한다.

① 폐업한 경우
② 납세관리인을 정하지 않고 국내에 주소 또는 거소를 두지 아니한 경우

(6) 세무조사에 있어서 조력을 받을 권리

납세자는 다음의 경우에 조세전문가의 조력을 받을 수 있다.

① 범칙사건의 조사

② 소득세, 법인세, 부가가치세의 결정 또는 경정조사

③ 상속세 및 증여세의 조사

여기서 조세전문가란 변호사, 공인회계사, 세무사 또는 조세에 관하여 전문지식을 갖춘자로서 대통령령이 정하는 자를 말한다.

(7) 중복조사의 금지

세무공무원은 적정하고 공평한 과세의 실현을 위하여 필요한 최소한의 범위안에서 세무조사를 행하여야 하며, 다른 목적 등을 위해 조사권을 남용하여서는 아니된다. 세무공무원은 다음의 경우를 제외하고는 같은 과세기간과 같은 세목에 대하여 재경정·재조사를 할 수 없다. 따라서 같은 과세기간의 같은 세목을 여러 차례에 걸쳐 세무조사 하는 것은 국세기본법의 중복조사금지 규정에 위배된다. 그러나 같은 세목이라도 다른 과세기간을 세무조사 하는 것은 무방하다. 또 같은 과세기간이라도 다른 세목을 세무조사 하는 것도 허용된다.

① 조세탈루의 혐의를 인정할 만한 명백한 자료가 있는 경우

② 거래상대방에 대한 조사가 필요한 경우

③ 2 이상의 사업연도와 관련하여 잘못이 있는 경우

④ 부동산 투기, 매점매석, 무자료거래 등 경제질서 교란 등을 통한 탈세혐의가 있는 자에 대하여 일제조사를 하는 경우

⑤ 각종 과세자료의 처리를 위한 재조사나 국세환급금의 결정을 위한 확인조사 등과 부과처분을 위한 실지조사에 의하지 아니하고 재경정하는 경우

(8) 비밀유지

세무공무원은 납세자가 세법이 정하는 납세의무를 이행하기 위하여 제출한

자료나 국세의 부과 또는 징수를 목적으로 업무상 취득한 자료 등의 과세정보를 타인에게 제공 또는 누설하거나 목적외의 용도로 사용하여서는 아니된다. 다만, 다음에 해당하는 경우에는 그 사용목적에 맞는 범위 안에서 납세자의 과세정보를 제공할 수 있다.

① 지방자치단체 등이 법률이 정하는 조세의 부과 또는 징수의 목적 등에 사용하기 위하여 과세정보를 요구하는 경우

② 국가기관이 조세쟁송 또는 조세범의 소추목적을 위하여 과세정보를 요구하는 경우

③ 법원의 제출명령 또는 법관이 발부한 영장에 의하여 과세정보를 요구하는 경우

④ 세무공무원 상호간에 국세의 부과·징수 또는 질문·검사상 필요에 의하여 과세정보를 요구하는 경우

⑤ 다른 법률의 규정에 따라 과세정보를 요구하는 경우

(9) 과세전적부심사

세무조사결과에 대한 서면통지 또는 과세 예고통지를 받은 자는 당해 세무서장 등에게 통지내용에 대한 적법성 여부에 관하여 당해 통지를 받은 날로부터 30일 이내에 심사를 청구할 수 있다. 이 제도는 과세관청의 과세처분전에 납세의무자의 불복내용을 심사함으로써 과세에 대한 마찰을 예방하고 납세자의 권리를 보호하는 데 그 취지가 있다.

다음 사항에 대하여는 국세청장에게 이를 직접 청구할 수 있다.

① 법령과 관련하여 국세청장의 유권해석을 변경하여야 하거나 새로운 해석이 필요한 것

② 국세청장의 훈령·예규·고시 등과 관련하여 새로운 해석이 필요한 것

③ 세무서 또는 지방국세청장에 대한 국세청장의 업무감사결과에 따라 세무서장 또는 지방국세청장이 행하는 과세 예고통지에 관한 것

④ 위에 해당하지 않는 사항 중 과세전적부심사 청구금액이 10억 원 이상에 해당하는 것

한편, 다음의 사항에 대해서는 과세전적부심사청구를 할 수 없다.
① 납기전 징수 또는 수시부과의 사유가 있는 경우
② 조세범칙사건을 조사하는 경우
③ 세무조사통지를 하는 날부터 국세부과제척기간의 만료일까지의 기간이 3
　월 이하인 경우
④ 국제조세조정에 관한 법률에 따라 조세조약을 체결한 상대국이 상호합의
　절차의 개시를 요청한 경우

과세전적부심사청구를 받은 세무서장·지방국세청장 또는 국세청장은 청구
를 받은 날부터 30일 이내에 과세전적부심사위원회의 심사를 거쳐 ① 심사거
부 ② 불채택 ③ 채택 중에서 결정을 하여 당해 결과를 청구인에게 통지하여
야 한다.

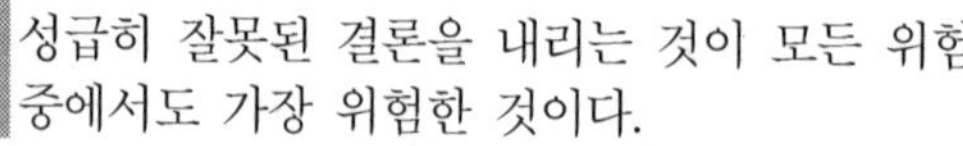

1. 국세기본법은 다른 내국세법에 우선하여 적용하도록 하고 있다. 그러나
   이에 대한 예외조항으로서 개별세법에 규정이 있는 경우에 당해 개별
   세법의 규정을 우선하여 적용할 수 있는 사항들이 있는데 그에 속하지
   않는 것은?
   ① 국세부과의 원칙 ② 세법적용의 원칙 ③ 연대납세의무
   ④ 납세담보 ⑤ 경정 등의 청구

2. 다음은 기간과 기한에 대한 설명인데 틀린 것은?
   ① 기간이란 특정시점에서 특정시점까지의 계속된 시간을 말하며, 기한이란
      법률행위의 효력발생, 소멸이나 채무이행을 위하여 정해진 일정한 시점
      을 말한다.
   ② 기간을 일·주·월·년으로 정한 때에는 기간의 초일은 산입하지 아니하고
      기간의 말일의 종료로 기간이 만료한다.
   ③ 기간이 오전 0시부터 시작한 경우에는 초일을 산입하고 기간의 말일이
      공휴일인 경우는 그다음날로 기간이 만료한다.
   ④ 기간을 주·월·년으로 정한 경우에는 역에 의하여 계산하여야 하며, 기간
      을 일수로 환산하지 않는다. 또한 처음부터 기산하지 아니한 경우에는
      최후의 주·월·년에서 그 기산일에 해당일이 없는 경우에는 그 월의 말일
      로 기간이 만료한다.
   ⑤ 국세의 납부기한이 근로자의 날(5월 1일)에 해당하는 때에는 공식적인 공
      휴일이 아니기 때문에 당해 일을 기한으로 한다.

3. 다음은 기간과 기한에 대한 설명인데 그 설명이 틀린 것은?
   ① 우편으로 과세표준 관련서류와 불복청구서류를 제출하는 경우에는 우편

법에 의한 통신일 부인이 찍힌 날에 신고 또는 청구된 것으로 본다.

② 과세표준 관련서류와 불복청구서류를 정보처리장치에 의하여 제출하는 경우에는 국세청장이 지정하는 정보처리장치에 입력된 땐 신고된 것으로 본다.

③ 납세고지서·납부통지서·독촉장 또는 납부최고서를 송달한 경우, 도달한 날에 이미 납부기한이 경과하였거나 도달한 날로부터 7일이내에 납부기한이 도래하는 것에 대하여는 도달한 날로부터 7일이 경과하는 날을 납부기한으로 한다.

④ 국세징수법에 의하여 납기전 징수를 위한 고지를 한 경우 당해 고지서가 도달한 날에 이미 납부기한이 경과한 때에는 고지의 효과가 없으므로 새로이 납세고지를 하여야 한다.

⑤ 납기전 징수사유에 해당하는 경우인데 당해 고지서가 도달한 후 납부기한이 도래하는 때에는 도달한 날로부터 7일 이내에 납부기한이 도래하더라도 그 도래하는 날을 납부기한으로 한다.

4. 다음의 국세처분의 내용이 담긴 서류를 납세자에게 전달하는 서류의 송달에 관한 내용이다. 설명이 틀린 것은?

① 국세기본법 또는 세법에 규정하는 서류는 그 명의인의 주소·거소·영업소 또는 사무소에 송달한다.

② 연대납세의무자에게 서류를 송달하는 경우에는 그 대표자를 명의인으로 하며, 대표자가 없는 경우에는 연대납세의무자 중 국세징수에 유리한 자를 명의인으로 한다.

③ 납세의 고지와 독촉에 관한 서류는 연대납세의무자 모두에게 각각 송달하여야 한다.

④ 서류는 교부 또는 우편에 의하여 송달하나, 송달받을 자의 주소 또는 영업소가 분명하지 아니한 사유 등으로 인하여 서류를 송달할 수 없는 경우는 공시송달에 의한다.

⑤ 관련서류의 송달은 반드시 송달 장소에서 전달하여야 하기 때문에 송달

을 받아야 할 자가 송달장소 이외의 장소에서 송달받기를 거부하지 않더라도 서류를 교부할 수 없다.

5. 다음의 서류의 송달에 관한 설명이다. 틀린 것은?
① 공무원이 서류를 교부할 때에 송달할 장소에서 송달받아야 할 자를 만나지 못한 경우에는 그 사용인 기타 종업원 또는 동거인으로서 사리를 판별할 수 있는 자에게 서류를 교부할 수 있다.
② 서류의 송달을 받아야 할 자 또는 그 사용인 기타 종업원 또는 동거인으로서 사리를 판별 할 수 있는 자가 정당한 사유 없이 서류의 수령을 거부한 경우에는 송달장소에 서류를 둘 수 있는데, 이런 송달 방법을 유치송달이라고 한다.
③ 우편에 의해서 서류를 송달하는 경우에는 고지·독촉·체납 처분 등 세법에 의한 정부의 명령에 관계되는 서류가 아닌 일반서류에 대해서도 반드시 등기우편에 의해야 한다.
④ 서류의 송달을 받아야 할 자가 교부나 우편에 의한 정상적인 방법으로 송달받을 수 없는 일정한 사유가 있는 경우는 서류의 요지를 공고함으로써 서류가 송달된 것과 같은 효과를 발생시킬 수가 있는데 이를 공시송달이라고 한다.
⑤ 송달의 효력은 교부 또는 우편에 의한 송달서류는 송달받아야 할 자에게 도달한 때에 효력이 발생하고 공시송달의 경우에는 공고한 날로부터 14일이 경과함으로써 서류의 송달이 있는 것으로 본다.

6. 납세의무가 성립한 조세를 확정하는 절차를 국세의 부과라고 하는데, 이런 국세의 부과시 지켜야할 원칙인 국세부과의 원칙에 해당되지 않는 것은?
① 재산권 부당침해금지 원칙   ② 실질과세의 원칙   ③ 신의성실의 원칙
④ 근거과세의 원칙   ⑤ 조세감면의 사후관리

7. 세법의 해석, 과세요건의 사실인정, 인정된 사실을 세법에 적용하는 과
정에서 준수 되어야 할 원칙인 세법적용의 원칙에 포함되지 않는 것
은?

   ① 재산권 부당침해금지의 원칙   ② 소급과세 금지의 원칙

   ③ 세무공무원의 재량의 한계   ④ 기업회계의 존중

   ⑤ 조세감면의 사후관리

8. 조세는 국가 또는 국가자치단체의 존립과 그 활동을 위한 경제적 기초
를 이루는 재원이므로 성립된 납세의무를 확실히 실현시키기 위해서
납세의무자인 당사자 이외의 자에게 납세의무를 확장시키는 제도가 있
는데 이에 해당되지 않는 것은?

   ① 양도담보권자의 물적납세의무   ② 납세의무의 승계

   ③ 연대납세의무   ④ 제2차 납세의무   ⑤ 과세전적부심사

9. 납세의무자 재산으로 체납처분을 하여도 그가 납부하여야 할 국세, 가
산금 및 체납처분비에 충당하기에 부족한 경우 납세의무자와 일정한
관계에 있는 자가 그 부족액에 대하여 납세자에 갈음하여 부담하는 납
세의무를 제2차 납세의무라고 하는데 국세 기본법 상의 제2차 납세의
무자가 아닌 것은?

   ① 양도담보권자의 제2차 납세의무 ② 출자자의 제2차 납세의무

   ③ 법인의 제2차 납세의무   ④ 사업양수인의 제2차 납세의무

   ⑤ 청산인등의 제2차 납세의무

10. 국세채권과 일반채권 간에 경합하는 경우에는 국세채권이 일반채권보
다 우선하도록 한 국세 우선권에 대한 예외적인 사항이 아닌 것은(국
세우선이 적용되는 것은)?

   ① 지방세 또는 공과금의 체납처분시 그에 관한 가산금과 체납처분비

   ② 강제집행, 경매, 파산절차에 의한 재산 매각 소요 비용

③ 주택임차 보증금 중 일정한 금액

④ 최종 3개월분의 근로채권

⑤ 법정기일 후에 가등기로 담보된 채권

11. 다음 중 납세자 권리헌장의 내용이 아닌 것은?

① 국세의 우선권　　　　② 세무조사의 사전통지

③ 납세자의 성실성 추정　　④ 세무조사의 연기신청

⑤ 과세정보에 대한 비밀 보호

12. 다음은 납세자의 권리에 관한 내용이다. 틀린 것은?

① 국세환급금은 법에 의하거나 신청에 의하여 충당하고도 남은 금액으로 국세환급금 결정일로부터 30일 이내에 당사자에게 환급하여야 한다.

② 조세에 관한 처분에 의하여 권리나 이익을 침해당한 자는 국세기본법상의 조세불복절차나 감사원법에 의한 심사청구를 거치지 않고는 처음부터 행정소송을 제기할 수는 없다.

③ 국세처분에 대한 불복절차는 심사청구와 심판청구의 2심제가 원칙이나 심사청구 이전에 이의신청을 제기할 수 있도록 함으로서 선택적 3심제로 하고 있다.

④ 각각의 청구는 처분이 있은 것을 안 날 또는 전심의 결정 통지를 받은 날로부터 90일 이내에 할 수 있다.

⑤ 결정은 이의신청은 30일, 심사청구와 심판청구는 90일, 감사원법에 의한 심사청구는 3월 이내에 하도록 하고 있다.

13. 다음 중 납세자권리헌장의 내용과 다른 것은?

① 국세공무원은 납세자가 신성한 납세의무를 신의에 따라 성실히 이행할 수 있도록 필요한 정보와 편익을 최대한 제공하여야 한다.

② 납세자가 기장·신고 등 납세협력의무를 이행하지 않았거나, 구체적인 탈루혐의가 없는 한 성실한 납세자로 추정된다.

③ 납세자는 세무조사의 사전통지와 조사결과의 통지를 받을 권리가 있고 불가피한 사유가 있는 경우에는 조사연기를 신청할 수 있다.

④ 납세자는 세무조사시 조세전문가의 조력을 받을 권리가 있고, 어떠한 경우에도 중복조사는 납세자의 권리침해적인 성격이 강하므로 중복조사를 받지 않을 권리가 있다.

⑤ 납세자는 위법적인 또는 부당한 처분을 받거나 필요한 처분을 받지 못함으로써 권리 또는 이익을 침해당한 경우에 적법하고 신속하게 구제받을 권리가 있다.

14. 세무공무원은 납세자는 성실하며 납세자가 제출한 신고서 등은 진실한 것으로 추정하여야 하는데, 이에 대한 예외적인 사항에 해당되지 않는 것은(성실한다고 추정될 수 있는 사항은)?

① 납세자의 협력의무를 불이행

② 납세자에 대한 구체적인 탈세 제보 있는 경우

③ 신고내용에 탈루나 오류의 혐의를 인정할 만한 명백한 자료가 있는 경우

④ 납세자의 신고내용이 국세청장이 정한 기준과 비교하여 불성실하다고 인정되는 경우

⑤ 납세관리인을 두지 않고 국내에 주소 또는 거소를 두지 아니한 경우

15. 납세자는 같은 과세기간에 같은 세목에 대하여 두 번 세무조사를 받지 않을 권리가 있다. 즉 중복세무조사를 금지하고 있는데도 불구하고 일정한 경우는 중복조사를 할 수 있다. 이에 해당되지 않는 것은?

① 조세탈루 혐의를 인정할 만한 명백한 자료가 있는 경우

② 세금계산서의 작성교부, 지급조서의 작성제출 등 협력의무를 이행하지 않은 경우

③ 거래상대방에 대한 조사가 필요한 경우

④ 2이상의 사업연도와 관련하여 잘못이 있는 경우

⑤ 부동산 투기, 매점매석, 무자료거래 등 경제질서 교란 등을 통한 탈세
혐의가 있는 자에 대한 일제조사를 하는 경우

16. 세무공무원은 국세의 부과·징수를 목적으로 업무상 취득한 자료 등의
과세정보를 타인에게 제공 또는 누설하거나 목적 외의 용도로 사용하
지 못하도록 하고 있지만, 제공이 허락되는 경우가 있다. 이에 해당되
지 않는 것은?
① 지방자치단체 등이 법률이 정하는 조세의 부과 징수 목적
② 국가기관이 조세쟁송 또는 조세범의 소추목적
③ 감사원의 채권채무 관계를 이행하기 위해서
④ 법원의 제출명령 또는 법관이 발부한 영장에 의한 요구
⑤ 세무공무원 상호간의 국세의 부과 징수 또는 질문 검사상의 필요

【해답】

1.② 2.⑤ 3.④ 4.⑤ 5.③ 6.① 7.⑤ 8.⑤ 9.① 10.⑤
11.① 12.③ 13.④ 14.⑤ 15.② 16.③

제 2 장 부가가치세법

제1절 부가가치세의 기초이론

1. 부가가치세의 의의

(1) 부가가치세의 개념

부가가치세란 재화 또는 용역의 생산·유통단계에서 창출된 부가가치에 대해 부과하는 조세이다. 여기서 부가가치란 재화 및 용역의 생산 또는 유통단계에서 기업이 새로이 창출한 가치의 증가금액으로서 매출액 또는 산출가치에서 매입액 또는 투입가치를 차감한 부분을 말한다.

어떠한 재화이든 완성품으로 소비자에게 판매되려면 원료의 가공, 제품의 생산, 제품의 도소매 등 여러 단계를 거치게 되는데, 이러한 각 단계에 참여한 자는 앞단계에서 생산된 재화 또는 용역을 외부로부터 구입하고 여기에 토지, 노동, 자본, 경영 등의 생산요소를 가미하여 새로운 생산물을 생산하게 된다. 이때 새로운 생산물가치에서 앞단계에서 구입한 생산물가치를 차감한 부분이 자기단계에서 부가된 가치이다. 이러한 부가가치는 새로운 생산물의 생산을 위하여 가하여진 생산요소가치인 임금, 이자, 지대, 이윤 등으로 배분된다.

따라서 부가가치를 계산하는 방법은 각 생산요소의 가치를 가산하는 방법과 최종생산물의 가치에서 외부에서 구입한 원료나 생산재 등의 중간생산물의 가치를 차감하는 방법이 있을 수 있다.

(2) 부가가치세의 과세방법

앞에서 부가가치를 계산하는 데는 가산하는 방법과 차감하는 방법이 있을
수 있다고 하였는데 부가가치세를 계산하는 방법도 가산법과 공제법이 있을
수 있다.

1) 가산법

이 방법은 일정기간중에 발생한 각 기업의 부가가치 구성요소인 임금, 이자,
지대, 이윤 등을 합계하고 여기에 세율을 적용하여 납부세액을 계산하는 방법
이다.

$$\text{부가가치세납부세액} = \text{부가가치 구성요소의 합계} \times \text{세율}$$

이 방법은 일정기간을 단위로 어떤 거래단계의 부가가치를 계산하여 과세하
기 때문에 개별재화나 용역의 부가가치 및 그에 부담된 부가가치세를 정확하
게 파악할 수 없으며, 생산요소 등을 합산하기 때문에 소비세가 아닌 소득과세
와 비슷한 성격을 띠게 된다. 이에 따라 개별재화나 용역에 부과된 부가가치세
의 전가여부(轉嫁與否)가 불투명해지고, 재화나 용역의 종류별로 면세나 차등
세율을 적용하기가 어려운 단점이 있다.

2) 전단계거래액 공제법

전단계거래액 공제법은 일정기간 중 각 기업의 매출액에서 매입액을 공제한
금액을 당해기업의 부가가치로 보아 이를 과세표준으로 하고 여기에 세율을
곱하여 납부세액을 계산하는 방법이다.

$$\text{부가가치세 납부세액} = (\text{매출액} - \text{매입액}) \times \text{세율}$$

이 방법은 개개의 재화나 용역에 부담된 부가가치세의 전가(impute)여부가
불투명하여 마치 소득과세인 것 같은 인상을 주기 때문에 각 기업은 부가가치

세를 자기가 부담한 것처럼 착각하기 쉬우며, 품목별로 면세나 차등세율을 적용하기가 어렵다는 점에서 가산법과 동일한 단점을 지닌다.

3) 전단계세액 공제법

전단계세액 공제법은 일정기간 중 각 기업의 매출액 전체에 대하여 세율을 적용하여 계산한 매출세액에서 매입시 거래징수당한 매입세액을 공제한 금액을 납부세액으로 하는 방법이다. 이때 매입세액은 매입할 때 교부받은 세금계산서에 의해서 거래 징수되었음을 확인되는 금액을 말한다. 따라서 이 방법을 적용하려면 매입시에 매입세액을 징수당한 사실을 증명하기 위한 세금계산서는 필수적인 자료가 되는 것이다. 이 방법은 부가가치를 직접 계산하여 과세하는 것이 아니라 간접적으로 부가가치에 과세한 것과 같은 결과가 되도록 하는 것이기 때문에 부가가치세의 과세대상이 부가가치라는 점을 불투명하게 만드는 문제점이 있으나 부가가치세의 전가가 명확하고, 세액계산이 간편하고, 수출 등에 대한 완전면세가 가능하며, 세금계산서 수수에 의하여 거래자료가 양성화되는 장점이 있다.

현재 우리나라 부가가치세법은 전단계세액 공제법을 채택하고 있다

2. 부가가치세의 납세의무

(1) 납세의무자

부가가치세는 그 세부담이 최종소비자에게 전가되는 간접세이므로 궁극적으로 부가가치세의 부담은 최종소비자가 지는 것이나, 세법상의 납세의무자는 재화나 용역을 공급할 때 공급받는 자로부터 부가가치세를 거래징수하여 정부에 납부하는 사업자이다. 여기서 사업자는 영리목적 유무에 불구하고 사업상 독립적으로 과세대상 재화 또는 용역을 공급하는 자이다. 당해 사업자는 사업자 등록여부 및 공급시 부가가치세 거래징수 여부에 불구하고 부가가치세를 신고 납부할 의무가 있다.

부가가치세법상 납세의무가 있는 사업자는 과세대상 재화 및 용역을 제공하

는 과세사업자에 한하므로, 면세 대상 재화 및 용역을 공급하는 면세사업자는
부가가치세법상 납세의무가 없다. 그리고, 과세사업자는 일반과세자와 간이과
세자로 구분할 수 있는데 간이과세자는 간편한 방식에 의하여 과세하게 된다.

(2) 과세기간

과세기간은 세법에 의한 과세표준과 세액계산의 기준이 되는 단위기간을 말
하는데 부가가치세법은 1년을 상반기·하반기로 구분하여 과세기간을 정하고
있다. 즉 제1기를 1월 1일부터 6월 30일까지, 제2기를 7월 1일부터 12월 31일
까지로 하고 신규사업자인 경우는 개업일로 부터 6월 30일(또는 12월 31일)까
지, 폐업하는 자인 경우는 1월 1일(또는 7월 1일)부터 폐업일까지로 정하고 있
다.

(3) 납세지

납세지란 납세의무자가 부가가치세에 관한 신고, 납부, 신청 등의 제반 의무
를 이행하고 과세권자가 부과 징수권을 행사하는 기준이 되는 장소를 말한다.
부가가치세는 납세의무자의 인적사정을 전혀 고려하지 아니하는 물세(物稅)이
기 때문에 납세의무자의 주소지가 어디냐에 관계없이 부가가치의 창출장소인
사업장을 기준으로 납세지를 판정하도록 하고 있다. 그리고 2 이상의 사업장을
가지고 있는 사업자인 경우도 각 사업장별로 납세의무가 성립하므로 각 사업
장이나 본점 및 주사무소에서 부가가치세를 신고·납부하여야 한다. 사업장은
사업자 또는 사용인이 상시 주재하여 거래의 전부 또는 일부를 행하는 장소를
원칙으로 하나 광업은 광업사무소의 소재지, 제조업은 최종제품을 완성하는
장소, 건설, 운수, 부동산매매업은 법인의 등기부상의 소재지(개인사업인 경우
는 그 업무를 총괄하는 장소), 부동산임대업은 그 부동산의 등기부상의 소재
지, 무인자동판매기를 통하여 재화·용역을 공급하는 사업은 그 사업에 관한 업
무를 총괄하는 장소 등이다.
직매장은 사업자가 자기의 사업과 관련하여 생산 또는 취득한 재화를 직접

판매하기 위하여 특별히 판매시설을 갖춘 장소로 이는 별개의 사업장으로 본다. 반면에 사업자가 재화의 보관·관리시설만 갖추고, 필요사항을 기재한 하치장설치신고서를 제출한 장소는 별개의 사업장으로 보지 아니하고 다른 사업장의 연장으로 본다. 또한 사업자가 기존 사업장 외에 임시사업장을 개설하는 경우에는 그 임시사업장은 기존사업장에 포함되는 것으로 한다.

2 이상의 사업장이 있는 사업자가 주된 사업장에서 총괄하여 사업장 단위 과세제도를 적용 받고자 할 때에는 과세기간 개시 20일전에 신청하여 승인을 얻어서(신청일로 부터 20일내에 통지) 총괄납부를 할 수 있다.

3. 사업자등록

사업자등록이란 납세의무가 있는 사업자의 인적사항과 사업사실 등 과세자료를 파악하는데 필요한 사항을 관할세무관서의 대장(臺帳)에 수록하는 것을 말한다. 이에 의하여 과세권자인 정부는 납세의무자를 파악할 수 있고, 사업자는 자기의 사업에 고유한 등록번호를 부여받음으로써 거래시에 이를 활용하여 거래를 명확히 하고 매입시 부담한 매입세액을 공제받을 수 있다.

신규로 사업을 개시하는 자는 사업개시일로부터 20일내에 일정한 서류1)를 첨부한 사업자등록신청서를 사업장 관할 세무서장에게 제출하여야 한다. 이때 사업개시전이라도 등록을 할 수 있다. 사업자등록신청을 받은 세무서장은 신청일로부터 3일내에 사업자등록증을 교부하여야 한다. 물론 세무서장은 신청자가 사실상 사업을 개시하지 아니할 것이라고 인정되는 때에는 등록을 거부할 수 있으며, 사업자가 등록을 하지 않은 경우에는 직권으로 등록시킬 수 있다.

사업자가 등록을 하지 않은 경우에는 미등록가산세, 매입세액불공제, 조세범처벌법에 의한 벌금과 과료(科料, fine) 등의 불이익을 받는다.

---

1) 일정한 서류에는 ① 임대차계약서 사본, ② 허가, 등록, 신고사업의 경우 사업허가증 사본, 사업등록증 사본, 신고필증 사본 ③ 상가건물을 임차한 경우에는 해당부분의 도면

제2절 과세거래

1. 과세대상

과세거래란 부가가치세의 과세대상이 되는 거래를 의미한다. 부가가치세의 과세대상이 되는 거래는 재화와 용역의 공급과 재화의 수입을 말한다. 따라서 이러한 과세대상이 되는 거래에 대하여 사업자는 거래상대방으로부터 부가가치세를 징수하여 정부에 납부하여야 할 의무가 있다.

(1) 재화의 공급

1) 재화의 범위

재화라 함은 재산적 가치가 있는 모든 유체물과 무체물을 말한다. 상품, 제품, 원료, 기계, 건물과 기타 모든 유형적 물건이 포함되지만 그 자체가 거래의 대상이 되지 아니하는 수표, 어음, 주식 및 사채 등의 유가증권은 제외한다. 무체물에는 동력, 열 기타 관리할 수 있는 자연력 및 권리 등으로서 재산적 가치가 있는 유체물 이외의 모든 것을 포함한다. 따라서 사업자가 특허권, 광업권, 수입권, 골프회원권 등과 같은 권리를 과세사업과 관련하여 양도하는 경우에는 이를 무체물의 양도로 본다. 주된 거래인 재화의 공급에 필수적으로 부수되는 재화 또는 용역의 공급은 주된 거래인 재화의 공급에 포함된다. 이러한 부수재화 또는 용역은 다음과 같다.

① 당해 대가가 주된 거래인 재화 또는 용역의 공급대가에 통상적으로 포함되어 공급되는 재화 또는 용역
② 거래의 관행으로 보아 통상적으로 주된 거래인 재화 또는 용역의 공급에 부수하여 공급되는 것으로 인정되는 재화 또는 용역
③ 주된 사업과 관련하여 우발적 또는 일시적으로 공급되는 재화 또는 용역
④ 주된 사업과 관련하여 주된 재화의 생산에 필수적으로 부수하여 생산되는 재화

2) 재화의 공급

재화의 공급은 계약상 또는 법률상의 모든 원인에 의하여 재화를 인도 또는 양도하는 것을 말하는데, 예외적으로 내부거래 또는 대가를 받지 아니하는 외부거래에 대하여도 과세의 형평과 조세의 중립성 유지를 위해 재화의 공급으로 간주하는 것이 있다. 다만, 질권, 저당권, 양도담보의 목적으로 동산, 부동산 및 부동산상의 권리를 제공하는 것과 사업장별로 그 사업에 관한 모든 권리와 의무를 포괄적으로 승계시키는 사업의 양도는 재화의 공급으로 보지 아니한다.

3) 재화의 간주공급

재화의 공급은 통상적으로 대가를 받고 타인의 소유로 변경되어 타인이 사용 소비하는 것을 말한다. 그러나 예외적으로 대가의 수수가 없거나, 재화가 이동되지 아니하여도, 또는 사업자가 자기자신을 위하여 재화를 사용하는 경우에도 재화의 공급으로 보는 경우가 있는데 이를 간주공급(看做供給)이라고 한다. 이러한 간주공급에는 자가공급, 개인적 공급, 사업상 증여 및 폐업시 잔존재화가 있다. 자가공급에는 면세전용, 비영업용 소형승용차와 그 유지를 위한 재화, 총괄납부승인을 받지 않은 사업자의 직매장 반출이 있다. 이러한 간주공급의 취지는 과세사업과 관련하여 생산 취득한 재화이기 때문에 생산 취득과 관련하여 매입세액을 공제받고도 이를 정부에 납부하지 않는 것을 방지하고 부가가치세 부담이 없는 소비를 방지하여 조세의 중립성을 유지하기 위한 것이다.

가. 자가공급

자가공급이란 사업자가 자기의 사업과 관련하여 생산 또는 취득한 재화를 자기의 사업을 위하여 직접 사용 소비하는 것을 말한다. 그러나 모든 자가공급이 과세대상이 되는 것은 아니며, 다음의 경우에 한하여 과세대상이 된다.

① 면세전용
면세전용이란 과세사업을 위하여 생산하거나 취득한 재화를 부가가치세가

면제되는 재화 또는 용역을 공급하는 사업을 위하여 사용·소비하는 것을 말한다. 이는 과세사업과 면세사업을 겸용하고 있는 사업자가 과세사업용으로 재화를 구입하여 매입세액을 공제받고 이를 면세사업에 전용하는 경우에는 면세사업의 매입세액을 공제받는 모순이 발생한다. 이에 따라 면세사업의 매입세액을 부당히 공제받는 것을 시정하여 과세형평을 도모하기 위하여 내부거래인 면세전용을 과세대상으로 규정하고 있는 것이다.

② 비영업용 소형승용차와 그 유지를 위한 재화

과세사업을 위하여 생산 취득한 재화를 비영업용 소형승용차와 그 유지를 위하여 사용하면 부가가치세 과세대상이 된다. 다만, 매입세액이 공제되지 아니한 것은 예외로 한다. 자동차제조회사가 소형승용차를 생산하여 법인의 업무용으로 사용하는 경우나 정유회사가 생산한 휘발유를 업무용 소형승용차에 주유한 경우 자가공급에 해당하여 부가가치세가 과세된다.

③ 직매장 반출

2 이상의 사업장이 있는 사업자가 자기사업과 관련하여 생산 또는 취득한 재화를 타인에게 직접 판매할 목적으로 다른 사업장에 반출하는 것은 재화의 공급으로 본다. 다만 총괄납부의 승인을 얻은 사업자가 총괄납부기간 중에 반출하는 것은 재화의 공급으로 보지 아니한다. 이는 공장에서 제조하여 직매장에서 판매하는 경우에 공장에서는 환급세액만 발생하고 직매장에서는 납부세액만 발생하는데 공장의 환급세액은 확정신고기한 경과 후 30일 이내에 환급하므로 환급기한까지의 사업자의 자금부담이 가중된다. 그러나 직매장 반출을 과세대상으로 보면 공장에서는 매출세액이 발생하고 직매장은 매입세액이 발생하여 부가가치세의 납부로 인한 자금부담을 해소할 수 있다. 다만 총괄납부 사업자인 경우에는 사업장별 납부세액과 환급세액을 가감하여 주된 사업장에서 일괄납부하므로 자금부담의 문제가 발생하지 않으므로 과세대상에서 제외한 것이다.

나. 개인적 공급

사업자가 자기의 사업과 관련하여 생산·취득한 재화를 자기나 그 사용인의 개인적 목적 또는 기타의 목적으로 사용·소비하는 것은 재화의 공급으로 본다. 개인적 공급으로 보는 것은 사업과 직접 관련 없이 개인적 목적 또는 기타의 목적을 위하여 사업자가 재화를 사용·소비하는 것으로서 그 대가를 받지 아니하거나 현저히 낮은 대가를 받는 것을 말한다. 그러나 사업자가 사업과 관련하여 복리후생적 목적으로 사용인에게 무상으로 공급하는 작업복, 작업화, 직장연예비와 관련된 것은 재화의 공급으로 보지 아니한다.

다. 사업상 증여

사업상 증여란 사업자가 사업과 관련하여 생산 취득한 재화를 자기의 고객이나 불특정다수인에게 증여하는 것을 말한다. 다만 사업을 위하여 대가를 받지 아니하고 다른 사업자에게 인도 또는 양도하는 견본품, 매입세액이 공제되지 아니한 재화, 광고 선전용으로 불특정다수인에게 증여하는 것은 재화의 공급으로 보지 아니한다.

라. 폐업시 잔존재화

사업자가 사업을 폐지하는 때에 잔존하는 재화는 자기에게 공급하는 것으로 본다. 사업개시전에 등록을 한 경우에 사실상 사업을 개시하지 아니하게 되는 때에도 또한 같다. 폐업을 하지 않았더라면 잔존재화가 부가가치 창출요소로 투입되어 매출세액을 발생시켰을 것이나 폐업에 따라 매출액이 발생하지 않으므로 폐업시 이에 대하여 과세하는 것이다.

(2) 용역의 공급

1) 용역의 범위

용역이란 재화 이외의 재산적 가치가 있는 모든 역무 및 행위로서 일정한 사업에 해당하는 모든 역무 및 기타 행위를 말한다. 주된 거래인 용역의 공급에 필수적으로 부수되는 재화 또는 용역의 공급은 주된 거래인 용역의 공급에 포함되는 것으로 한다. 권리 등의 양도는 재화의 공급에 해당하지만 권리 등의 대여는 용역의 공급에 해당된다. 선주와 하역회사간의 계약에 따라 하역회사가 조기선적을 하고 선주로부터 받는 조출료는 하역용역의 제공에 따른 대가이므로 하역용역대가에 포함하나, 지연선적으로 인하여 선주에게 지급하는 체선료는 과세대상이 아니다. 반면에 선주와 화주간의 계약에 따라 화주가 조기선적을 하고 선주로부터 받는 조출료는 용역제공의 대가가 아니므로 과세대상이 아니지만, 선주가 화주의 지연선적으로 인하여 화주로부터 받는 체선료는 항행용역의 제공에 따른 대가이므로 항행용역대가에 포함한다.

2) 용역의 공급

용역의 공급이란 계약상 또는 법률상의 모든 원인에 의하여 역무를 제공하거나 재화, 시설물 또는 권리를 사용하게 하는 것을 말한다. 대가를 받지 아니하고 타인에게 용역을 무상으로 공급하는 것은 용역의 공급으로 보지 아니한다. 용역의 무상공급의 경우에는 재화의 공급과는 달리 외견상으로도 그 가치를 평가하기가 곤란하므로 과세표준 산정에 어려움이 있어 과세대상에서 제외한 것이다. 고용관계에 의하여 근로를 제공하는 것은 용역의 공급으로 보지 아니한다. 이는 근로용역은 사업상 독립적으로 공급하는 것이 아닐 뿐더러 근로의 대가는 인건비로서 그 자체가 부가가치세의 생산요소가 되기 때문에 부가가치세법의 법이론상으로도 과세거래로 볼 수 없는 것이다.

(3) 재화의 수입

재화의 수입은 외국으로부터 우리나라에 도착된 물품이나 수출신고를 한 재화를 우리나라의 영토 및 우리나라가 행사할 수 있는 권리가 미치는 곳에서 인취하는 것으로 한다. 여기서 '인취'라 함은 외국물품 등을 국내물품과 같이 사용·소비할 수 있는 상태에 있게 하는 것을 말한다. 재화수입의 경우는 수입하는 재화가 우리나라 세관을 통과하는 시점에서 세관장이 관세징수의 예에 의하여 부가가치세를 거래징수하고 수입세금계산서를 교부한다. 그런데 물품이 보세구역을 거쳐 우리나라에 반입되는 재화의 수입인 경우에 외국물품이 보세구역에 들어올 때는 수입으로 보지 아니하고, 보세구역에서 보세구역이 아닌 장소로 반입될 때 수입으로 본다. 또한 보세구역에서 보세구역내로 재화를 공급하거나 보세구역 이외의 장소에서 보세구역내로 재화나 용역을 공급하는 경우에는 재화의 수입이 아니고 국내거래로 본다.

2. 거래시기와 거래장소

(1) 거래시기

부가가치세는 과세기간을 단위로 하여 과세하므로 재화 또는 용역의 공급이 어느 과세기간에 귀속하는지를 결정하는 것이 중요하다. 즉 이러한 시간적 기준이 거래시기이다. 거래시기는 부가가치세의 거래징수 및 세금계산서 교부시기와 맞물려 있기 때문에 부가가치세제 운영상 가장 기본이 되는 규정으로서 거래시기를 잘못 판단할 경우에는 공급자 및 공급받는 자 모두에게 가산세 및 매입세액 불공제 등의 불이익이 따른다.

재화의 공급시기는 재화의 이동이 필요한 경우는 재화가 인도되는 때, 이동이 불필요한 경우는 재화를 이용가능하게 되는 때, 그 이외의 경우는 재화의 공급이 확정되는 때로 한다. 다만, 폐업전에 공급한 재화의 공급시기가 폐업일 이후에 도래하는 경우에는 폐업일을 공급시기로 본다.

용역의 공급시기는 역무가 제공되거나 재화, 시설물 또는 권리가 사용되는 때를 말한다. 다만, 폐업전에 공급한 용역의 공급시기가 폐업일 이후에 도래하는 경우에는 폐업일을 공급시기로 본다.

사업자가 재화 또는 용역의 공급시기가 도래하기 전에 세금계산서 또는 영수증을 교부하는 경우에는 그 교부하는 때를 당해 재화 또는 용역의 공급시기로 본다.

(2)거래장소

부가가치세의 납세의무는 원칙적으로 우리나라의 과세권이 미치는 국내에서 사업자에 의하여 공급되는 거래에 한하여 성립하므로 어떠한 거래가 국내에서 이루어진 것인지 외국에서 이루어진 것인지를 판별하는 기준이 필요하다. 따라서, 거래장소는 과세권의 행사 또는 납세의무의 성립여부를 결정하는 중요한 요소가 된다.

재화의 공급장소는 재화의 이동이 필요한 경우에는 재화의 이동이 개시되는 장소, 재화의 이동이 불필요한 경우에는 재화가 공급되는 시기에 재화가 소재하는 장소로 한다. 용역의 공급장소는 원칙적으로 역무가 제공되거나 재화, 시설물 또는 권리가 사용되는 장소이다.

3. 영세율과 면세

(1) 영세율

1) 영세율의 개념

영세율제도란 거래상대방의 부가가치세 부담을 완전히 제거하기 위하여 일정한 재화 또는 용역의 공급에 대하여 영의 세율을 적용하는 제도이다. 이는 매출세액 계산시 세율을 0 (Zero)을 적용함으로써 매출세액이 영이 되어 납부세액이 부(負)가 되어 환급받게 되는데, 자기단계 이전에 이미 부과한 부가가치세를 모두 반환하는 것과 동일한 효과가 있다. 그래서 영세율제도는 당해 거래단계에서 창출된 부가가치에 대해 과세하지 않을 뿐만 아니라, 그 전단계에서 창출된 부가가치에 대해 이미 과세된 것까지도 모두 취소하는 결과를 가져온다.

이 제도의 취지는 사업자의 세부담을 면제시키기 위한 것이 아니라 거래상대방(특히 소비자)의 세부담을 완전히 제거하기 위한 것이다. 현재 이 제도는 수출 등과 같이 재화나 용역을 외국에 공급하는 거래에 주로 적용되는데 이는 국외의 소비자들이 우리나라 부가가치세의 부담을 지지 않도록 함으로써 소비지국 과세원칙을 관철하기 위한 것이다. 결과적으로 이 제도를 적용함으로써 외화획득을 장려하게 된다. 다만 조세특례제한법상의 일부 재화 또는 용역에 대하여는 정책적으로 그 소비에 대하여 부가가치세 부담을 완전히 면제하기 위한 경우도 있다.

2) 영세율 적용대상

① 수출하는 재화

수출이라 함은 내국물품을 외국으로 반출하는 것을 말하는데, 이에는 직수출과 대행수출을 포함하며, 부가가치세법상의 수출에는 내국신용장과 구매확인서에 의하여 공급하는 재화도 비록 국내거래이지만 수출지원을 위하여 포함시키고 있다. 여기서 내국물품에는 우리나라 선박에 의하여 포획된 수산물을 포함한다.

② 국외에서 제공하는 용역

재화나 용역이 국외에서 공급되는 경우에는 원칙적으로 납세의무가 없는 것이지만 부가가치세법상의 납세지가 국내일 경우에 납세지를 기준한 소재주의 원칙에 따라 부가가치세 납세의무를 지게 된다. 그러므로 국외에서 제공하는 용역이라 함은 당해 용역을 제공하는 사업자의 사업장이 국내에 소재하는 경우를 말한다. 따라서 외국에서 부동산 임대업을 영위하는 경우, 납세지는 부동산의 등기부상의 소재지이므로 납세의무가 없는 반면, 건설업의 경우에는 납세지가 법인은 그 법인의 등기부상의 소재지이고, 개인은 그 업무를 총괄하는 장소이므로 건설업자가 국외에서 건설용역을 제공하는 경우 납세의무를 지게 되어 영세율을 적용하게 되는 것이다.

③ 선박 또는 항공기의 외국항행용역

선박 또는 항공기에 의하여 여객이나 화물을 국내에서 국외로, 국외에서 국내로, 국외에서 국외로 수송하는 외국항행용역에 대하여는 영세율을 적용한다. 또한 외국항행사업자가 자기의 사업에 부수하여 행하는 재화 또는 용역의 공급으로서 일정한 것은 외국항행용역에 포함하여 영세율을 적용한다.

④ 기타 외화획득 재화 또는 용역 등

현행 부가가치세법은 외화획득사업의 장려 또는 수출산업의 지원 등을 위하

여 일정한 요건에 해당하는 국내거래에 대하여도 영세율을 적용하도록 하고
있다.

(2) 면세

1) 면세의 개념

현행 부가가치세법상 면세란 일정한 재화 또는 용역의 공급에 대한 부가가
치세의 납세의무를 면제하는 제도이다. 따라서 그 적용대상거래의 매출세액
이 존재하지 않으며, 이를 생산·취득하기 위하여 부담한 매입세액은 환급되
지 않는다. 그러므로 면세 사업자는 재화나 용역을 매입할 때 거래징수당한
부가가치세를 면세재화 또는 용역을 공급할 때 그 가격에 포함시켜 거래상대
방에게 전가하게 된다. 그 결과 면세 전단계에서 이미 부과된 부가가치세는
면세재화 용역의 가격에 포함되어 여전히 잔존하게 되며, 부가가치세의 부담
이 완전히 제거되지 않는다. 따라서 최종소비자의 입장에서 볼 때 현행 부가
가치세법의 면세제도는 그 적용대상이 되는 단계에서 창출된 부가가치에 대
해서만 면세하는 것일 뿐 그 전단계에서 창출된 부가가치에 대해 이미 과세
된 것까지 취소하는 것은 아니다.

현행 부가가치세는 비례세율을 채택하고 있으므로 소비자는 소비액에 비례
하여 부가가치세를 부담한다. 그런데 저소득층일수록 소득 중 소비가 차지하
는 비중이 크기 때문에 부가가치세는 소득에 대해서 역진성을 띠게 된다. 면세
제도의 취지는 이러한 역진성을 완화하기 위하여 주로 기초적인 생활필수품
등에 면세를 함으로써 저소득층의 부가가치세의 부담을 경감하기 위한 것이
다.

2) 면세대상
① 기초생활필수품 - 미가공식료품, 국산 비식용 농·축·수·임산물, 수돗물,
   연탄과 무연탄, 대중여객운송용역 등의 공급
② 국민후생용역 - 의료보건용역, 교육용역, 주택과 부수토지의 임대용역, 우
   표, 인지, 증지, 복권과 공중전화, 전매품과 판매가격이 200원 이하의 제

조 담배.

③ 문화관련 재화·용역 - 도서, 신문, 잡지, 관보, 통신 및 방송(단, 광고는 제외), 예술창작품, 순수예술행사, 문화행사와 비직업운동경기와 관련된 재화·용역의 공급, 도서관, 과학관, 박물관, 미술관, 동물원 또는 식물원에의 입장용역

④ 부가가치 구성요소의 재화·용역 - 토지, 인적용역, 금융보험용역의 공급.

⑤ 수입재화 - 미가공식료품, 신문, 도서, 잡지, 제조담배 등

⑥ 기타 - 종교, 자선, 학술, 구호, 기타 공익을 목적으로 하는 단체가 공급하는 재화·용역
  - 국가, 지방자치단체, 지방자치단체조합이 공급하는 재화·용역
  - 국가, 지방자치단체, 지방자치단체조합에 무상으로 공급하는 재화·용역

3) 면세포기

면세재화·용역의 공급에 대하여 일정한 요건을 갖춘 경우에는 부가가치세의 면제를 받지 아니할 수 있는데, 이를 면세포기라 한다. 이러한 면세포기는 면세사업자가 과세사업자로 전환하기 위한 의사표시로서 이에 의하여 과세사업자로서의 제반의무를 이행하여야 하며, 거래징수당한 매입세액은 매출세액에서 공제받을 수 있다. 현재는 영세율 적용대상 재화·용역과 공익단체 중 학술연구단체 또는 기술연구단체가 공급하는 재화·용역에 대해서만 면세포기가 가능하다.

(3) 영세율과 면세의 비교

영세율과 면세를 비교하면 다음과 같이 구분하여 설명할 수 있다.

1) 영세율은 부가가치세 과세대상이나 면세는 부가가치세 과세대상 거래가 아니다.

2) 영세율 적용 사업자는 부가가치세법상 제반의무를 이행하여야 하나, 면세사업자는 원칙적으로 부가가치세법상 납세의무를 지지 않기 때문에 소득세법과 법

인세법에서 별도의 협력의무를 부여하고 있다.

3) 영세율은 완전면세이나 면세는 매입시의 부가가치세가 환급되지 않아 부분면세에 불과하다.

4) 영세율 사업자는 매입세액을 부가가치세 대급금계정으로 자산으로 처리하는 반면, 면세사업자는 매입세액을 필요경비 또는 취득원가에 가산하여 처리한다.

4. 세금계산서

(1) 의의

세금계산서는 사업자가 재화 또는 용역을 공급하는 때에 부가가치세를 거래징수하고 이를 증명하기 위하여 그 공급을 받는 자에게 교부하는 세금영수증이다.

부가가체법은 납세의무자로 등록한 사업자가 재화 또는 용역을 공급하는 때에는 거래시기에 법정사항을 기재한 계산서(세금계산서)를 공급받는 자에게 교부하도록 규정하고 있다.

(2) 세금계산서 교부

1)세금계산서 교부 의무자

세금계산서 교부의무자는 납세의무자로 등록한 자이다. 그래서 사업자등록을 하지 않으면 세금계산서를 교부할 수 없으며, 면세업자는 부가가치세 납세의무가 없으므로 세금계산서를 교부할 수 없다.

2)세금계산서 교부대상거래

재화 또는 용역의 공급에 대하여는 원칙적으로 모두 세금계산서를 교부하여야 한다. 영세율 적용대상거래도 원칙적으로 세금계산서를 교부하여야 하지만, 다음의 경우는 면제되고 있다.
　① 수출하는 재화(내국신용장·구매확인서에 의해 공급되는 경우는 제외)
　② 국외에서 제공하는 용역
　③ 항공기·선박의 외국 항행용역
　④ 기타 외화획득 재화 또는 용역 중 일정한 것

　3)세금계산서의 교부 시기
　원칙적으로 재화 또는 용역의 공급시기에 교부하여야 한다.

(3) 세금계산서의 종류

　세금계산서는 일반과세자가 원칙적으로 교부하는 "세금계산서", 일반과세자 중 소매업·음식점업자 등 시행령의 지정업종의 사업자가 교부하는 "영수증", 간이과세자가 교부하는 "영수증", 그리고 세관장이 재화의 수입업자에게 교부하는 "수입세금계산서", 법인사업자와 직전연도 사업장별 공급가액 3억원 이상인 개인사업자가 전자적 방법으로 발급하는 "전자세금계산서", 재화나 용역을 공급한 사업자가 세금계산서를 발급하지 아니하는 경우 재화나 용역을 구입한 매입자가 스스로 발급하는 "매입자발행 세금계산서"와 이미 교부한 세금계산서의 기재사항에 착오" 또는 정정사유가 발생하여 이를 수정하는 "수정세금계산서" 또는 "수정전자세금계산서" 등으로 구별할 수 있다.

(4) 세금계산서의 기재사항

　세금계산서에는 다음의 사항을 반드시 기재하여야 한다.
　이를 필요적 기재사항이라고 하며, 세금계산서에 필요적 기재사항의 전부 또는 일부가 기재되지 아니하였거나 그 내용이 사실과 다른 경우에는 매입세액을 공제받을 수 없다.
　① 공급하는 사업자의 등록번호와 성명 또는 명칭

② 공급받는 자의 등록번호

③ 공급가액과 부가가치세액

④ 작성연월일

또한 세금계산서에는 위의 필요적 기재사항 외에 다음의 사항을 기재한다. 이것이 임의적 기재사항이며, 이의 착오기재 또는 기재누락은 세금계산서의 효력에 아무런 영향이 없다.

① 공급하는 자의 주소

② 공급받는 자의 상호, 성명, 주소

③ 공급하는 자와 공급받는 자의 업태와 종목

④ 공급품목

⑤ 단가와 수량

⑥ 공급 연월일

⑦ 거래의 종류

(5) 세금계산서의 양식

일반과세자가 교부하는 세금계산서를 예시하면 다음과 같다.

〔별지 제 11호 서식〕 (청 색)

세 금 계 산 서 (공급받는자 보관용)	책 번 호 일련번호	권 호 -

공급자	등록번호			공급받는자	등록번호	- -
	상 호 (법인명)		성명 (대표자) ⑪		상 호 (법인명)	성명 (대표자) ⑪
	사업장 주 소				사업장 주 소	
	업 태		종목		업 태	종목

작 성			공 급 가 액										세										비 고
년	월	일	공란수	백	십	억	천	백	십	만	천	백	십	일	십	억	천	백	십	만	천	백	십	일

월	일	품 목	규 격	수 량	단 가	공 급 가 액	세 액	비 고

합 계 금 액	현 금	수 표	어 음	외상미수금	이 금액을 영수 함 청구

96. 2. 27개정 22226-28132일
인쇄용지(특급)34 g / ㎡ 182㎜×128㎜

5. 영수증

　영수증은 세금계산서의 필요적 기재사항 중 '공급받는 자의 등록번호'를 기재하지 않을 뿐만 아니라 원칙적으로 공급가액과 부가가치세액을 별도로 구분하지 않고 '공급대가'를 표시한 것을 말한다.
　영수증은 간이과세자 또는 주로 최종소비자와 거래하는 영세사업자가 발급하며, 합계표를 제출할 필요는 없고, 해당 영수증을 발급받은 자는 이를 근거로 매입세액을 공제받을 수 없다.

제3절 부가가치세의 계산

1. 일반과세

　우리나라는 전단계세액공제법을 채택한 관계로 일반과세자의 경우 과세표준에 세율을 적용하여 계산한 금액이 매출세액이 되고 이 매출세액에서 매입세액을 공제한 금액을 납부세액으로 한다. 이 납부세액에서 신용카드 매출전표 발행 세액공제, 예정신고 미환급세액, 예정고지세액를 공제하고 세금계산서 불성실가산세 등을 가산한 금액이 실지로 정부에 납부하여야 할 세액이다.

```
       매    출    세    액
  (-) 매    입    세    액
  ─────────────────────────
  (=) 납    부    세    액
  (-) 세    액    공    제
  (+) 가         산    세
  ─────────────────────────
  (=) 차 가 감 납 부 세 액
```

(1) 과세표준

부가가치세 과세표준이란 재화 또는 용역에 대한 대가 또는 이와 유사한 성질의 가액을 말한다. 즉 공급에 대한 대가로 받은 대금, 요금, 수수료 드 명칭 여하에 불구하고 모든 금전적 가치를 말한다.

과세표준은 공급한 재화 또는 용역의 공급가액을 기준으로 한다. 재화의 수입에 대한 부가가치세의 과세표준은 관세의 과세가액과 관세, 개별소비세, 주세, 교육세, 교통에너지환경세 및 농어촌특별세의 합계액으로 한다.

간주공급에 대한 과세표준은 원칙적으로 자기가 공급한 재화의 시가 즉 정상거래가액으로 한다. 그러나 그 재화가 감가상각자산인 경우에는 내용연수와 상관없이 건물 또는 구축물은 10년, 기타의 감가상각자산은 2년에 가치가 전부 소멸하는 것으로 하여 1과세기간마다 5%(또는 25%)씩 그 가치가 감소하는 것으로 하여 과세표준을 계산하도록 하고 있다. 또한 판매목적으로 타사업장에 반출하는 경우의 과세표준은 당해 취득가액으로 하되, 취득가액에 일정액을 가산하여 공급하는 경우에는 그 공급가액으로 한다.

부동산 임대용역을 공급하는 경우 임대료와 간주임대료의 합계액을 과세표준으로 한다. 여기서 간주임대료의 계산은 부동산임대용역을 제공하고 받은 전세금 또는 보증금에 당해 예정신고기간 또는 과세기간 종료일 현재의 계약기간 1년의 정기예금이자율을 곱하고 과세대상기간의 일수를 곱하여 365일로 나누어서 산출한다.

(2) 매출세액의 계산

1) 매출세액
납부세액은 매출세액에서 매입세액을 차감하여 계산하는데 매출세액은 과세표준인 공급가액에 세율을 곱하여 산출한다.

2) 대손세액공제
사업자는 부가가치세가 과세되는 재화 또는 용역을 공급하고 외상매출금이나 그 밖의 매출채권(부가가치세 포함)의 전부 또는 일부가 공급을 받은 자의 파산·강제집행이나 그 밖에 법령으로 정하는 사유로 대손되어 회수할 수 없는 경우에는 대손세액은 그 대손이 확정된 날이 속하는 과세기간의 매출세액에서 뺄 수 있다. 예정신고시에는 대손세액공제를 적용하지 아니하며, 간이과세자는 대손세액공제를 적용할 수 없다.

대손세액은 대손금액(부가가치세 포함) 중 부가가치세에 해당되는 부분이며, 대손금액(부가가치세 포함)에 10/110을 곱하여 계산한다.

(3) 매입세액의 공제

매입세액이라 함은 사업자가 당해 거래 전단계에서 재화 또는 용역을 공급받으면서 거래징수당한 부가가치세액이다. 이러한 매입세액은 전단계까지 부과된 부가가치세의 합계액으로 이를 매출세액에서 공제함으로써 전단계까지 이미 과세된 부가가치에 대한 중복과세를 회피할 수 있다. 매입세액은 부가가치를 창출하는 과세사업에 관련되었는지 또는 면세사업에 관련되었는지, 사업과 무관한 최종소비자의 지위에서 발생하였는지, 거래징수당한 매입세액을 입증하는 세금계산서가 적법한지의 여부에 따라 공제받을 수 있는 세액과 공제받을 수 없는 세액으로 구분된다.

매출세액에서 차감하는 매입세액의 계산구조는 다음과 같다.

```
      교부받은 세금계산서에 의한 매입세액
( + ) 신용카드매출전표 등 수취분 매입세액
( + ) 매입자발행 세금계산서상 매입세액
( + ) 의       제     매    입    세     액
( + ) 재       고     매    입    세     액
( - ) 공 통 매 입 세 액 면 세 사 업 분
( - ) 공 제 받 지 못 할 매  입  세  액
( = ) 공  제  대  상  매  입  세  액
```

1) 세금계산서에 의한 매입세액

사업자가 자기의 과세사업을 위하여 사용되었거나 사용될 재화 또는 용역에 대한 매입세액으로서 부가가치 창출과정에 이미 사용된 것은 물론 사용되지 아니하고 재고상태에 있는 재화에 대한 매입세액도 공제된다. 따라서 사업과 관련이 없는 매입세액이나 면세사업에 관련된 매입세액은 공제될 수 없다.

2) 의제매입세액공제

과세사업자가 면세로 농·축·수·임산물을 구입하여 과세재화를 생산하거나 용역을 창출하는 경우에 면세로 구입한 농산물 등의 매입가액에 일정률 2/102(4/104~8/108)을 곱한 금액을 매입세액으로 의제하여 매출세액에서 공제하도록 하고 있는데, 이를 의제매입세액공제라고 한다. 이러한 의제매입세액공제는 중간단계에서 면세하고 그 후의 거래단계에서 과세함으로써 발생하는 환수효과와 누적효과를 완화하기 위하여 두고 있는 것이다.

환수효과란 전단계에서 적용했던 면세효과가 그 후의 거래단계에서 과세함으로써 다시 회수되는 현상이고, 누적효과란 면세사업자가 매입세액공제를 받지 못함으로써 이를 가격에 포함하여 전가하기 때문에 다음단계에서 부가가치세를 과세하는 현상과 면세전단계에서 창출한 부가가치에 대해서는 다시 한 번 더 면세다음단계에서 과세하는 현상을 말한다.

한편 재활용폐자원 및 중고품을 수집하는 사업자가 간이과세자와 국가·지방자치단체 및 부가가치세 과세사업을 영위하지 아니하는 자 (과세사업과 면세사업을 겸업하는 경우도 포함)로 부터 재활용폐자원 및 중고품을 취득하여 제조 또는 가공하거나 이를 공급하는 경우에도 의제매입세액공제를 적용한다. 이때 공제율은 5/105이다.

3) 재고매입세액

간이과세자가 일반과세자로 변경되는 경우에 그 변경된 날 현재의 재고품 및 감가상각자산(매입세액공제 대상자산에 한함)을 신고한 자에 대하여 공제받지 못한 매입세액 해당부분을 공제하여 주는 것을 말한다.

4) 공통매입세액면세사업분

사업자가 과세사업과 면세사업을 겸업하는 경우 세금계산서를 교부받은 매입세액 중 면세사업 해당부분은 공제받을 수 없으므로 이를 차감하여야 하는데, 이부분의 계산은 실지귀속에 따라 하되 실지귀속을 구분할 수 없는 경우에는 당해과세기간의 총공급가액에 대한 면세공급가액 부분으로 한다.

5) 공제받지 못할 매입세액

다음의 경우에는 매입세액을 공제받지 못한다.

① 매입처별세금계산서합계표를 제출하지 아니하거나 제출하였으나 기재사항 중 거래처별 등록번호 또는 공급가액이 미기재 또는 잘못 기재된 경우의 매입세액

② 세금계산서를 교부받지 아니하거나 교부받은 세금계산서에 필요적 기재사항의 미기재 또는 잘못 기재된 경우의 매입세액

③ 사업과 직접 관련이 없는 지출에 대한 매입세액

④ 비영업용 소형승용차의 구입·임차와 유지에 관한 매입세액

⑤ 접대비 및 이와 유사한 비용의 지출에 관련된 매입세액

⑥ 부가가치세 면세사업관련 매입세액과 토지조성을 위한 자본적 지출에 관련된 매입세액

⑦ 사업자등록을 하기 전의 매입세액, 단 사업개시후 20일 이내에 등록한 사업자의 등록하기 전의 매입세액으로서 등록신청일로부터 역산하여 20일 이내의 것은 공제

2. 간이과세

사업자는 자기의 과세표준과 납부세액을 스스로 계산하여 신고·납부 하도록 되어 있다. 그래서 사업자는 세법에 대한 충분한 이해와 기장능력 등이 요구된다. 그런데 사업의 규모가 영세한 개인 사업자의 경우 세법지식이나 계산 능력 면에서 이러한 요구에 부응하기가 사실상 어려우므로 소규모 영세사업자에 대

하여 특례규정을 두어 과세표준과 세액계산의 신고·납부절차 등에서 일반과세자와는 달리 간편한 방법을 적용하도록 하고 있는데 이를 간이과세제도라 한다.

(1) 간이과세자의 납부세액

> **납부세액 = 공급대가 × 업종별 부가가치율 × 세율(10%)**

여기서 업종별 부가가치율이란 직전 3년간 신고된 업종별 평균부가가치율 등을 감안하여 5%에서 30%의 범위 내에서 대통령령이 정하는 다음의 율로 한다.

(제1호 업종) 전기·가스·수도사업 : 5%
(제2호 업종) 소매업, 재생용재료수집 및 판매업, 음식점업 : 10%,
(제3호 업종) 제조업, 농업·임업·어업, 숙박업, 운수업 및 통신업 : 20%,
(제4호 업종) 건설업, 부동산임대업 기타서비스업 : 30%

(2) 차가감 납부세액

> **차가감납부세액 = 납부세액 + 재고납부세액 −세액공제**
> **− 예정신고기간에 대한 고지(납부)세액**

1) 재고납부세액

일반과세자가 간이과세자로 변경되는 경우에는 그 변경되는 날 현재 재고품 및 감가상각자산(매입세액을 공제받은 것에 한함)을 신고한 자에 대하여는 이미 공제받은 매입세액 해당부분을 납부세액에 가산하게 되는 것이다.

이는 간이과세자가 매입시에 거래징수당한 매입세액을 공제하지 않고 교부받은 세금계산서에 대해서 매입세액의 일정률을 세금계산서세액공제로서 차감할 뿐이므로 과세유형 변경시 이를 조정하기 위한 것이다. 여기서 일정률이라 함은 간이과세자의 업종별 부가가치율을 말한다.

   2) 세액공제
   ① 세금계산서세액공제

   간이과세자가 다른 사업자로부터 세금계산서 또는 신용카드매출전표를 교부받아 세금계산서나 매입처별 세금계산서합계표 또는 신용카드매출전표를 사업장 관할 세무서장에게 제출한 때에는 교부받은 세금계산서 등에 기재된 매입세액의 일정율(위에서 설명한 부가가치율)을 각 예정신고기간 또는 과세기간에 대한 납부세액에서 공제한다.

   ② 신용카드매출전표 발행세액공제

   간이과세자 또는 영수증교부의무자인 일반과세자가 재화 또는 용역을 공급하고 세금계산서 교부시기에 신용카드매출전표 또는 직불카드 영수증을 발행하는 경우에는 신용카드매출전표 등 발행금액의 1.3%(연간 700만원 한도)에 상당하는 금액을 납부세액에서 공제한다(2010.12.31까지. 보칙32조의 2).

3. 안분계산

   사업자가 과세사업과 면세사업을 겸영하는 경우에는 매출세액이나 매입세액 계산시에 각각 실지 귀속에 따라 과세사업 해당분만을 신고 납부하여야 한다. 그러나 그 귀속이 불명확한 경우에는 일정기준에 의해서 안분계산을 하여야 한다.

(1) 과세표준의 안분계산

   과세사업과 면세사업을 겸영하고 있는 경우 사업자가 양 사업에 공통으로 사용하던 재화를 공급하는 경우에 과세사업의 공급가액에 대하여만 부가가치세를 거래징수하여야 하므로 과세사업의 공급가액과 면세사업의 공급가액을 구분하여야 한다. 이의 계산은 원칙적으로 당해재화를 공급한 날이 속하는 과세기간의 직전 과세기간의 공급가액을 기준으로 계산하지만, 직전기의 휴업 등으로 인하여 직전 과세기간의 공급가액이 없는 경우에는 그 재화를 공급한 날이 가장 가까운 과세기간의 공급가액에 의하여 계산한다.

사업자가 토지와 그 토지에 정착된 건물 및 구축물을 공급하는 경우에는 그 공급가액은 실지거래가액에 의하도록 하고 있으나 일반적으로 건물과 토지의 가액을 일괄하여 정하며 각각의 가액을 구분하는 경우는 많지 않다. 그런데 토지의 공급은 부가가치세가 면세되기 때문에 전체의 공급가액 중 건물 및 구축물에 해당하는 부분을 안분하여야 한다. 구분이 불분명한 경우에는 다음순서에 따라 계산한 가액에 비례하여 안분 계산한다.

① 감정평가액이 있는 경우 감정평가액에 비례하여 안분계산
② 감정평가액이 없는 경우 기준시가 또는 장부가액에 비례하여 안분계산
③ 위의 방법을 적용할 수 없거나 적용하기 곤란한 경우 국세청장이 정하는 바에 따라 안분계산

부동산 임대용역은 주택의 임대(주택정착면적의 5배 또는 10배의 부수토지 포함)용역은 면세이기 때문에 과세해당부분만 과세표준에 포함시켜야 한다. 이 때는 먼저 임대료상당액(간주임대료 포함)을 예정신고기간 또는 과세기간 종료일 현재의 기준시가를 기준으로 토지분과 건물부분으로 안분하고, 나중에 토지분 또는 건물분 임대료 상당액을 총토지(또는 건물) 임대면적 중 주택이외의 부분에 해당하는 면적으로 안분하여 계산한다.

(2) 매입세액의 안분계산

공급받는 재화 또는 용역의 사용처가 과세사업과 면세사업으로 분명히 구분되면 그 실지귀속에 따라 구분하면 될 것이나, 당해 공통매입세액이 어느 정도 관련된 것인지 구분할 수 없을 때에는 부득이 일정한 방법에 따라 면세사업관련부분은 공제되지 아니하는 매입세액으로 결정하여야 한다. 이때 안분계산의 기준은 원칙적으로 당해과세기간의 공급가액이다. 다만, 공통사용재화를 동일한 과세기간에 공급받아 공급하는 경우에는 과세표준에 포함된 부분과 일치시키기 위해서는 직전과세기간의 공급가액을 기준으로 한다.

당해과세기간 중 과세사업과 면세사업의 공급가액이 없거나 어느 한 사업의

공급가액이 없는 경우에 당해 과세기간에 있어서의 안분계산은 매입가액, 예정공급가액, 예정사용면적의 순을 기준으로 한다. 다만, 건물을 신축 또는 취득하여 과세사업와 면세사업에 제공할 예정면적을 구분할 수 있는 경우에는 예정사용면적을 우선하여 기준으로 사용한다.

예정신고를 하는 때에는 예정신고기간에 있어서 총공급가액에 대한 면세공급가액의 비율에 의하여 안분계산하고, 확정신고를 하는 때에 정산한다.

한편, 공통으로 사용되는 감가상각자산를 구입하여 매입세액을 안분계산하여 공제받은 후에 당해재화의 면세사업사용비율이 증가한 경우에는 그 증가한 부분에 상당하는 부분의 매입세액을 재계산하여 납부세액에 가산하거나 환급세액에서 공제하도록 하고 있다. 이를 납부세액 재계산이라고 한다.

매입세액은 당해재화 등의 사용시점에 불구하고 그것을 공급받거나 수입한 과세기간의 매출세액에서 공제한다. 그래서 아직 사용되지도 않은 재화에 대해서 매입세액을 공제 해 줌으로써 그 이후에 매입세액공제를 받은 재화가 면세사업 기타의 목적으로 전용될 가능성이 있다. 이를 시정하기 위한 제도로 재화의 간주공급과 납부세액의 재계산제도를 둔 것이다.

제4절 신고 납부

1. 예정신고납부

제 1기의 예정신고기간은 1월 1일부터 3월 31일까지이고 제2기예정신고기간은 7월 1일부터 9월 30일까지이며, 신고 납부는 신고기간 종료 후 25일 내에 하여야 한다. 예정신고납부의 대상이 되는 것은 당해 예정신고기간에 대한 과세표준과 납부세액 또는 환급세액으로 한다. 여기에는 가산세는 제외하고 신용카드발행세액공제는 포함한다. 이 경우 영세율 또는 사업설비 투자 등으로 인하여 예정신고기한 이전에 이미 신고한 조기환급 신고분은 제외한다.

개인사업자에 대해서는 예정신고의무를 면제하고 예정신고 기간의 납부세액을 정부가 결정·고지하여 징수한다. 이는 소규모 영세사업자가 대다수인 개인사업자의 납세편의를 도모하기 위한 제도이다. 다만, 직전과세기간에 대한 납부세액이 없거나 각 예정 신고기간에 신규로 사업을 개시한 자는 예외로 한다. 개인사업자에 대한 예정고지세액이 20만원 미만인 경우 이를 징수하지 아니한다. 한편, 간이과세자에 대하여는 예정고지 및 예정신고를 하지 않고, 확정신고시 세액을 신고·납부하여야 한다.

2. 확정신고납부

제 1기의 확정신고기간은 1월 1일부터 6월 30일까지이고, 제 2기의 확정신고기간은 7월 1일부터 12월 31일까지 이다. 신고 납부는 신고기간 종료 후 25일(외국법인의 경우 50일)이내에 하여야 한다. 확정신고 납부의 대상은 각 과세기간내의 과세표준과 납부세액 또는 환급세액이다. 확정신고는 예정신고와 달리 가산세를 포함하며, 예정신고 및 영세율 등 조기환급신고에 있어서 이미 신고한 내용은 제외한다. 결국 확정신고 대상은 원칙적으로 과세기간 최종 3월분이며, 예외적으로 예정신고 누락분도 확정신고의 대상이 되는 것이다. 따라서 예정신고 결정고지에 의하여 세액을 납부한 사업자는 6개월간의 실적을 합계하여 신고하여야 한다. 간이과세자의 당해 과세기간의 공급대가가 2,400만원 미만인 경우는 납부의무를 면제한다. 다만, 일반과세자에서 간이과세자로 변경된 사업자의 재고납부세액은 납부하여야 한다.

3. 대리납부제도

부가가치세는 용역을 공급하는 자가 공급받는 자로부터 거래징수하여 납부하는 것이 원칙이다. 그런데 용역을 공급하는 자가 국내에 사업장이 없는 비거주자 또는 외국법인의 경우 우리의 과세권이 미치지 못하기 때문에 이들로 하여금 국내에서 용역을 공급받는 자로부터 부가가치세를 거래징수하여 납부하도록 할 수가 없다, 그래서 부가가치세법은 국내에서 용역을 공급받는자가 용역의 공급자인 비거주자 또는 외국법인에게 용역의 대가를 지급할 때 그들을 대리하여 그 대가에서 부가가치세를 징수하여 사업장 또는 주소지 관할 세무서장에게 납부하도록 하고 있는데 이를 대리납부제도라고 한다.

4. 경정과 징수

신고납부방식에 의하여 납세의무가 확정되는 부가가치세법은 납세의무자의 확정신고에 의하여 납세의무가 최종적으로 확정되지만 그렇지 못한 경우에는 2차적으로 정부가 개입하여 납세의무를 조정 확정하게 되는 바 이를 경정이라 한다. 즉, 경정이란 사업자의 신고에 의하여 일단 확정된 납세의무를 일정한 경우에 정부에서 이를 조정 확정하는 행정행위를 말한다. 경정 후 경정된 과세표준과 세액에 오류나 탈루가 있는 것이 발견된 경우에는 즉시 재경정할 수 있다. 경정은 원칙적으로 실지조사결정에 의하고 예외적으로 추계경정할 수 있다.

납세의무자가 확정된 세액을 자발적으로 납부하지 않는 경우에는 정부가 징수권을 발동하여 국세징수법에 의한 강제징수절차에 따라 징수하게 된다.

내게 주어진 단한번 뿐인 나의 생을 결코 서성거리면서 배회하도록 내버려 두고 싶지는 않다.
그것만이 지쳐가고 있는 내 영혼에게 내가 줄 수 있는 유일한 선물이다.

1. 다음은 부가가치에 대한 설명이다. 설명이 틀린 것은?
   ① 부가가치세는 그 부담자는 최종소비자이나, 세법상의 납세의무자는
      재화나 용역을 공급하는 사업자이다.
   ② 사업자는 사업자 등록을 하지 않았거나 부가가치를 거래징수 하지 않은
      경우에는 부가가치는 신고 납부할 의무가 없다.
   ③ 부가가치세의 과세기간은 1년을 상반기, 하반기로 구분하여 1년을
      2과세기간으로 하고 있다.
   ④ 부가가치세의 납세지는 납세자의 주소지와 관계없이 부가가치의 창출
      장소인 사업장을 기준으로 하고 있다.
   ⑤ 2이상의 사업장이 있는 사업자는 과세기간 개시 20일전에 신청하여
      승인을 얻어 총괄 납부를 할 수 있다.

2. 다음은 부가가치세에 대한 설명이다. 그 설명이 틀린 것은?
   ① 부가가치세는 과세기간을 1년 2과세기간으로 구분하여 각 과세기간의 전
      3개월을 예정신고기간, 후 3개월을 과세기간 최종3월이라고 한다.
   ② 직매장은 사업자가 직접 판매하기 위하여 특별히 판매시설을 갖춘
      장소로 별개의 사업장으로 본다.
   ③ 사업자는 사업개시일로부터 20일내에 사업장 관할 세무서에 사업자 등록
      신청을 하여야 한다.
   ④ 현재 사업자가 사업자등록을 하지 않은 경우에 아무런 규제 조치가
      없어서 그 실효성이 의문이 제기 되고 있다.
   ⑤ 부가가치세는 납세의무자와 담세자가 다른 간접세제이다.

3. 다음 중 부가가치세의 과세대상이 아닌 것은?
   ① 재화의 공급　　② 용역의 수입　　③ 용역의 공급
   ④ 재화의 수입　　⑤ 재화의 간주공급

4. 다음 중 부가가치세의 과세거래가 아닌 것은?
   ① 상품 공급   ② 건물의 판매   ③ 주식의 판매
   ④ 음식의 공급   ⑤ 특허권의 양도

5. 다음 중 부가가치세가 과세되는 공급에 해당되지 않는 것은?
   ① 면세전용   ② 비영업용승용차   ③ 직매장 반출
   ④ 용역의 무상공급 ⑤ 폐업시 잔존재화

6. 다음 중 영세율이 적용되는 것은?
   ① 선박 또는 항공기의 외국항행용역   ② 기초생활필수품
   ③ 국민후생용역   ④ 문화관련 재화·용역   ⑤ 금융보험용역

7. 다음 중 영세율 적용대상이 아닌 것은?
   ① 수출재화   ② 국가에 대한 납품
   ③ 내국신용장에 의한 공급   ④ 국외에서의 용역제공
   ⑤ 항공기의 외국항행용역

8. 다음은 부가가치세에 대한 설명이다. 틀린 것은?
   ① 권리 등의 양도는 재화의 공급에 해당되지만, 권리 등의 대여는 용역의
      공급에 해당된다.
   ② 사업자가 자기의 사업과 관련하여 생산 취득한 재화를 자기나 그 사용인
      의 개인적 목적 또는 기타의 목적으로 사용 소비하는 것은 재화의 공급
      으로 본다.
   ③ 용역의 공급이란 계약상 또는 법률상의 모든 원인에 의하여 역무를
      제공하거나 재화, 시설물 또는 권리를 사용하게 하는 것을 말한다.
   ④ 재화의 수입의 경우는 수입하는 재화가 우리나라 세관을 통과하는
      시점에서 세관장이 관세징수의 예에 의해서 부가가치세를 거래징수하고
      수입세금계산서를 교부한다.

⑤ 사업자가 재화 또는 용역의 공급시가 도래한 후에 세금계산서 또는 영
　수증을 교부하는 경우에는 당해 대가의 수수여부에 불구하고 그 교부
　한 때를 공급시기로 본다.

9. 다음 중 면세대상이 아닌 것은?
　① 변호사의 법률용역　　② 미가공식료품　　　③ 수돗물
　④ 예술창작품　　　　　⑤ 금융보험용역

10. 다음 중 부가가치세법상의 면세대상이 아닌 것은?
　① 연탄과 무연탄　　　　　　　　② 의료보건용역
　③ 투자자문, 채권추심, 신용조사업　④ 토지의 공급
　⑤ 전매품

11. 다음은 부가가치세에 대한 설명이다. 틀린 것은?
　① 영세율제도는 당해 단계에서 창출된 부가가치 뿐만 아니라, 그 전단계
　　에서 창출된 부가가치에 대해 이미 과세된 것까지도 모두 취소하는 결
　　과를 가져온다.
　② 국가, 지방자치단체(조합)는 공급하는 재화 용역, 공급받는 재화 용역
　　모두 면세이다.
　③ 영세율제도는 주로 수출 등과 같이 재화나 용역을 외국에 공급하는 거래
　　에 적용되는데, 이는 국외의 소비자들이 우리 나라 부가가치세의 부담을
　　지지 않도록 함으로서 소비지국 과세원칙을 관철하기 위한 것이다.
　④ 국외에서 제공하는 용역은 원칙적으로 납세의무가 없지만, 건설용역을
　　법인이 외국에서 제공하는 경우 납세지가 법인 등기부상의 소재이므로
　　납세의무가 있게 되어 영세율을 적용 하게 된다.
　⑤ 면세란 일정한 재화와 용역 공급에 대한 부가가치세의 납세의무를 면
　　제하는 제도이므로 적용대상거래의 매출세액이 존재하지 않으며, 이를
　　생산 취득하기 위하여 부담한 매입세액은 환급되지 않는다.

12. 다음 부가가치세의 영세율과 면세에 대한 설명이다. 틀린 것은?

① 영세율제도란 거래상대방의 부가가치세 부담을 완전히 제거하기 위하여 '0'의 세율을 적용하는 것이다.

② 영세율제도란 소비지국 과세원칙을 관철하기 위한 것으로 결과적으로 외화획득을 장려하게 된다.

③ 영세율은 매입세액을 공제받지 못하고, 면세를 매입세액을 공제받게 되므로 영세율은 불완전면세이고, 면세는 완전면세를 실현하게 된다.

④ 면세사업자는 재화나 용역을 매입할 때 거래징수당한 부가가치세를 면세재화 또는 용역을 공급할 때 그 가격에 포함시켜 거래상대방에게 전가하게 된다.

⑤ 면세제도는 비례세율을 적용함으로서 저소득층일수록 상대적으로 소비의 비중이 크기 때문에 나타나는 역진성을 완화시키기 위해서 기초 생활필수품 등에 면세를 하고 있다.

13. 다음 중 부가가치세법상의 세금계산서에 반드시 기재해야하는 필수적 기재 사항이 아닌 것은?

① 공급하는 사업자의 등록번호와 성명 또는 명칭

② 공급받는 자의 등록번호

③ 공급가액과 부가가치세액

④ 작성연월일

⑤ 공급하는 자의 업태와 종목 및 공급품목

14. 부가가치세의 계산과 관련하여 틀린 것은?

① 우리나라는 전단계 세액공제법을 채택한 관계로 일반과세자의 경우 과세표준에 세율을 적용하여 계산한 금액에서 매입하면서 거래징수당한 세금계산서에 의해서 입증되는 매입세액을 공제하여 납부세액을 계산한다.

② 재화의 수입에 대한 부가가치세의 과세표준은 관세의 과세가액과 관세

·개별소비세·주세·교육세·교통에너지환경세 및 농어촌특별세의 합계
액으로 한다.
③ 간주공급에 대한 과세표준은 원칙적으로 자기가 공급한 재화의 시가
즉 정상거래가액으로 한다.
④ 매입세액은 전단계까지 이미 과세된 부가가치세의 합계액으로 이를 매
출세액에서 공제함으로써 전단계까지 이미 과세된 부가가치에 대한 중
복과세를 피할 수 있게 한다.
⑤ 세금계산서에 의해서 입증되는 매입세액은 사업과 관련여부에 관계없
이 공제되며, 면세사업과 관련된 매입세액도 공제된다.

15. (주)중앙은 과일도매업과 과일통조림제조업을 겸업하는 기업이다.
2015년 10월 1일부터 2015년 12월 31일까지 판매한 통조림이
₩20,000,000이고, 과일이 ₩10,000,000인데, 매출환입된 금액이
₩5,000,000(통조림 판매분에서 발생)이다. 이때 (주)중앙의 부가가치
세 제2기 확정신고 기간의 과세표준은?
① ₩20,000,000   ② ₩10,000,000   ③ ₩15,000,000
④ ₩25,000,000   ⑤ ₩30,000,000

16. 일반과세자의 부가가치세 계산과 관련된 내용이다. 틀린 것은?
① 판매목적으로 타사업장에 반출하는 경우의 과세표준은 당해 취득가액
으로 하되, 취득가액에 일정액을 가산하여 공급하는 경우에는 그 공급
가액으로 한다.
② 부동산의 임대용역을 공급하는 경우 임대료와 전세금 또는 보증금에
대한 간주임대료의 합계액을 과세표준으로 한다.
③ 과세사업자가 면세로 농·축·수·임산물을 구입하여 과세재화를 생
산하거나 용역을 창출하는 경우에 면세로 구입한 농산물 등의 매
입가액에 2/102(음식업은 6/106)을 곱한 금액을 공제할 수 있도록
하고 있는데 이를 의제매입세액이라고 한다.
④ 의제매입세액공제는 중간단계에서 면세하고 그 후의 거래단계에서 과

세함으로써 발생하는 환수효과와 누적효과를 완화하기 위해 도입된 제
도이다.
⑤ 간이과세자가 일반과세자로 변경되는 경우에 그 변경된 날 현재의 재
고품 및 감가상각자산을 신고하는 경우 간이과세자였을 때 공제받지
못한 매입세액을 공제받을 수 있게 되는데 이를 재고납부세액이라고
한다.

17. 다음 중에서 공제받지 못할 매입세액에 해당되지 않는 것은?
① 매입처별 세금계산서 합계표의 미제출·부실기재
② 세금계산서의 미수취·세금계산서의 부실기재
③ 비영업용소형승용차의 구입과 유지에 대한 매입세액
④ 사업자등록을 하기 전의 모든 매입세액
⑤ 접대비 및 이와 유사한 비용의 지출에 관련된 매입세액

18. 일반과세자와는 달리 간편한 방법에 의해서 납세의무를 이행하도록
하고 있는 제도가 간이과세제도인데, 이러한 간이과세제도에 대한 설
명이다. 틀린 것은?
① 간이과세자의 납부세액은 공급대가에 업종별부가가치율을 곱한 금액에
부가가치세율 10%를 곱하여 계산한다.
② 사업의 규모가 영세한 개인사업자 및 법인사업자에게 적용된다.
③ 업종별부가가치율이란 직전 3년간 신고된 업종별 평균부가가치율 등을
감안하여 대통령령으로 정하는 율이다.
④ 일반과세자가 간이과세자로 변경되는 경우에는 그 변경된 날 현재
재고품 및 감가상각자산(매입세액을 공제받은 것에 한함)에 대해서는
이미 공제받은 매입세액 해당부분을 납부세액에 가산하게 된다.
⑤ 간이과세자는 재화 또는 용역을 공급하면서 신용카드 매출전표 등을
발행하는 경우 발행금액의 1%(연간 500만원한도)에 상당하는 금액을
납부세액에서 공제받을 수 있다.

19. 과세사업과 면세사업을 겸영하는 자의 매출세액과 매입세액의 계산과
    관련된 내용이다. 틀린 것은?

    ① 사업자가 과세사업과 면세사업을 겸영하는 경우에는 매출세액이나 매입
       세액을 계산할 때에 각각 그 실질귀속에 따라 과세 사업 해당분만을 신
       고 납부하여야 하며, 그 귀속이 불분명한 경우에는 일정기준에 의해서
       안분계산하여야 한다.

    ② 과세사업과 면세사업에 공통으로 사용하던 재화를 공급하는 경우 과세
       표준의 안분은 당해재화를 공급한 날이 속하는 과세기간의 직전 과세기
       간의 공급가액을 기준으로 과세사업 해당 부분을 안분하여 계산한다.

    ③ 재화나 용역을 구입하여 과세와 면세사업에 공통으로 사용하는 경우 당
       해 사용분을 구분할 수 없는 경우에는 원칙적으로 당해과세기간의 공급
       가액기준으로 면세부분에 해당하는 공제받지 못할 매입세액을 계산하여
       수취한 세금계산서 매입세액에서 차감하여 계산하게 된다.

    ④ 공통으로 사용되는 감가상각자산을 구입하여 매입세액을 안분 계산하여
       공제받은 경우에는 그 후에 당해재화의 면세비용율의 증감에 따라 5%
       이상씩 변동이 있는 경우 매입세액을 재계산 하게 되는데, 이를 납부세
       액 재계산이라고 한다.

    ⑤ 매입세액은 당해 재화의 사용시점에 공제를 하기 때문에 당해 과세기간
       에 구입하여 아직 사용하지 않은 재화의 매입세액은 공제받지 못한다.

20. (주)흑석은 컴퓨터를 구입하여 판매하는 회사이다. 2015년의 부가가치
    세 제2기의 확정신고 기간의 판매액은 ₩30,000,000이고, 거래처에 무
    상으로 증여한 금액은 ₩10,000,000이다. 구입액은 ₩30,000,000인데,
    이중에서 세금계산서를 수취하지 못한 부분이 ₩5,000,000이다. 이때
    (주)흑석의 부가가치세 납부세액은?

    ① ₩4,000,000   ② ₩3,000,000   ③ ₩2,500,000
    ④ ₩2,000,000   ⑤ ₩1,500,000

21. 명수대상회는 소매업을 영위하는 부가가치세 간이과세자이다.
    2015년 부가가치세 제2기의 매출액(부가가치세 포함)이 ₩22,000,000
    이다. 매입액(부가가치세 포함)은 ₩8,800,000(세금계산서 미수취)이다.
    이때 명수대상회의 부가가치세 납부세액은? 단, 소매업의 업종별 부가
    가치율은 10%이다.
    ① ₩400,000   ② ₩220,000   ③ ₩1,320,000
    ④ ₩132,000   ⑤ ₩1,400,000

22. (주)보라매는 운수업을 영위하는 기업이다. 운수업에 공통으로
    사용하던 건물과 토지를 매각하였다. 매각금액은 ₩200,000,000 (부가
    가치세 제외)인데, 이 때 기준시가는 건물이 ₩30,000,000이고, 토지가
    ₩20,000,000이었다. 당해 토지·건물 매각과 관련된 부가가치세 과세
    표준은? 단, 직전과세기간의 공급가액은 과세사업 관련하여 5억원이
    고, 면세사업 관련하여 5억원이다.
    ① ₩200,000,000   ② ₩120,000,000   ③ ₩60,000,000
    ④ ₩40,000,000   ⑤ ₩30,000,000

23. 다음은 부가가치세의 신고납부에 관련된 내용이다. 틀린 것은?
    ① 부가가치세는 1년을 2개의 과세기간으로 하여 제1과세기간을 1.1부터
       6.30까지로 하고, 제2과세기간을 7.1부터 12.31까지로 한다.
    ② 부가가치세는 예정신고를 하도록 하고 있는데, 예정신고기간은 1.1부터
       3.31까지를 제1기의 예정신고기간이라고 하고, 7.1부터 9.30까지를 제2
       기 예정신고기간이라고 한다.
    ③ 예정신고의 대상은 예정신고기간에 대한 과세표준과 납부세액 및 환급
       세액이며, 확정신고납부의 대상은 원칙적으로 과세기간 최종 3월분이
       며, 예외적으로 예정신고 누락분도 대상이 된다.
    ④ 개인사업자는 예정신고의무를 면제하고, 예정신고기간의 납부세액을
       정부가 결정·고지하여 징수하도록 하고 있다.
    ⑤ 부가가치세의 신고·납부 및 환급은 신고기간 종료 후 30일내에 하여야 한다.

1. 다음 자료에 의하여 (주)중앙의 2015년 제2기 확정신고 기간의 부가가
치세 납부세액을 계산하라.

  (1) 매출 및 매각내역 : 국내매출 ₩500,000,000 수출 ₩300,000,000
  중고차량매각 ₩5,000,000 거래처에 사은품 제공 ₩5,000,000

  (2) 매입 및 지출내역 :
  다음은 모두 세금계산서 및 계산서를 교부받았고, 부가가치세가 포함되
  지 않은 금액이다.
  ① 원재료 매입액 ₩150,000,000　　② 토지 ₩50,000,000
  ③ 건물 ₩30,000,000　　④ 비영업용 소형승용차 ₩15,000,000
  ⑤ 접대비 ₩5,000,000　　⑥ 전력비 ₩3,000,000

  <풀이> (500,000,000 + 5,000,000 + 5,000,000) × 10 % + 300,000,000 × 0
  　　　 −(150,000,000 + 30,000,000 +3,000,000) × 10% = 32,700,000

2. 다음 자료에 의하여 운수업과 도매업을 하는 일반사업자의 2015년도
제1기 확정신고에 대한 부가가치세 면세대상인 금액을 계산하면 얼마
인가?

(1) 항공기의 운송용역가액	10,000,000원
(2) 전세버스의 운송용역가액	5,000,000원
(3) 외국에서 전세버스 1대 수입가액	150,000,000원
(4) 외국조미료 수입가액	10,000,000원
(5) 국내 보리(농산물)의 공급가액	5,000,000원
(6) 설탕의 공급가액(운송비포함)	2,500,000원
(7) 공익단체에 무상으로 공급한 운송용역가액	750,000원

<풀이> 보리의 공급가액   5,000,000원

공익단체에 무상으로 공급한 용역가액   750,000원

                   5,750,000원

3. 다음 자료에 의하여 주사업장 총괄납부승인을 받은 쌍용㈜의 2014년 제2기 과세기간(7.1~12.31)의 부가가치세 과세표준을 계산하면 얼마인가? (당사는 상품매입에 대하여 세금계산서를 적법하게 수취하였으며, 전액 매입세액공제를 받았음)

거래일자	거래내용	공급가액
6.30	비영업용 소형승용차 판매액	3,000,000원
8.25	외상판매액	25,000,000원
9.10	대가를 받지 아니하고 매입처에게 증여한 견본품(시가: 1,000,000원)	250,000원
9.12	하치장반출액	11,000,000원
10.13	외상판매액에 대한 매출할인액	1,500,000원
12.4	사장이 개인적인 목적으로 사용한 상품(시가: 4,000,000원)	2,500,000원
12.26	사업용 고정자산 매각액	10,000,000원

<풀이> 외상판매액   25,000,000원

외상판매액에 대한 매출할인액   -1,500,000원

사장이 개인적인 목적으로 사용한 상품   4,000,000원

사업용 고정자산 매각액   10,000,000원

          37,500,000원

4. 다음 자료에 의하여 소양강㈜의 부가가치세 과세표준을 계산하면 얼마
인가?

> (1) 회사는 효자상사에 갑제품을 판매하고 그 공급가액으로 22,500,000
> 원을 받았다. (VAT 2,250,000원을 불포함)
> (2) 회사는 효자상사에 갑제품을 보내면서 운송비, 포장비 명목으로
> 445,000원을 별도로 받았다.
> (3) 회사는 효자상사에 장려금으로 1,050,000원을 지급하고, 장려물품으
> 로 200,000원 상당액을 주었다.
> (4) 갑제품 중 2,500,000에 상당한 물품이 환입되었다.
> (5) 회사는 국가에 5,500,000원에 상당하는 갑제품을 기증하였다.

<풀이> 갑제품 판매가격	22,500,000원
운송비, 포장비	445,000원
장려물품(사업상증여)	200,000원
환입된 물품	-2,500,000원
	20,645,000원

5. 다음 자료에 의하여 부가가치세 과세표준을 계산하시오.

> 1. 제품판매액(공급가액) : 50,000,000원
> 2. 대 손 금(공급가액) : 6,000,000원
> 3. 장 려 물 품 제 공 액 : 원가 3,000,000원(시가 3,500,000원)
> 4. 판매할 제품 중 대표자 개인적 사용분 : 원가 3,000,000(시가 5,000,000원)

<풀이>　　50,000,000 + 3,500,000 + 5,000,000 = **58,500,000원**
　　　　　* 대손금 판매장려금은 과세표준에서 공제하지 않음.
　　　　　* 장려물품(현물)과 물품증정은 과세표준에 산입

6. 다음은 컴퓨터제조업을 영위하는 (주)서울의 2015년 예정신고기간 매입
세금계산서 수취 내역이다. 아래와 같이 공급가액을 표시하고 있을 때
(주)서울의 공제매입세액은 얼마인가?

> · 원재료 매입 : 국내분 200,000,000원, 수입분 100,000,000원
>
> · 기계구입 : 50,000,000원   · 접대비지출 : 2,000,000원
>
> · 토지 정지비 : 40,000,000원

<풀이> 35,000,000원 (부가가치세법 74)

　접대비지출, 토지 관련 매입세액은 공제되지 않는다.

　매입세액공제액 = (200,000,000원+100,000,000원+50,000,000원)× 10%

　　　　　　　= 35,000,000원

7. 다음 자료에 의하여 도매업을 경영하는 일반과세사업자인 ㈜온양의 부
가가치세 납부세액을 계산하시오.

매출분(공급가액)	● 세금계산서 발급분	: 60,000,000원
	● 계산서 매출분	: 3,000,000원
매입분(공급가액)	● 세금계산서 수취분	: 32,000,000원
	● 현금 매입분(현금영수증 미수취)	: 24,000,000원

　　<풀이> 납부세액 = 매출세액 − 매입세액

　　　　　　　=60,000,000× 0.1−32,000,000× 0.1= ₩2,800,000

8. 다음에서 제1기 부가가치세 확정신고시 공제될 의제매입세액공제액을
계산하시오.

> ● 일반 음식점업을 영위하는 개인사업자이다.
>
> ● 2015년 1월 1일부터 6월 30일까지 과세대상 음식용역에 원재료로 사
> 용되거나 사용될 계산서를 수취한 면세농산물 구입액은 2,160,000원이다.

　　<풀이> 2,160,000× 8/108 =₩160,000

9. 다음 자료에 의해 제조업을 영위하는 일반과세자인 ㈜청렴결백의 공제
   가능한 매입세액을 계산하면 얼마인가? (단, 세금계산서 및 계산서를
   모두 적법하게 수취하였고 모두 사업과 관련된 매입세액임)

> - 원재료 매입세액 ₩30,000,000
> - 의제매입세액　₩1,700,000
> - 사업자등록전 30일에 구입한 비품 매입세액 ₩1,500,000
> - 접대비 관련 매입액 ₩6,000,000
> - 적법하게 발급받은 전자세금계산서로서 국세청장에게 전송되지 아니하
>   였으나 발급사실이 확인되는 매입세액 ₩1,000,000

<풀이>　공제가능 매입세액 ＝30,000,000 ＋ 1,700,000 ＋1,000,000
　　　　　　　　　　　　　＝₩32,700,000

10. 다음 자료에 의하여 음식점업(과세유흥장소 아님)을 영위하는 간이과
    세자인 ㈜애국자씨의 2015년 제1기 부가가치세 확정신고시 차가감 납
    부세액을 계산하시오.

> (1) 공급대가(부가가치세 포함) : ₩52,000,000
> (2) 계산서를 수취한 면세 농산물의 매입가액 : ₩2,700,000
> (3) 매입세금계산서상의 부가가치세 매입세액 :　₩500,000
> (4) 음식점업의 부가가치율은 10%이며, 의제매입세액 공제율은 8/108 이다.

<풀이>　차가감 납부세액＝납부세액－(의제매입세액공제＋매입세금계산서
　　　　　　　　　　　　　　　　　　　　　수취분 세액공제)
　　　　＝₩52,000,000× 10%× 10%－(2,700,000× 8/108＋500,000× 10%)
　　　　＝₩270,000

11. 2014년 3월 1일 10억원에 과세사업에 사용할 목적으로 매입세액공제
   를 받고 취득한 건물을 2016년 10월 31일에 면세사업에 전용하였다.
   이와 관련하여 납부할 부가가치세액을 계산하시오.

   <풀이> 부가가치 납부세액 = 과세표준 × 10%
            = 취득가액 × (1 − 가치감소율 × 과세기간의 수) × 10%
            = ₩1,000,000,000 × (1 − 5% × 3기) × 10%
            = ₩85,000,000

⊏해답⊐

1.② 2.④ 3.② 4.③ 5.④ 6.① 7.② 8.⑤ 9.① 10.③ 11.② 12.③ 13.⑤ 14.⑤
15.③ 16.⑤ 17.④ 18.② 19.⑤ 20.⑤ 21.② 22.② 23.⑤

제 3 장 소득세법

제1절 소득세의 기초

1. 소득세의 개관

(1) 소득세의 의의

소득세는 자연인이 가득한 소득에 대하여 그 자연인에게 부과하는 직접국세이다. 따라서 법인이 가득한 소득에 대해서는 별도로 법인세를 부과하고 있는 것이다.

현행 소득세법은 소득을 발생원천에 따라 이자소득, 배당소득, 부동산임대소득, 사업소득, 근로소득, 연금소득, 기타소득, 퇴직소득, 양도소득의 9가지로 구분하여 제한적으로 열거하여 과세하고 있으므로 기본적으로 소득원천설의 입장에 있으나 기타소득, 퇴직소득, 양도소득과 같이 일시적이고 우발적인 소득도 과세대상으로 한다는 점에서 순자산증가설의 입장도 일부 가미되었다고 할 수 있다.

한편 현행소득세법은 8가지의 소득 가운데 이자소득, 배당소득, 사업소득, 근로소득, 연금소득, 기타소득을 종합소득으로 합산하여 과세함으로써 기본적으로 종합과세제도를 채택하고 있다. 이러한 종합과세제도는 누진세율을 적용하여 부담능력에 따른 과세를 실현함으로써 소득재분배에 기여하기 위한 것이다. 그러나 예외적으로 퇴직소득, 양도소득은 별도로 분류과세하고 있는데 이는 장기간 동안 서서히 발생한 소득이 한 과세기간에 실현됨으로써 부당하게 높은 세율을 적용받는 이른 바 결집효과(bunching effect)를 감안한 것이다.

(2) 납세의무

소득세법은 납세의무자인 개인을 국적에 관계없이 거주자와 비거주자로 구분하여 과세소득의 범위와 과세방법에 차이를 두고 있으며, 국세기본법 제13조에 의하여 법인으로 보지 아니하는 법인격 없는 단체도 소득세의 납세의무자로 규정하고 있다.

거주자는 국내외 모든 소득에 대하여(다만, 해당 과세기간 종료일 10년 전부터 국내에 주소를 둔 기간의 합계가 5년 이하인 외국인 거주자에 대하여는 과세대상 소득 중 국외에서 발생한 소득의 경우 국내에서 지급되거나 국내로 송금된 소득에 대해서 만 과세한다) 소득세의 납세의무를 지나 비거주자는 국내원천소득에 대하여만 납세의무를 진다. 거주자의 이자소득, 배당소득, 사업소득, 근로소득, 연금소득, 기타소득은 종합과세 한다. 반면 비거주자는 국내사업장이 있거나 부동산임대소득이 있는 경우에만 종합과세하고 그 이외의 경우에는 분리과세 한다.

법인격 없는 사단·재단·기타 단체 중 국세기본법의 규정에 의하여 법인으로 보는 단체 외의 단체는 이를 거주자로 보아 소득세법을 적용하되, 단체성의 정도에 따라 다음과 같이 과세한다.

① 단체의 대표자 또는 관리인이 선임되어 있으나 이익의 분배방법이나 분배비율이 정하여져 있는 경우에는 그 단체를 1거주자로 보아 그 단체를 별도의 독립된 납세의무자로 취급한다.

② 위의 1거주자에 해당하지 않는 경우에는 구성원들이 자산을 공유 또는 합유하거나 공동으로 사업을 경영하는 것으로 보아 각 거주자별로 그 지분 또는 손익분배비율에 의하여 분배되었거나 분배될 소득금액에 따라 각 거주자별로 납세의무를 진다.

공동소유자산 또는 공동사업에 관한 소득금액을 계산하는 경우에는 지분 또는 손익분배비율에 따라 분배되었거나 분배될 소득금액에 따라 각 거주자별로 납세의무를 진다. 각 거주자별로 납세의무를 지므로 공유자 또는 공동사업자간에는 소득세의 연대납세의무가 없다.

피상속인의 소득금액에 부과된 소득세에 대하여는 상속인이 납세의무를 지는데, 이때 피상속인의 소득금액과 상속인의 소득금액을 구분하여 소득세를 계산한다.

소득세의 과세단위는 '개인단위'가 원칙이지만 예외적으로 합산하여 과세할 수도 있다. 다수인이 공동으로 사업을 영위하는 경우 공동사업장에서 발생한 소득금액은 공동사업자별로 분배하여 과세하는 것이 원칙이다. 그러나 특수관계자들로서 구성된 공동사업으로써 조세회피 등을 목적으로 운영된다면 법이 정하는 주된 공동사업자의 소득금액에 합산하여 과세한다. 이때 주된 공동사업자 외의 특수관계자는 그의 손익분배비율에 해당하는 소득금액을 한도로 주된 공동사업자와 연대하여 납세의무를 진다.

(3) 납세지

납세지란 납세자가 소득세에 관한 각종 신고·신청·납부 등의 행위를 하거나 정부가 경정·결정 등의 처분을 하는 경우에 관할 세무서를 결정하는 기준이 되는 장소를 말한다.

거주자의 납세지는 주소지로 한다. 주소지가 없는 경우는 거소지로 한다. 비거주자의 납세지는 국내사업장의 소재지로 하는데, 국내사업장이 없는 경우에는 국내원천소득이 발생하는 장소로 한다.

원천징수하는 소득세의 납세지는 원천징수하는 자가 누구냐에 따라 달라지는데, 거주자인 경우에는 거주자의 사업장 소재지(사업장이 없는 경우에는 거주자의 주소지 또는 거소지), 비거주자인 경우에는 국내사업장 소재지(국내사업장이 없는 경우에는 비거주자의 거류지 또는 체류지), 법인인 경우에는 법인의 본점 또는 주사무소의 소재지, 납세조합인 경우에는 그 소재지로 한다.

사업소득이 있는 거주자는 사업장 소재지를 납세지로 당해연도 10월 1일부터 12월 31일까지 신청하여 사업장을 납세지로 할 수 있는데, 이 때 지정여부의 통지는 다음연도 2월 말일까지 서면으로 하도록 하고 있다. 또한 납세지의 소득상황으로 보아 부적당하거나 납세의무의 이행상 불편하다고 인정될 때에는 납세지를 지정할 수 있다.

납세지가 변경된 때에는 부가가치세법에 의한 사업자등록 정정을 한 경우를 제외하고는 그 변경된 날로부터 15일이내에 납세지 변경신고서를 그 변경 후의 관할 세무서장에게 제출하여야 한다.

(4) 원천징수

원천징수(with-holding)란 소득을 지급하는 자가 소득을 지급하는 시점에서 그 지급받는 자의 조세를 징수하여 정부에 납부하는 제도이다. 즉 원천징수의무자는 소득귀속자에게 원천징수세액을 차감한 잔액을 지급하고 그 원천징수세액은 원천징수의무자의 관할 세무서에 징수일이 속하는 달의 다음 달 10일까지 납부하게 된다. 원천징수제도는 징세의 편의를 위한 것으로서 국고수입의 평균화, 징세비용의 절약, 조세수입의 확보와 납세의무자의 세부담 분산 등의 장점이 있으나, 원천징수의무자의 국세징수 협력비용을 가중시킨다는 단점이 있다.

이러한 원천징수에는 원천징수에 의하여 납세의무가 종결되고 다시 확정신고의무를 지지 않는 완납적 원천징수와 원천징수당한 세액은 확정신고시 납부할 세금의 예납적인 성격의 것으로서 자진납부세액 계산시 기납부세액으로서 공제될 뿐 당해 소득자가 다시 확정신고를 하여야 하는 예납적 원천징수가 있다. 현행 소득세법상의 원천징수는 원칙적으로 예납적 원천징수에 해당하여 종합소득에 합산하여 확정신고를 하도록 하고 있으나 다음의 소득에 대해서는 완납적 원천징수로서 납세의무를 종결하도록 하고 있다.

① 분리과세이자소득, 분리과세배당소득, 분리과세연금소득, 분리과세기타소득

② 일용근로자의 근로소득

③ 국내사업장 등이 없는 외국법인, 비거주자의 소득

국내에서 거주자나 비거주자에게 다음의 소득금액 또는 수입금액을 지급하는 자는 그 거주자나 비거주자에 대한 소득세를 원천징수하여야 한다.

① 이자소득금액 ② 배당소득금액 ③ 원천징수대상 사업소득의 수입금액 ④ 갑종근로소득금액 ⑤ 기타소득금액 ⑥ 갑종퇴직소득금액

2. 소득세의 계산구조

현행 소득세법상 소득세의 계산은 종합소득, 퇴직소득, 양도소득으로 분류하여 각각 자진납부세액을 산출하도록 되어 있다. 그래서 각각의 계산구조를 각 소득별로 설명하기로 한다.

제2절 종합소득

종합소득이란 거주자별로 이자소득, 배당소득, 사업소득, 근로소득, 연금소득 및 기타소득을 합한 소득을 말한다.

1. 소득금액의 계산

종합소득금액 계산시는 총수입금액에서 필요경비를 차감한 금액으로 소득금액을 계산하므로 사업소득, 기타소득과 같이 필요경비가 인정되는 소득은 총수입금액에서 필요경비를 공제한다.

이자소득과 배당소득은 필요경비를 전혀 인정하지 아니하므로 총수입금액을 소득금액으로 계산하며 근로소득에 대하여는 필요경비 계산의 어려움 때문에 근로소득 총수입금액의 일정액을 근로소득공제로 차감하고 있다.

(1) 이자소득

이자는 금전을 대여하고 받는 대가를 말하는데 여기는 회사채의 이자, 유가증권의 할인료, 신탁의 이익, 저축성 보험차익, 직장공제회 초과반환금 등이 포함된다. 소득세법은 금융소득종합과세의 실시에 따라 원칙적으로 모든 이자소득을 종합과세 대상으로 하고 조세정책적 목적으로 일부 분리과세하려는 것이 정부의 의도였지만 IMF 구제금융으로 금융소득종합과세가 유보되어 대부분이 분리과세이고 종합소득에 합산되는 이자소득은 극히 일부분에 불과하게 되었다. 이자소득은 필요경비가 인정되지 않기 때문에 총수입금액이 바로 이자소득금액이 된다. 소득세법상의 비과세 소득으로는 공익신탁의 이익 등이 있다. 이자소득의 종류를 열거해 보면 다음과 같다.

① 각종 채권 또는 증권의 이자와 할인액 ② 각종 예금이자와 할인액 ③ 내국법인으로부터 받은 신탁(공사채외의 증권투자신탁은 제외)의 이익과 국외에서 받는 신탁의 이익 ④ 채권 또는 증권의 환매조건부 매매차익 ⑤ 저축성 보험의 보험차익 ⑥ 직장공제회 초과반환금 ⑦ 비영업대금의 이익 ⑧ 위의 규정 중 어느 하나에 해당하는 소득을 발생시키는 거래 또는 행위와 파생상품이 세법이 정하는 바에 따라 결합된 경우 해당 파생상품의 거래 또는 행위로부터의 이익

이자소득의 수입시기는 소득의 귀속연도와 당해과세기간의 총수입금액의 크기를 결정하는 기준으로 소득세법에 구체적으로 열거되어 있는데 몇가지만 살펴보면, ① 공·사채의 이자와 할인액은 기명의 경우 약정에 의한 이자지급일, 무기명의 경우 지급을 받은 날 ② 보통예금·정기예금·적금·부금의 이자는 실제로 이자를 지급 받는 날, 원본전입의 경우는 특약에 의한 원본전입일, 해약의 경우는 해약일 ③ 통지예금의 경우는 인출일 ④ 신탁의 수익은 지급받은 날, 신탁의 해약일, 원본전입일, ⑤ 채권·어음·기타 증권의 이자와 할인액은 약정에 의한 상환일 ⑥ 채권 또는 증권의 환매조건부 매매차익은 약정에 의한 환매수일·환매도도일 ⑦ 저축성 보험의 차익은 보험금 또는 환급금의 지급일 ⑧ 비영업대금의 이익은 약정에 의한 이자지급일, 실제 지급일 등이다.

(2) 배당소득

1) 배당소득의 의의

배당이란 주주 또는 사원이 출자회사로부터 받는 이익이나 잉여금의 분배액을 말하는데 소득세법은 통상적인 배당이외에 의제배당과 인정배당(법인세법에서 배당으로 소득처분된 것) 등을 배당소득에 포함한다. 배당소득도 이자소

득과 같이 필요경비가 인정되지 않으므로 당해연도 총수입금액이 배당소득금액이 된다. 배당소득도 이자소득처럼 원칙적으로 종합소득에 합산되고 일부만이 분리과세 되고있다.

2) 배당소득의 과세방법

배당소득은 이미 법인단계에서 법인세가 과세된 소득이기 때문에 이중과세 문제를 조정하기 위해서 당해소득이 종합소득에 합산되고 일정한 요건에 해당되는 경우에는 당해연도 총수입금액에 Gross-up금액을 가산한 금액을 배당소득금액으로 한다. 여기서 Gross-up제도(Imputation제도)란 배당소득이 종합소득에 합산되는 경우 당해연도의 배당소득 총수입금액에 그 금액의 일정율에 상당하는 금액을 가산하여 배당소득금액으로 하고 그 가산액을 종합소득산출세액에서 배당세액공제액으로 공제하는 제도로서 법인세와 소득세의 이중과세 문제를 조정하기 위한 것이다. 이것은 주주가 배당받은 금액을 법인세가 부과되지 않았다면 배당받을 수 있었을 금액으로 환산하여 종합소득금액에 가산하여 소득세액을 산출하고, 법인단계에서 부담한 세액인 Gross-up 금액을 소득세액에서 공제하여 이중과세를 조정하는 것이다. 여기서 일정율은 법인단계에서 발생한 소득금액으로 환산하기 위해서 [법인단계부담세율/(1-법인단계부담세율)] 으로 하여 11%를 적용하고 있다(2010. 12. 31까지는 12%).

현재 금융소득종합과세 실시로, 원천징수로서 과세를 종결하는 이자. 배당소득(완납적 원천징수)을 제외한 금융소득금액이 2천만원을 초과하는 경우에는 종합과세를 하고 2천만원이하인 경우에는 분리과세를 한다. 이때 종합과세하는 경우에도 2천만원까지는 14% 세율을 적용하고, 2천만원 초과분에 대해서 초과누진세율을 적용하게 된다. 이는 금융소득이 2천만원 부근에서 세액이 급격하게 상승하여 발생하는 문턱효과를 해결하기 위한 것이다.

3) 배당소득의 종류

소득세법에 열거된 배당소득으로는 ① 법인으로부터 받은 이익배당 또는 건설이자배당 ② 의제배당 ③ 법인세법에서 배당으로 소득처분된 금액 (인정배당) ④ 내국법인으로부터 받는 증권투자신탁(공·사채 투자신탁제외)수익의 분배금 ⑤ 국내 또는 국외에서 받는 집합투자기구로부터의 이익 ⑥ 공동사업에서 발생한 소득금액 중 출자공동사업의 손익분배비율에 해당하는 금액 ⑦ 위의 규정 중 어느 하나에 해당하는 소득을 발생시키는 거래 또는 행위와 파생상품이 세법이 정하는 바에 따라 결합된 경우 해당 파생상품의 거래 또는 행위로부터의 이익이 있다. 소득세법상 비과세 배당소득은 없다. 여기서 의제배당으로는 무상주를 수취한 경우와 감자·합병 등의 두가지로 나누어진다.

가. 잉여금의 자본전입으로 무상주를 수취하는 경우

이익잉여금의 자본전입으로써 주주·사원·기타 출자자가 받는 주식 또는 지분의 가액은 당해 주주·사원·기타 출자자가 배당받은 것으로 본다. 자본잉여금의 자본전입에 의한 무상주는 의제배당으로 보지 아니하나, 자기주식소각이익을 소각일로부터 2년 이내에 자본에 자본전입한 경우와 법인이 보유한 자기주식에 배정하지 아니한 주식을 배정받은 경우에는 지분율이 변동되어 주주에게 경제적 이익이 있으므로 이를 의제배당으로 본다.

또한 자본잉여금을 원천으로 한 무상주 중 세법상 손익거래로 보는 다음의 자본잉여금 자본전입액도 의제배당으로 본다.

① 기타자본잉여금(자산수증익, 채무면제익, 자기주식처분익 등)
② 재평가적립금 중 재평가세율 1%가 적용되는 토지의 재평가차익 상당액
③ 합병차익 및 분할 차익 중 합병(분할)평가차익, ①, ②의 자본잉여금과 이익잉여금의 승계분

나. 주식의 소각, 자본의 감소, 법인의 해산, 법인의 합병

주식의 소각, 자본의 감소, 퇴사, 탈퇴, 법인의 해산, 법인의 합병으로 주주, 사원, 기타 출자자가 받는 재산가액이 당초 당해 주식을 취득하거나 당해 법인에 출자하기 위하여 소요된 금액을 초과하는 경우 그 초과액은 주주, 사원, 기타 출자자가 배당받은 것으로 본다.

4) 배당의 수입시기

배당소득의 수입시기는 ① 무기명주식의 이익이나 배당은 지급을 받은 날

② 잉여금처분에 의한 배당은 잉여금처분결의일 ③ 건설이자의 배당은 건설이자배당결의일 ④ 자본감소, 퇴사, 탈퇴의 경우에는 자본감소결정일, 퇴사일, 탈퇴일 ⑤ 잉여금의 자본전입은 자본전입결정일 ⑥ 해산의 경우에는 잔여재산가액 확정일 ⑦ 합병의 경우에는 합병등기일 ⑧ 인정배당의 경우에는 당해법인의 결산확정일 ⑨ 증권투자신탁수익의 분배금은 지급을 받은 날 등이다. "금융소득 종합과세"란 이자·배당소득을 종합소득에 합산하여 누진세율로 과세하는 제도로서 각 거주자별로 2,000만원 초과 시에 전액에 대해서 적용하도록 하고 있다. 즉, 각 거주자별로 이자소득과 배당소득을 합산하여(분리과세 신청한 장기 채권의 이자, 직장공제회 초과반환금, 비실명 이자·배당소득은 분리과세) 2,000만원 이하의 경우는 분리과세하고, 초과 시에는 전액에 대해서 종합 과세한다. 다만, 2,000만원 이하인 경우에도 원천징수하지 않는 국외금융소득은 종합 과세한다.

(3) 사업소득

1) 사업소득

사업소득은 영리를 목적으로 독립적·계속적으로 이루어지는 사업에서 발생하는 소득을 말한다. 부동산임대업소득은 성격상 사업소득의 일종이나 소득세법은 과세대상 및 소득금액계산의 차별화를 위하여, 사업소득과는 달리 구분하여 계산한다. 그래서 부동산임대업소득, 사업소득의 소득금액 계산구조는 거의 대동소이하고 그러한 소득이 있는 자를 사업자라 한다.

사업소득의 범위에는 ① 농업(작물재배업 제외)·임업 및 어업 ② 광업, 제조업 ③ 건설업, 도매업 및 소매업 ④ 부동산업 및 임대업 ⑤ 숙박 및 음식점업 ⑥ 예술·스포츠 및 여가관련 서비스업 ⑦ 금융 및 보험업　⑧ 교육서비스업 ⑨ 보건업 및 사회복지서비스업 ⑩ 개인서비스업 등이 있다.

사업소득은 총수입금액에서 소요된 필요경비를 공제하여 사업소득을 계산한다. 법인의 사업소득은 법인세를 과세하고, 개인이 운영하는 사업소득만이 소득세법을 적용하여 종합소득세를 계산한다. 사업소득은 모두 종합과세하며 분리과세되는 경우는 없다. 한편, 농·어민이 부업으로 영위하는 축산·양어·고공품 제조·민박·음식물 판매·특산물제조·전통차 제조 및 그 밖에 이와 유사한 활동에서 발생하는 소득에 대해서는 농가부업규모의 축산소득은 전액, 그 외의 소득은 연 1,800만 원 이하의 소득, 수도권지역 이외의 읍·면지역에서 제조하는 전통주에서 발생하는 소득은 연 1,200만 원 이하에 대해서 비과세 한다. 사업소득 중 조림한 기간이 5년 이상인 임목의 벌채·양도로 인하여 발생하는 소득으로서 연 600만원 이하의 소득은 비과세한다.

임목과 임지를 함께 양도하는 경우 임목과 임지의 취득가액과 양도가액을 구분할 수 없는 때에는 임지에 대하여는 기준시가에 의하여 취득가액과 양도가액을 계산하고, 그 잔액을 임목에 대한 취득가액 또는 양도가액으로 한다. 이때 그 잔액이 없는 경우는 임목의 취득가액 또는 양도가액은 없는 것으로 한다.

독립된 자격으로 보험가입자의 모집 및 이에 부수되는 용역을 제공하고 그 실적에 따라 모집수당 등을 받는 업을 영위하는 사업자의 사업소득에 대한 수입금액을 지급하는 원천징수의무자인 보험회사는 당해 연도의 다음연도 1월분 사업소득을 지급하는 때 또는 당해 사업자와의 계약을 해지하는 달의 사업소득을 지급하는 때에 소득세를 원천징수한다.

사업소득금액은 총수입금액에서 필요경비를 차감하여 계산하는데 통상적으로 직접 계산하는 경우는 드물고 대부분 기업회계기준에 의해서 작성한 손익계산서의 당기순이익을 중심으로 하여 세법상의 차이나는 항목을 조정하는 방법으로 간접적으로 계산한다. 차이나는 항목들을 조정하여 사업소득수입금액을 구하는 것을 세무조정이라고 한다. 여기서 총수입금액은 회계상의 수익에 해당하고 필요경비는 회계상의 비용에 해당하게 된다. 그래서 회계상의 수익으로서 세법상의 총수입금액이면 세무조정을 할 필요가 없고, 총수입금액에 해당되지 않으면 총수입금액산입을 하지 않게 된다. 또한 회계상의 비용인데 세무상도 필요경비에 해당하면 세무조정을 할 필요가 없고, 필요경비에 해당되지 않으면 필요경비불산입을 하게 된다. 그리고 회계상 수익이 아닌데 세무상으로도 총수입금액에 해당하지 않으면 세무조정을 할 필요가 없으나 총수입금액에 해당되면 총수입금액산입을 하게 된다. 또한 회계상 비용이 아닌데 세무상으로도 필요경비가 아니면 세무조정이 필요없으나 세무상 필요경비에 해당되게 되면 필요경비 산입을 하게 된다.

사업소득에서 필요경비로 산입되는 비용항목은 ① 판매한 상품·제품에 대한 원료의 매입가격(매입에누리와 매입할인 금액 제외)과 그 부대비용 ② 판매한 상품·제품의 보관료, 포장비, 운반비, 판매장려금 및 판매수당 등 판매와 관련된 부대비용(판매장려금 및 판매수당의 경우 사전약정 없이 지급하는 경우 포함) ③ 종업원의 급여 ④ 국민건강보험법·노인장기요양보험법에 의한 직장가입자(또는 지역가입자)로서 부담하는 사용자 본인의 보험료 ⑤ 대손금 등이 있다.

거주자가 해당 과세기간에 지급하였거나 지급할 금액 중 다음 각 호에 규정하는 것은 사업소득금액을 계산할 때 필요경비에 산입하지 아니한다. ① 소득세와 개인지방소득세 ② 벌금·과료와 과태료 ③ 국세징수법 그 밖의 조세에 관한 법률에 따른 가산금과 체납처분비 ④ 부가가치세 매입세액 ⑤ 재고자산 이외의 자산의 평가차손 ⑥ 개인기업체의 사업주에 대한 급료

소득세법상의 사업소득금액은 법인세법의 각사업연도소득금액을 구하는 것과 거의 유사하기 때문에 법인세법과 비교하면서 그 차이점을 살펴보는 것이 더 쉽게 접근하게 할 수 있을 것 같아 법인세법에서 자세히 공부하기로 한다.

2) 부동산임대업의 사업소득

부동산임대업소득은 부동산임대업에서 발생하는 소득으로 본래 사업소득으로 분류해야 하지만, 부동산임대소득에 대해서는 다른 사업소득보다 중과세를 하기 위해서 별도로 분류하여 과세하고 있다. 부동산임대소득의 구체적인 범위는 부동산 또는 부동산상의 권리(지역권·지상권은 제외)의 대여로 인하여 발생하는 소득, 공장재단 또는 광업재단의 대여로 발생하는 소득, 광업권자·조광권자·덕대가 채굴에 관한 권리를 대여함으로 인하여 발생하는 소득으로 하고 있다. 여기서 대여라 함은 전세권·기타권리를 설정하고 그 대가를 받는 것과 임대차계약·기타 방법에 의하여 물건 또는 권리를 사용 또는 수익하게 하고 그 대가를 받는 것을 말한다.

한편, 전답을 작물생산에 이용하게 함으로 인하여 발생하는 소득, 1이하의 주택을 소유하는 자의 주택임대소득에 대하여는 소득세를 과세하지 않는다. 다만, 고가주택의 임대소득은 과세한다. 여기서 고가주택이란 과세기간 종료일 또는 당해 주택의 양도일 현재 기준시가가 9억 원을 초과하는 주택을 말한다.

부동산임대소득의 총수입금액은 다음과 같이 월정료와 전세금 또는 임대보증금에 대한 간주임대료 및 임대목적물의 손실로 인한 보험차익의 합계로 한다. 총수입금액에서 필요경비를 차감하면 부동산 임대소득금액이 된다. 다만, 주택과 그 부수 토지를 대여하고 받는 금액에 대하여는 이러한 간주 임대료규정을 적용하지 않는다.

부동산 또는 부동산상의 권리를 대여하고 받은 보증금, 전세금 또는 이와 유사한 성질의 금액에 대한 간주임대료의 계산은 일반적인 경우에는 [(당해과세기간의 보증금 등의 적수－임대용 부동산의 건설비 상당액의 적수)×정기예금이자율/365－임대사업부분에서 발생한 금융수익]으로 하고, 소득금액을 추계결정·경정하는 경우에는 [당해과세기간의 보증금 등의 적수 × 정기예금이자율/365]으로 한다. 이 경우 총수입금액에 산입할 금액이 0보다 적은 때에는 없는 것으로 보며, 적수의 계산은 원칙이 보증금 등의 매일 잔액의 합계를 말하는데 매월말 현재의 임대보증금 등의 잔액에 경과일수를 곱하여 계산할 수 있다.

임대용 부동산의 건설비 상당액이란 당해 건물의 취득가액에 자본적 지출액을 가산한 금액을 말하며 재평가차액은 가감하지 않는다. 정기예금이자율이라 함은 과세기간 종료일 현재 서울특별시에 본점을 둔 은행의 계약기간 1년의 정기예금이자율의 평균을 감안하여 국세청장이 정하는 이자율을 말한다. 금융수익이란 임대사업부분에서 발생한 수입이자·할인료 및 배당금으로서 비치기장한 장부나 증빙서류에 의하여 당해 임대보증금 등으로 취득한 것이 확인되는 금융자산으로 부터 발생한 것으로 한다.

부동산 임대소득의 수입시기는 ① 계약 또는 관습에 의하여 그 지급일이 정하여진 것은 정해진 날 ② 정하여지지 않은 경우에는 지급을 받은 날로 한다.

(4) 근로소득

근로소득이란 근로자가 종속적 지위에서 근로를 제공한 대가로 지급받는 각종 대가를 말한다. 구체적인 내역은 ① 근로제공으로 인하여 받은 봉급·급료·보수·세비·임금·상여·수당 등 ② 법인의 주주총회·사원총회 등 의결기관의 결의에 의하여 상여로 받는 소득(잉여금처분 상여) ③ 법인세법에 의하여 상여로 처분된 금액(인정상여) ④ 퇴직함으로써 받는 소득으로서 퇴직소득에 속하지 아니하는 소득 등 근로제공에 상응하는 관련성을 가진 모든 대가를 포함한다. 그래서 고용관계를 기초로 지급되면 그 명칭이나 지급방법 여하에 불구하고 근로소득에 해당한다. 다만, ① 내국법인의 종업원으로서 우리사주조합을 통하여 취득한 주식의 취득가액과 시가와의 차이 ② 창업법인, 신기술사업법인, 상장법인, 장외등록법인의 종업원이 주식매입선택권을 행사함으로써 얻는 이익은 제외한다.

근로소득은 다른 종합소득과는 달리 인적 노동을 자본으로 하고 있고, 과세방법에 있어서도 원천징수를 근간으로 하므로 세액의 탈루가 거의 없는 특징을 가지고 있다. 이에 따라 소득세법은 다양한 비과세제도, 일용근로자에 대한 분리과세제도, 근로소득세액공제제도 등을 통하여 타소득과의 과세형평을 맞추고 있다. 일반급여는 종합소득 과세표준에 합산하여 과세하지만, 일용근로자의 급여는 원천징수로써 납세의무가 종결된다.

여기서 일용근로자란 근로를 제공한 날 또는 시간에 따라 근로대가를 계산하거나 근로를 제공한 날 또는 시간의 근로성과에 따라 급여를 계산하는 자로서 ① 건설공사에 종사하는 자로서 동일 고용주에게 계속하여 1년이상 고용되거나 통상 동일 고용주에 계속하여 고용되는 자를 제외한 자 ② 하역작업에 종사하는자로서 정기적으로 근로대가를 받거나 통상 동일 고용주에게 계속하여 고용되는 자를 제외한 자 ③ 건설공사, 하역작업외의 업무에 종사하는 자로서 근로계약에 따라 동일한 고용주에게 3월이상 계속하여 고용되어 있지 아니한 자를 말한다.

근로소득의 수입시기는 ① 급여의 경우는 근로를 제공한 날 ② 잉여금 처분에 의한 상여의 경우는 당해법인의 잉여금 처분 결의일 ③ 인정상여(법인세법에 의하여 상여로 소득처분된 것)의 경우는 당해사업연도중의 근로를 제공한 날 ④ 퇴직소득으로 보지 아니하는 퇴직위로금·공로금의 경우는 지급받거나 지급받기로 한 날 ⑤ 도급, 기타 이와 유사한 계약에 의하여 급여를 받는 경우는 급여가 확정된 날로 한다.

1) 비과세 근로소득
소득세법에 열거된 비과세소득 중 일부만 열거한다.
① 각종 법에 의하여 받는 급여 (각종연금, 실업급여, 국가유공자예우 보상금 등)
② 사업체의 업무와 관련있는 교육 훈련을 위한 입학금, 수업료, 기타공납금
③ 일직료, 숙직료 또는 여비로서 실비변상 정도의 급여
④ 교육기관의 교원이 받는 연구보조비 또는 연구활동비 중 월 20만원 이내의 금액
⑤ 언론기업에 종사하는 기자가 취재활동과 관련하여 받는 취재수당 (월 20만원 이내)
⑥ 벽지수당, 군인·경찰의 각종 위험수당, 소방공무원의 화재진화수당(월 20만원 이내), 천재지변·기타 재해로 인하여 받는 급여
⑦ 생산직근로자의 연장시간근로·야간근로·휴일근로로 인한 급여로 연 240만원이내
⑧ 국외 또는 남북교류협력에관한법률에 의한 북한지역에서 근로를 제공하고 받는 보수중 월 100만원 이내의 금액
⑨ 건강보험, 고용보험, 국민연금 등의 사용자 부담금
⑩ 자녀의 출산 보육수당(월 10만원 이내)
⑪ 회사가 제공한 식사 또는 식사제공 없이 월 10만원 이하의 식대
⑫ 복무중인 병장 이하의 병이 받는 급여
⑬ 자가운전보조금 중 월 20만원 이내의 금액 등

2) 근로소득의 과세방법

일용근로자의 경우는 일급여액에서 근로소득공제 10만원을 차감한 금액에 6%의 세율을 곱하여 계산된 금액에 55%의 근로소득세액공제를 한 후 지급하는 자가 원천징수하여 납부하면 납세의무가 종결된다.

한편 갑종근로소득은 매월 지급하는 급여액에 대하여는 원천징수의무자가 당해 근로소득에 대하여 간이세액표의 해당란의 세액을 기준으로 원천징수 납부한다. 이러한 원천징수에는 외국납부세액공제와 근로소득공제가 허용된다. 그리고 나서 연말정산을 하게 되는데 당해연도의 다음연도 2월분의 근로소득을 지급하는 때(퇴직하는 경우는 퇴직하는 달의 소득을 지급하는 때)에 당해연도 근로소득금액에서 다음연도 근로소득을 지급하기 전까지 신고한 내용에 따라 종합소득공제를 하여 과세표준을 구한 후, 세율을 곱하여 근로소득산출세액을 계산하여 근로소득에 대한 외국납부세액공제와 근로소득세액공제를 공제하고, 이미 매월 원천징수하여 납부한 소득세를 차감한 잔액을 원천징수하여 납부하게 된다. 근로소득금액은 총 급여(비과세 소득은 제외)에서 근로소득공제를 차감하여 계산한다. 근로소득에 대하여는 실제로 소요된 필요경비를 확인하기 어렵기 때문에 획일적으로 일정한 금액을 공제하게 되는데, 이것이 근로소득공제이다. 근로소득공제로서 공제하는 금액은 500만원 이하인 경우는 총급여액의 70%, 500만원 초과 1,500만원 이하인 경우는 40%, 1,500만원 초과 4,500만원 이하는 15%, 4,500만원 초과 1억원이하는 5%, 1억원 초과하는 금액에 대하여는 2%이다.

근로소득금액이외의 다른 종합소득금액이 없는 경우에는 연말정산으로 납세의무가 종결되지만, 근로소득금액이외의 다른 종합소득금액이 있는 경우에는 근로소득금액과 다른 종합소득금액을 합산하여 다음연도 5월 31일까지 종합소득확정신고를 하여야 한다.

매월의 근로소득세를 원천징수할 때 지급대상기간이 있는 상여금액이 있는 경우에는 상여금액을 그 지급대상기간의 월수로 나누어 계산한 금액과 그 지급대상기간의 상여이외의 월평균 급여액을 합산한 금액에 대하여 간이세액표에 의하여 계산한 세액을 지급대상기간의 월수로 곱하여 계산한 금액에서 그

지급대상기간의 근로소득으로 이미 원천징수하여 납부한 세액을 공제한 것을
그 세액으로 한다. 지급대상기간이 없는 상여의 경우는 그 상여금을 지급받은
연도의 1월 1일부터 지급일이 속하는 달까지를 지급대상기간으로 하여 상여에
대한 소득세를 구하면 된다.

근로소득에 대한 원천징수는 그 근로소득을 지급하는 때 행함이 원칙이나 1
월부터 11월까지의 급여액을 당해연도 12월 31일까지 지급하지 않은 경우에는
12월 31일에 지급한 것으로 보고, 12월분의 급여액을 다음연도 1월 31일까지
지급하지 않은 경우에는 1월 31일에 지급한 것으로 본다.

(5) 연금소득

종전에 연금기여금을 불입하는 경우에 소득공제를 원칙적으로 인정하지 않
고(즉 과세), 나중에 연금을 수령하는 경우에는 과세소득으로 잡지 않는 형태
를 취했었는데, 선진국처럼 소득의 발생시기와 과세시기를 일치시키기 위해서
"기여금 불입시 공제, 연금 수령시 과세"하는 형태를 취하기 위해서 소득세의
과세대상으로 추가되었다.

이는 우리나라도 평균수명이 길어짐으로서 노령화 사회로 진전됨에 따라 연
금인구가 점차 증가하여 연금소득을 그대로 방치할 수 없는 시기가 초래한 것
이다.

그래서, 연금기여금을 불입하는 경우에 그 불입액을 원칙적으로 전액 소득
공제하고, 나중 연금소득을 수령하는 때에는 이를 연금소득으로 하여 종합과
세하여 소득세의 과세기준을 확대하고, 소득종류 간 과세형평을 고려하기 위
한 것으로 보인다.

연금소득에는 국민연금(2002.1.1 이후 불입 분을 기초로 지급받는 것부터),
공무원연금·군인연금·사립학교교직원연금(2002.1.1 이후 사용자부담금 또는 근
로의 제공을 기초로 하여 지급받는 것부터), 개인연금(2001.1.1 이후에 최초로
가입하는 저축 분부터)등이 있는데, 각기 소득계산, 과세시기, 과세방법 등이
상이하다.

비과세연금소득에는 공적연금 관련법에 의하여 지급받는 장애연금, 유족연

금, 상이연금, 국군포로가 지급받는 연금 등이 있다.

연금소득금액은 총 연금금액에서 연금소득공제를 한 금액으로 하는데, 연금소득공제액이 900만원을 초과하는 경우에는 900만원을 공제한다. 총 연금액이 350만원 이하인 경우는 전액, 350만원 초과 700만원 이하인 경우는 40%, 700만원초과 1,400만원 이하인 경우는 20%, 1,400만원 초과 4,100만원 미만인 경우는 10%, 4,100만원 이상인 경우는 900만원(한도액)을 연금소득공제로 공제한다.

연금소득은 원칙적으로 종합과세 하지만, 총 연금액이 연 1,200만원 이하인 경우에는 납세의무자의 선택에 따라 당해 연금소득을 종합과세표준에 합산하지 않고 분리과세를 적용 받을 수 있다.

(6) 기타소득

기타소득은 이자소득, 배당소득, 사업소득, 근로소득, 퇴직소득, 양도소득 이외의 소득으로서 대체로 일시적·우발적으로 발생하는 소득으로 소득세법에서 열거된 소득을 말한다. 기타소득은 소득발생시에 20% 세율로 원천징수되고 종합소득에 합산하여 과세되는데, 기타소득금액이 연간 300만원 이하인 경우에는 납세자가 분리과세를 선택할 수 있다. 따라서 기타소득을 지급하는 자는 기타소득금액의 20%를 원천징수하여 다음달 10일까지 납부하여야 하고, 납세자는 확정신고시 종합소득에 합산여부를 선택할 수 있다. 다만, 복권당첨소득과 승마투표권 등의 환급금, 슬롯머신 등의 당첨금품, 신용카드 사용보상금 등은 항상 분리과세 한다.

기타소득금액은 총수입금액에서 이에 대응하는 필요경비를 공제하여 계산하되, 비과세소득과 분리과세소득은 합산하지 않는다. 기타소득의 필요경비는 실제로 지급된 경비만을 인정하되, 승마투표권 등의 필요경비는 구입한 승마투표권 등의 단위투표금액의 합계액으로 한다. 필요경비로 받은 금액의 80%를 인정하는 기타소득으로는 ① 공익법인이 시상하는 상금과 부상 ② 고용관계 없는 자의 강연료 ③ 라디오, TV방송 등의 해설, 계몽, 심사에 대한 보수 ④ 전

속계약금 ⑤ 지역권·지상권을 설정하거나 대여하고 받는 금품 ⑥ 인적용역을
일시적으로 제공하고 받는 대가 ⑦ 주택 입주 지체상금 ⑧ 문예창작소득이 있
다. 또한 필요경비가 확인되지 않는 경우에는 받은 금액의 80%를 필요경비로
인정하는 기타소득에는 광업권, 어업권, 산업재산권, 산업정보, 산업상의 비밀,
상표권, 영업권, 토사석의 채취허가에 따른 권리, 지하수의 개발이용권, 기타
이와 유사한 자산이나 권리를 대여한 소득이다.

2. 소득금액계산의 특례

1) 공동사업 합산과세

거주자 1인과 그와 특수관계에 있는 자가 사업소득이 있는 공동사업에 대
한 소득금액을 계산함에 있어서는 당해 공동사업장을 1거주자로 보아 그 사
업장의 소득금액을 계산한 다음 공동사업자별로 그 소득금액을 분배한다. 따
라서 사업자가 자산을 공유 또는 합유하거나 공동으로 사업을 경영하는 경우
에는 그 지분 또는 손익분배비율에 의하여 분배되었거나 분배될 소득금액에
따라 각 거주자별로 그 소득금액을 계산하여 신고한다. 그런데 그 공동사업
자 중에 생계를 같이하는 동거가족으로서 특수관계있는 자가 있는 경우로써
조세회피목적 등이 있는 경우에는 당해 특수관계자의 소득금액은 그 지분 또
는 손익분배비율이 가장 큰 공동사업자(주된 소득자)의 소득금액에 합산한다.
이를 공동사업합산과세라고 하는데 이것은 특수관계자간의 명의위장에 의한
소득분산으로 조세부담의 회피를 방지하기 위한 것이다. 여기서 특수관계 여
부의 판정은 과세기간 종료일 현재 배우자, 직계존속 및 직계비속과 그 배우
자, 형제자매와 그 배우자에 해당하는지의 여부에 따른다. 여기서 주된 소득
자의 판정은 ① 손익분배비율이 큰 자 ② 공동사업소득 이외의 종합소득금액
이 가장 많은 자 ③ 직전연도 종합소득금액이 가장 많은 자 ④ 당해 사업에
대한 종합소득과세 표준을 신고한 자의 순으로 한다.

2) 부당행위계산의 부인

배당소득(출자공동사업자가 손익분배비율에 따라 받는 배당소득만 해당), 사업소득, 기타소득 또는 양도소득이 있는 자가 그와 특수관계에 있는 자와의 거래로 인하여 당해 소득에 대한 조세의 부담을 부당하게 감소시킨 것으로 인정되는 때의 그 행위 또는 계산이 부당행위계산에 해당한다. 이때는 당해 소득자의 행위 또는 계산을 부인하고 세법이 정하는 바에 따라 소득금액을 계산한다. 여기서 특수관계자란 ① 당해 거주자의 친족 ② 당해 거주자의 종업원 또는 그 종업원과 생계를 같이하는 친족 ③ 당해거주자의 금전·기타 자산에 의하여 생계를 유지하는 자와 이들과 생계를 같이하는 친족 ④ 당해 거주자와 위의 ①, ②, ③의 자가 공동으로 30%이상을 출자하였거나 그 거주자가 대표자인 법인 ⑤ 당해 거주자와 위의 ①, ②, ③의 자가 이사의 과반수이거나 50%이상을 출연하고 그 중 1인이 설립자인 비영리법인 ⑥ 위의 ④, ⑤에 해당하는 법인이 50%이상을 출자하고 있는 법인을 말한다.

한편, "조세의 부담을 부당하게 감소시킨 것으로 인정하는 때"란 다음 중 어느 하나에 해당하는 때를 말한다.

① 고가매입, 저가 양도(특수관계자에게)

② 특수관계자에게 자산 등을 무상, 낮은 이율로 대부 제공

③ 특수관계자로부터 자산 등을 높은 이율 등으로 차용하거나 제공받음

④ 특수관계자로부터 무수익자산을 매입하여 그 자산에 대한 비용 부담

⑤ 기타 특수관계자와의 거래로 인하여 당해 연도의 총수입금액 또는 필요경비의 계산에 있어서 조세부담을 부당하게 감소

3) 결손금과 이월결손금의 공제

결손금은 당해 사업자의 소득별 소득금액 계산시 당해연도에 속하거나 속하게 될 필요경비가 당해연도에 속하거나 속하게 될 총수입금액을 초과하는 경우의 그 초과금액을 말한다. 결손금은 종합소득의 구성항목 중 사업소득, 양도소득에서 발생할 수 있다. 양도소득에서 발생한 결손금은 특히 양도차손이라고 한다.

사업소득금액의 결손금은 당해연도의 종합소득과세표준에 있어서 ① 근로소득금액 ② 연금소득금액 ③ 기타소득금액 ④ 이자소득금액 ⑤ 배당소득금

액에서 순차로 공제한 후 남은 금액은 다음 연도로 이월된다. 이렇게 당해연도에 공제하지 못하고 다음 연도 이후로 이월된 잔액을 이월결손금이라고 한다. 이월결손금은 자산수증익 또는 채무면제익으로 충당된 것을 제외하고 당해 이월결손금이 발생한 연도의 종료일로부터 10년 이내에 종료하는 과세기간의 소득금액을 계산함에 있어서 먼저 발생한 연도의 이월결손금부터 사업소득에서 공제하고 남은 금액에 대해서는 결손금의 공제 순서대로 공제한다. 다만, 추계결정하는 경우에는 이월결손금을 과세표준에서 공제할 수 없고, 그 후의 과세기간에 공제할 수 있다. 그러나 천재지변 기타 불가항력으로 장부 기타 증빙서류가 멸실되어 추계결정하는 경우에는 공제할 수 있다.

종합과세되는 배당소득 또는 이자소득 중 원천징수세율을 적용받는 부분은 결손금, 이월결손금의 공제대상에서 이를 제외하며, 그 배당소득 또는 이자소득 중 누진세율을 적용받는 부분에 대하여는 납세자가 그 소득금액의 범위안에서 공제여부 및 공제금액을 결정할 수 있다.

부동산임대업소득에서 발생한 결손금과 이월결손금은 다른 종합소득과 통산할 수 없고 다음 연도로 이월되어 그 후의 부동산임대업소득에서만 공제한다. 양도소득의 경우에는 종합소득과는 별도로 분류과세를 하므로 결손금이나 이월결손금도 각 소득별로만 공제할 수 있다.

4) 상속의 경우 소득금액의 계산

거주자가 사망한 경우 그 피상속인의 소득금액에 대하여는 상속인이 소득세 납세의무를 지는데 피상속인의 소득금액은 상속인의 소득금액에 합산하지 않고 별도로 계산하여야 한다.

2. 과세표준의 계산

종합소득의 과세표준은 각 소득별로 계산한 소득금액을 합계한 종합소득금액에서 종합소득공제를 차감하여 계산한다. 종합소득공제란 납세의무자의 기초적인 생계비에 해당하는 소득을 과세에서 제외시키기 위하여 종합소득금액에서 공제하는 금액을 말한다. 종합소득공제는 최저생계비 상당액을 공제함으로써 최저생활수준의 유지에 필요한 소득에는 과세에서 제외하게 되며, 과세되는 소득은 담세능력이 있는 소득에 과세하기 때문에 소득재분배의 기능을 수행하게 되며, 거주자의 개인사정을 고려하여 과세하므로 물세가 아니라 인세의 역할을 한다.

(1) 인적공제

1) 기본공제

종합소득이 있는 거주자에 대하여는 다음 중 어느 하나에 해당하는 인원 수에 1인당 연 150만원을 곱하여 계산한 금액을 거주자의 당해연도의 종합소득금액에서 공제한다. 단, 장애자인 부양가족인 경우에는 연령의 제한이 없다.
① 당해 거주자
② 거주자의 배우자로서 연간소득금액이 100만원 이하인 경우
③ 거주자와 생계를 같이 하는 연간소득금액이 100만원 이하인 다음의 부양가족
　㉠ 60세 이상인 직계존속(계부, 계모 포함)
　㉡ 20세이하인 직계비속(의붓자녀 포함)과 동거입양자
　㉢ 20세이하 또는 60세 이상인 형제자매
　㉣ 국민기초생활보장법에 의한 거택보호 대상자
　㉤ 거주자의 6개월 이상 위탁양육한 위탁아동

2) 추가공제

기본공제를 받는 자가 다음의 공제대상사유에 해당하는 경우에는 각 사유에 해당하는 인원수에 1인당 ① 및 ③의 경우는 100만원, ②의 경우는 연 50만원을 곱하여 계산한 금액을 추가로 공제한다.
① 70세 이상인 경우
② 당해거주자가 배우자 없는 여성으로서 부양가족이 있는 세대주이거나 배우자 있는 여성인 경우

③ 6세 이하의 직계비속 또는 입양자인 경우
④ 장애인인 경우에는 1인당 연 200만원을 추가로 공제한다

(2) 연금보험료공제

종합소득이 있는 거주자로서 기여금 또는 개인부담금을 납부한 경우에는 당해연도의 종합소득금액에서 당해연도에 납부한 보험료 등의 전액을 공제하되, 연금보험료 공제의 합계액이 종합소득금액을 초과하는 경우 그 초과하는 금액은 이를 없는 것으로 본다.

(3) 주택담보노후연금 이자비용공제

연금소득이 있는 거주자가 주택담보노후연금을 지급받는 경우, 가입당시 주택(연금소득자의 배우자 명의의 주택 포함)의 기준시가가 9억원 이하인 주택을 담보로 하여 차입한 주택담보노후연금 이자비용공제를 연금소득금액에서 공제한다. 공제금액은 당해 연도에 발생한 주택담보노후연금이자이며 연 200만원을 한도로 거주자가 신청한 경우 소득공제 한다.

(4) 특별소득공제

① 보험료공제

근로소득이 있는 거주자(일용근로자 제외)가 해당 과세기간에 국민건강보험법, 고용보험법 또는 노인장기요양보험법에 따라 근로자가 부담하는 보험료를 지급한 경우 그 금액을 해당 과세기간의 근로소득금액에서 공제한다.

② 주택자금공제

근로소득이 있는 거주자(일용근로자 제외)로서 주택을 소유하지 않는 세대의 세대주가 당해연도에 지급한 금액 중 청약저축납입액의 40%, 국민주택규모의 주택임차차입금의 원리금상환액의 40%, 장기주택저당차입금의 이자상환액은 세 가지를 합하여 연 500만원을 한도로 근로소득금액에서 공제한다. 장기주

택저당차입금의 이자를 고정금리방식으로 지급하거나 원금 또는 원리금을 비거치식 분할상환방식으로 지급하는 경우에는 1,500만원을 한도로 공제한다.

(5) 조세특례제한법에 의한 소득공제

① 신용카드사용공제

신용카드에 의하여 지출을 하는 경우에는 당해년도 1월에서 12월까지 신용카드 사용액이 연간 총급여액의 25%를 초과하는 경우 그 초과하는 금액의 15%와 총 급여액의 20% 그리고 300만원중 적은 금액을 공제한다. 이때 현금서비스는 카드사용액에서 제외한다. 여기서, 신용카드 등에 대한 소득공제대상은 신용카드, 직불카드 및 기명식선불카드, 현금영수증, 학원비의 지로납부금액이다.

거주자의 배우자(연간 소득금액 합계액이 100만원 이하)와 생계를 같이하는 직계존비속(배우자의 직계존속과 동거입양자 포함, 연간 소득 합계액 100만원 이하)이 사용한 금액도 공제할 수 있다. 그러나 보험료, 교육비, 제세공과금, 취득세 또는 등록면허세가 부과되는 자산의 구입비용, 상품권 등 유가증권 구입비, 리스료 등에 대해서는 소득공제가 배제된다.

② 소기업·소상공인 공제부금 소득공제

소기업·소상공인의 생산성 향상과 경쟁력 강화를 위해 소기업·소상공인 소득공제를 신설하여 2007년 9월 1일이 속하는 과세기간에 가입하여 납부하는 분부터 적용하고 있다. 소기업·소상공인 공제부금에 대한 소득공제는 당해연도 공제부금납부액이며 300만원을 한도로 한다.

(6) 종합소득과세표준의 계산구조

종합소득과세표준의 계산구조를 요약하면 다음과 같다.

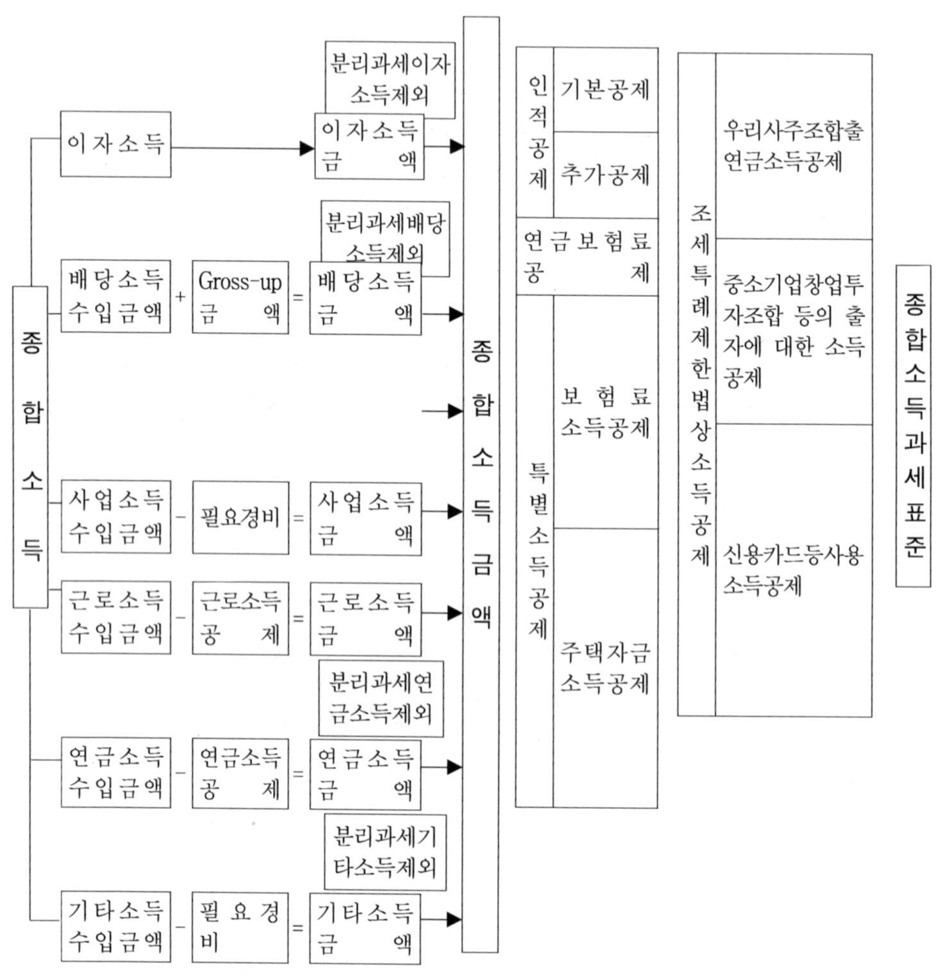

3. 자진납부세액의 계산

(1) 산출세액의 계산

과세표준에 소득세의 기본세율을 적용하여 산출세액을 구한다. 이 기본세율
은 종합소득, 퇴직소득에 공통으로 사용한다.

구 분	세 율
1,200만원 이하	6%
1,200만원 초과 4,600만원 이하	15% (누진공제액 108만원)
4,600만원 초과 8,800만원 이하	24% (누진공제액 522만원)
8,800만원 초과 1억 5,000만원 이하	35% (누진공제액 1,490만원)
1억 5,000만원 초과	38% (누진공제액 1,940만원)

국내에서 지급받은 이자·배당소득 중 분리과세를 신청한 장기채권 등의 이
자와 할인액, 직장공제회 초과반환금, 비실명 이자 배당소득은 6~38% 기본세
율 등으로 분리과세 되며, 위 이외의 이자 배당소득으로서 각 거주자별로 당해
소득의 합계액이 2천만원 이하인 경우는 14%의 원천징수세율로 분리과세(국
외에서 받는 금융소득과 당연종합과세소득 제외)되며, 2천만원을 초과하는 경
우 그 초과금액은 종합과세된다.
　종합소득에 합산되는 이자소득과 배당소득이 있는 경우에는 다음과 같이 계
산한다

구　분	종합과세되는 금융소득		세율적용
판정대상금액 > 2천만원	조건부 종합과세 소득 + 원천징수 대상이 아닌 금융소득	2천만원 초과분	다른소득과 합산하여 기본세율 적용
		2천만원	14% 세율 적용
판정대상금액 ≤ 2천만원	원천징수대상이 아닌 금융소득		

(2) 결정세액

종합소득 산출세액에서 세액공제와 세액감면을 차감하면 종합소득결정세액이 되고, 여기에서 가산세를 가산하면 종합소득 총결정세액이 된다. 이때 세액공제와 세액감면이 동시에 적용되는 경우에는 ① 세액감면 ② 이월공제가 인정되지 않는 세액공제 ③ 이월공제가 인정되는 세액공제(먼저 발생한 세액공제부터 적용)순으로 적용한다.

1) 소득세법상 일반 세액공제

세액공제(tax credit)란 소득세 납부세액을 계산함에 있어서 법에 의하여 계산한 일정금액을 소득세 산출세액에서 직접 공제함으로써 당해 세액의 납부를 면제해 주는 행정행위를 말한다.

① 외국납부세액공제

거주자의 종합소득금액에 국외원천소득이 합산되어 있고, 국외원천소득에 대한 외국소득세액을 납부하였거나 납부할 것이 있는 때에는 외국납부세액공제와 외국납부세액의 필요경비산입 중 하나를 선택하여 적용할 수 있다. 이때 국외원천소득에 대하여 상대국의 소득세를 감면 받은 세액의 상당액은 외국납부세액으로 본다. 세액공제방법을 적용하는 경우 [종합소득산출세액×(국외원천소득금액/종합소득금액)]을 한도로 공제하는데 국외사업장이 2이상의 국가에 있는 경우에는 사업자가 국가별로 구분하여 이를 계산하는 방법과 국가별로 구분하지 않고 일괄하여 계산하는 방법을 선택하여 적용할 수 있다. 한도를 초과하여 공제받지 못한 금액은 다음과세기간부터 5년이내에 종료하는 기간에 이월하여 공제할 수 있다. 필요경비 산입방법을 적용하는 경우에는 한도액이 없다.

② 배당세액공제

현행의 배당소득의 이중과세문제는 법인세주주귀속방법으로 조정하고 있다. 배당소득에 법인단계에서 납부한 법인세를 가산하여 산출세액을 계산하고, 그 산출세액에서 가산한 법인세를 차감하여 주주의 조세부담을 경감하고 있다. 거주자의 종합소득금액에 가산(Gross-up)된 배당소득이 합산된 경우에는 당해 배당소득에 가산된 금액을 종합소득 산출세액에서 공제한다. 종합소득 산출세액에서 배당세액공제를 차감한 금액과 분리과세시의 세액을 비교하여 그 중 큰 금액에서 다른 세액공제를 차감한 금액을 결정세액으로 한다.

③ 근로소득세액공제

갑종근로소득이 있는 거주자에 대하여는 당해 근로소득에 대한 종합소득 산출세액에서 ㉠ 근로소득에 대한 종합소득산출세액(=종합소득산출세액×근로소득금액/종합소득금액)이 50만원이하인 경우에는 산출세액의 55% ㉡ 근로소득에 대한 종합소득산출세액이 50만원을 초과한 경우에는 [27.5만원+(산출세액-50만원)×30%]를 공제하는데 한도는 50만원이다. 일용근로자에 대하여는 근로소득에 대한 산출세액의 55%를 공제하는데 한도는 없다.

④ 재해손실세액공제

거주자가 당해 연도 중 재해로 인하여 자산총액의 20% 이상에 상당하는 자산을 상실한 경우에는 재해발생일 현재 납부하여야 할 소득세 및 재해발생일이 속하는 연도의 소득세에 대한 재해상실비율 상당부분을 공제한다. 여기서 재해상실비율은 상실자산가액을 상실전 자산가액으로 나누어 계산하는데 자산에는 토지를 제외하고 상실한 타인소유자산으로서 그 상실에 대한 변상책임이 당해 거주자에게 있는 것은 포함하되 재해자산에 대한 보험금 수령액은 상실자산에서 차감하지 않는다. 이때 자산의 가액은 재해발생일 현재의 장부가액에 의하여 계산하되, 장부가액을 알 수 없는 경우에는 납세지 관할세무서장이 조사·확인한 가액으로 한다.

⑤ 기장세액공제

간편장부대상자가 종합소득 과세표준확정신고를 함에 있어서 비치기장한 장부에 의하여 소득금액을 계산하고 기업회계기준을 준용하여 작성한 재무상태표·손익계산서와 그 부속서류 및 합계잔액시산표와 조정계산서(또는 간편장부소득금액계산서)를 제출하는 경우에는 종합소득 산출세액에서 그 세액에 복식부기로 기장된 사업소득금액이 종합소득금액에서 차지하는 비율을 곱하여 계산한 금액의 20%(100만원 한도)를 공제한다.

사업자는 소득금액을 계산할 수 있도록 증빙서류 등을 비치하고 그 사업에 관한 모든 거래사실이 객관적으로 파악될 수 있도록 복식부기에 의하여 장부에 기록·관리하여야 한다. 다만, 간편장부대상자가 간편장부를 비치하고 그 사업에 관한 거래사실을 성실히 기재한 경우에는 장부를 비치·기장한 것으로 본다. 여기서 '간편장부'란 다음의 사항을 기재할 수 있는 장부로서 국세청장이 정하는 것을 말한다.

① 매출액 등 수입에 관한 사항
② 경비지출에 관한 사항
③ 고정자산의 증감에 관한 사항, 기타 참고사항

기장세액공제와 무기장가산세

구　　　분	기장을 한 경우	기장을 하지 않은 경우
복식부기의무자	–	무기장 가산세
간편장부대상자	기장세액공제	무기장 가산세 *

* 소규모 사업자는 제외한다

한편, '간편장부대상자'란 다음중 어느 하나에 해당하는 사업자를 말한다.
① 당해연도에 신규로 사업을 개시한 사업자

② 직전연도의 수입금액(결정·경정에 의하여 증가된 수입금액을 포함)의 합
   계액이 다음의 금액에 미달하는 사업자

구　　　　　분	기준금액
㉠ 농업, 수렵업 및 임업, 어업, 광업, 도·소매업, 부동산매매업	3억원
㉡ 제조업, 숙박 및 음식점업	1억5천만원
㉢ 부동산임대업, 사업서비스업, 교육서비스업	7,500만원

2) 특별세액공제

근로소득이 있는 거주자로서 다음의 해당 공제액을 신청한 경우에는 인적공
제 이외에 별도의 법에서 정하는 지출비용의 일정액을 특별비용으로 인정하고
있는데 이를 특별세액공제라고 한다. 이는 근로소득에 대한 필요경비적 성격
의 비용들을 인정하겠다는 취지이다.

① 보험료세액공제

장애인전용보장성보험료(연100만원 한도)와 저축성외의 보험료(연 100만원
한도)는 한도내 지출액의 12%를 산출세액에서 공제한다. 장애인전용보장성보
험의 계약자에 대하여 장애인전용보장성보험과 저축성이외의 보험이 동시에
적용되는 경우에는 2중에서 선택하여 하나만 적용한다.

② 의료비세액공제

기본공제대상자(연령, 소득금액의 제한으로 기본공제를 받지 못한 자도 포
함)를 위하여 지급한 의료비로서 진찰, 진료, 질병예방을 위하여 의료기관에
지급하는 비용과 치료, 요양을 위한 의약품 구입비용을 일정한 한도내에서 공
제한다. 여기에는 장애인 보장구 구입을 위하여 지출한 비용, 시력보정용 안경
콘택트렌즈 구입비용(1인당 연50만원 이내금액), 보청기 구입비용 등이 포함된
다. 여기서 일정한도는 당해연도 급여액의 3%를 초과하는 의료비인데 700만원

한도내 지출액의 15%를 산출세액에서 공제한다. 의료비 중에서 기본공제대상에서 제외된 본인 및 장애자나 경로우대자를 위하여 지출한 의료비가 있는 경우 금액제한 없이 해당금액의 15%를 추가로 공제받을 수 있다.

③ 교육비세액공제

근로자가 본인 혹은 부양가족을 위하여 교육법에 의한 학교에 지출한 수업료·입학금·공납금 등의 교육비의 15%를 공제하며, 책값 등은 대상교육비가 아니다. 당해 거주자와 기본공제대상자(연령의 제한으로 기본공제를 받지 못한 자를 포함)인 배우자, 직계비속, 형제자매 및 입양자를 위하여 지급한 학교(대학원은 제외, 단 당해 거주자의 대학원 포함)의 입학금, 수업료, 기타 급식비등 일정한도내에서 공제한다. 다만, 소득세 또는 증여세가 비과세되는 학자금을 받는 경우에는 이를 차감한 잔액 전부를 공제한다. 기본공제대상자의 공제한도는 대학생(대학원생 제외)은 1인당 900만원, 유치원아와 영유아 및 취학전 아동과 초·중·고등학생은 1인당 연 300만원까지 공제된다. 국외교육비도 국내교육비와 같이 공제할 수 있다. 단 본인에 대한 교육비는 전액 공제한다. 한편 당해 거주자가 기본공제 대상자인 장애인(소득금액의 제한을 받지 않는다)을 위하여 특수교육비를 지급한 경우에는 실제 지출액의 15%를 공제한다.

④ 기부금세액공제

종합소득이 있는 자 본인, 배우자 혹은 직계비속이 국가나 공익단체에 기부금을 지급한 경우 당해 기부금 지출액 중 15%(3천만원 초과분은 25%)를 종합소득산출세액에서 공제받을 수 있으며, 개인사업자인 경우에는 기부금을 사업소득의 필요경비에 산입하거나 종합소득에서 공제받을 수 있다. 사업소득이나 부동산임대업의 사업소득이 있는 경우에는 필요경비산입을 하든지, 종합소득금액에서 기부금공제를 하든지 할 수 있지만, 비사업자의 경우에는 기부금공제만을 적용할 수 있다. 기부금을 구분하여 보면, 법정기부금, 지정기부금으로 분류할 수 있는데 각각의 공제한도는 법정기부금은 기준소득금액전액을, 지정기부금은 기준소득금액에서 인정받은 법정기부금액의 30% (종교단체 10%)이다. 여기서 기준소득금액이란 종합소득금액에서 필요경비산입한 기부금을 합하고, 원천징수세율을 적용하는 금융소득금액을 차감한 금액을 말한다.

한편, 법정기부금에는 국가 등에 기부하는 금품, 국방헌금과 위문품, 천재지변으로 인한 이재민 구호금품, 정치자금, 무료 또는 실비로 이용할 수 있는 사회복지시설에 대한 기부금품, 불우이웃돕기결연기관을 통한 기부금품, 사립학교에 대한 기부금품, 사회복지공동모금회에 지출하는 금품 등이 있고, 또한 특별재난지역의 복구를 위하여 자원봉사를 한 경우에는 인건비 기부용역에 대해서는 1일 5만원, 기부용역에 부수되어 발생한 유류비 재료비 등의 비용은 법정기부금으로 한다.

④ 표준세액공제

근로소득자로서 위의 특별세액공제를 신청하지 아니한 경우에는 연12만원을 산출세액에서 공제하고, 근로소득이 없는 자는 연7만원을 산출세액에서 공제한다.

3) 자녀세액공제

종합소득이 있는 거주자로서 기본공제 대상자인 자녀(입양자 및 위탁아동 포함)가 2인인 경우 30만원, 자녀가 3인 이상인 경우 2인 초과 1인당 20만원을 추가한다.

자녀 1인 : 연 13만원
자녀 2인 : 연 30만원
자녀 3인 이상 : 연 30만원과 2명을 초과하는
　　　　　　　　1명당 연 20만원을 합한 금액

당해 인적공제를 적용시 공제 해당 여부는 당해 과세연도의 과세기간 종료일 현재의 상황에 의한다. 다만, 사망한 자, 장애가 치유된 자의 경우는 사망일 전일 또는 치유일 전일의 상황에 의한다. 당해 과세기간 중 당해 연령에 해당하는 날이 있는 경우에는 공제대상자로 한다. 또한 추가공제 적용시 배우자의 유무 및 부양가족이 있는 세대주인지의 여부는 당해 과세기간 종료일 현재의 주민등록표등본 또는 호적등본에 의한다. 기본공제와 추가공제 대상자인 생계를 같이하는 부양가족은 주민등록표상의 동거가족으로서 당해 거주자의 주소 또는 거소에서 현실적으로 생계를 같이 하는 자로 한다. 다만, 직계비속의 경우에는 그러하지 아니하다. 거주자의 부양가족 중 거주자의 직계존속이 주거의 형편에 따라 별거하고 있는 경우에는 위의 내용에 불구하고 생계를 같이 하는 자로 본다.

4) 연금계좌세액공제

종합소득이 있는 거주자가 연금계좌에 납입한 금액(소득세가 원천징수되지 아니한 퇴직소득 등 과세가 이연된 소득, 연금계좌에서 다른 연금계좌로 계약을 이전함으로써 납입되는 금액을 제외한 금액)의 12%를 해당 과세기간의 종합소득산출세액에서 공제한다. 다만, 연금계좌 중 연금저축계좌에 납입한 금액이 연 400만원을 초과하는 경우, 연금저축계좌에 납입한 금액 중 400만원 이내의 금액과 퇴직연금계좌에 납입한 금액을 합한 금액이 연 700만원을 초과하는 경우에는 그 초과하는 금액은 없는 것으로 한다.

5) 세액감면

일정한 요건이 충족되는 경우에 이미 납세의무자가 확정된 특정소득에 대해 그 납세의무를 완전히 면제해 주거나 일정한 비율 상당액을 경감해 주는 것을 세액감면(exemption from tax)이라 한다. 세액감면은 감면대상소득을 과세소득에 일단 포함시켜 산출세액을 계산한 후에 감면대상소득의 상당세액을 공제하기 때문에 [종합소득산출세액×(감면대상소득금액/종합소득금액)×감면비율]과 같이 계산한다. 세액감면소득에는 ① 선박과 항공기의 외국항행사업에서 발생하는 사업소득 ② 정부가 협약에 의하여 우리나라에 파견된 외국인이 그 쌍방 또는 일방 당사국의 정부로부터 받는 급여 등이 있다.

6) 가산세

가산세란 세법에서 규정하는 각종의무를 성실하게 수행하지 못하였을 경우 부과하는 일종의 행정벌과금으로서 각 세법에 의하여 산출한 세액에 가산하여 징수하는 세액을 말한다. 국세기본법상의 가산세에는 ① 신고·기장불성실가산세 ② 납부불성실가산세, 소득세법상 가산세로는 ① 지급명세서불성실가산세 ② 매출·매입처별계산서합계표불성실가산세 ③ 원천징수불성실가산세 ④증빙불비가산세 ⑤ 영수증수취명세서제출불성실가산세 ⑥ 사업용계좌미사용가산세 ⑦ 신용카드매출전표미발급가산세 ⑧ 현금영수증미발급가산세 등이 있다.

(3) 자진납부세액

소득세는 과세기간 단위로 과세하기 때문에 과세기간이 종료된 후에 납세의무자가 과세표준 확정신고와 자진납부를 하는 것이 원칙인데 과세기간의 진행 중에 소득세의 일부를 예납적으로 조기징수하는 제도가 있어서 확정신고시에 이러한 기납부세액을 차감하여 자진납부세액을 계산하게 된다. 이러한 기납부세액으로는 중간예납세액, 부동산매매업자의 토지 등 매매차익, 예정신고납부세액, 원천징수세액, 수시부과세액이 있다.

제3절 퇴직소득

1. 퇴직소득

(1) 퇴직소득의 기초

퇴직소득이라 함은 공적연금 관련법에 따라 받는 일시금, 사용자 부담금을 기초로 하여 현실적인 퇴직을 원인으로 지급받는 소득, 퇴직소득 지연지급에 따른 이자, 과학기술인공제회법에 따라 지급받는 과학기술발전장려금, 건설근로자의 고용개선 등에 관한 법률에 따라 지급받는 퇴직공제금을 말한다. 퇴직소득은 오랜 근무기간에 걸쳐 누적적으로 발생한 소득을 퇴직하는 시점에서 일시에 지급하게 되는 것이므로 그 소득을 지급된 연도의 다른 소득에 합산하여 과세하게 되면 누진세율체제하에서 세부담이 커지게 된다. 그래서 퇴직소득은 일반소득과 구분하여 분류과세하며 연분연승법에 의해서 세액을 계산하게 된다.

비과세퇴직소득에는 ① 근로의 제공으로 인한 부상·질병 또는 사망과 관련하여 근로자나 그 유가족이 받는 연금과 위자료의 성질이 있는 급여 ② 국민연금법에 의하여 지급받는 노령연금, 장애연금, 유족연금과 일시반환금 ③ 전직대통령예우에 관한 법률, 공무원연금법, 군인연금법, 사립학교교원연금법 또는 별정우체국법에 의하여 퇴직자 또는 사망자의 유족이 받는 급여 ④ 군사원호보상법에 의하여 받는 급여 등이 있다.

(2) 퇴직소득세액 계산

퇴직소득의 과세표준은 퇴직급여에서 퇴직소득공제를 차감해서 구한다. 이 과세표준을 근속연수로 나누어 기본세율을 적용하여 산출세액을 계산한 후 다시 근속연수를 곱하여 산출세액을 구한다.

1) 퇴직소득공제

퇴직소득공제는 퇴직소득에 대한 필요경비적 성격과 퇴직소득에 대한 세부담 경감을 위한 특별공제적 성격을 띤다. 퇴직소득금액을 한도로 다음의 금액을 순차로 공제한다.

① 퇴직급여액의 40%

② 근속연수에 따른 공제

근속연수는 장기근속을 장려하기 위하여 근속연수에 따라 누진공제되는 구조로 되어 있다. 근속연수 계산시 1년 미만은 1년으로 한다.

5년 이하는 30만원×근속연수

5년 초과 10년이하는 150만원＋50만원×(근속연수－5년)

10년 초과 20년이하는 400만원＋80만원×(근속연수－10년)

20년 초과하는 경우는 1,200만원＋120만원×(근속연수－20년)

(3) 퇴직소득 결정세액 계산

퇴직소득 산출세액은 연분연승법을 적용하여 [(퇴직소득과세표준/근속연수)×기본세율×근속연수]과 같이 계산하게 된다. 그러나 2013년 세법개정 시 퇴직소득산출세액 규정이 [퇴직소득과세표준×(5/근속연수)×기본세율×(근속연수/5)]과 같이 개정되었다.

퇴직소득 산출세액 계산시 5배수 환산규정이 적용되어 소득자의 세부담이 증가하게 되므로 개정규정은 2013년 1월 1일 이후 발생한 분에만 적용하도록 하였다. 즉, 2012년 12월 31일 이전에 근무를 시작하여 2012년 12월 31일 후에 퇴직한 자의 경우 퇴직소득과세표준에 이 법 시행 전의 근속연수비율을 곱하여 계산한 금액에 대해서는 개정 전 방법을 적용하고 나머지 금액에 대해서는 개정 후 방법을 적용한다.

(4) 퇴직소득의 수입시기

퇴직소득에 대한 총수입금액의 수입시기는 퇴직을 한 날로 한다. 다만, 국민연금법에 따른 일시금과 건설근로자의 고용개선 등에 관한 법률에 따라 지급받는 퇴직공제금의 경우와 과세이연계좌로 이체 또는 입금된 퇴직급여액을 다신 지급받는 경우에는 해당 소득을 지급받는 날로 한다.

제4절 양도소득

양도소득이란 개인이 일정한 자산을 사업성 없이 유상으로 양도함으로 인하여 얻는 소득을 말한다. 소득원천설에 의하면 비경상적이고 비반복적인 양도소득은 과세에서 제외되어야 하겠지만 응능부담의 원칙과 부동산 투기를 억제하기 위해서 과세하는 것이다. 양도소득은 자본자산을 보유함으로써 발생한 자본이득이 양도시점에서 일시에 실현된 소득으로 결집효과가 발생하게 되며,

이를 완화하고자 장기보유자산에 대한 세부담을 덜기 위해서 장기보유특별공
제를 두고 있다.

1. 과세대상

(1) 토지와 건물

지적공부상의 지목에 관계없이 사실상의 지목에 의하고, 사실상의 지목이
불분명한 경우는 지적공부상의 지목에 의한다. 건물에는 건물에 부속된 시설
물과 구축물이 포함된다.

(2) 부동산상의 권리

지상권, 전세권, 등기된 부동산 임차권 및 부동산을 취득할 수 있는 권리(아
파트당첨권, 토지상환채권, 주택상환채권) 및 부동산 매매계약을 체결한 자가
계약금만 지급한 상태에서 양도하는 권리를 포함한다.

(3) 주식

1) 비상장 주식
양도일 현재 유가증권시장에 상장되지 아니한 주식 또는 출자지분으로서 기
타자산에 해당하지 아니하는 것을 말한다. 다만, 다음에 해당하는 경우에도 대주
주의 대량거래(상장주식에서 설명할 것임)에 대하여는 양도소득세를 과세한다.
  ① 신규로 상장하기 위하여 구주매출방식에 의하여 양도하는 비상장주식
  ② 한국증권업협회에 등록하기 위하여 구주매출방식으로 양도하는 비상장
     주식
  ③ 협회중개시장을 통하여 양도하는 코스닥상장법인의 주식

2) 상장주식, 코스닥상장주식 중 대주주양도분과 장외 양도분

주권상장법인 또는 코스닥상장법인의 주식에 대하여는 대주주가 양도하는 것과 장외시장에서 양도 하는 것에 한하여 양도소득세 과세대상으로 한다. 이 경우 대주주는 법인의 주식합계액 중 3%(코스닥상장법인은 5% 이상) 이상을 소유하거나 소유주식의 시가 총액이 100억원 이상인(코스닥상장법인은 50억원 이하) 주주 1인 및 기타주주(당해 주주 1인과 국세기본법 특수관계에 있는 주주)를 말한다

주권상장법인의 과세요건	구체적인 내용
대주주의 양도일 것	주주 1인과 기타주주의 보유주식수 * 당해 법인의 주식합계의 3% 또는 100억원 이상의 주식을 소유

* 직전사업연도 말 현재의 주식수

주식의 과세대상 여부

주식발행법인의 유형		양도소득세 과세대상 여부	
		원칙	대주주의 대량거래
주권상장법인		×	○
코스닥상장법인		×	○
코스닥상장법인 이외의 비상 장법인	코스닥상장 목적의 구주매출방식 양도	×	○
	상장목적의 구주매출방식 양도	×	○
	기타 양도	○	○

(4) 기타자산

1) 과점주주주식(특정주식)

다음의 요건을 모두 갖춘 주식은 기타자산으로서 양도소득세가 과세된다.

① 부동산 과다법인일 것

당해 법인의 자산총액 중 토지, 건물, 부동산에 관한 권리의 합계액 비율이

50%이상이어야 한다. 이때 자산총액 및 자산가액은 장부가액(토지는 기준시가)에 의하되, 이연자산금액과 양도일로부터 소급하여 1년이 되는 날로부터 양도일까지의 기간 중에 차입금 또는 증자 등에 의하여 증가한 현금, 금융자산 및 대여금의 합계액은 포함하지 않는다.

② 과점주주가 있을 것

당해 법인의 주식의 합계액 중 주주 1인과 그와 특수관계 있는 자가 소유하고 있는 주식 등의 합계액의 비율이 50% 이상이어야 한다.

③ 과점주주가 발행주식 총액의 50%이상 양도할 것

주주 또는 출자자 1인 및 그와 특수관계 있는 자가 그 법인의 주식 등의 합계액의 50%이상을 양도할 것

여기서 주식 등의 양도비율 요건 판정시 주주 1인과 기타 주주가 주식 등을 수회에 걸쳐 양도하는 때에는 그들 중 1인이 주식 등을 양도하는 날로부터 소급하여 3년내에 그들이 양도한 주식 등을 합산한다. 그리고 비율평가시 자산가액은 합산하는 자산의 최초의 양도시점의 가액으로 한다.

2) 부동산 과다보유법인의 주식

다음의 요건을 모두 갖춘 법인의 주식은 기타자산으로서 양도소득세가 과세된다.

① 골프장, 스키장, 휴양콘도미니엄, 전문휴양시설 중 하나 이상을 건설 또는 취득하여 직접 경영하거나 분양 또는 임대하는 법인의 주식이어야 한다.

② 자산총액 중 부동산 및 부동산에 관한 권리가 80%이상이어야 한다. 부동산 및 부동산에 관한 권리가 자산총액의 80%이상인지 여부의 판정은 양도일 현재의 당해법인의 자산총액을 기준으로 하나, 양도일 현재의 자산총액을 알 수 없는 경우에는 직전과세연도 말의 자산총액을 기준으로 한다. 이 때 자산총액 및 자산가액은 앞의 특정주식과 같다. 부동산과다보유법인주식은 단 1주를 양도하여도 양도차익에 대하여 양도소득세가 과세된다.

3) 영업권

사업용 고정자산과 함께 양도하는 영업권을 말하며, 이외의 영업권 양도소득은 기타소득에 포함한다.

4) 특정시설물 이용권

특정시설물의 이용권, 회원권 기타 명칭 여하를 불문하고 당해 시설물을 배타적으로 이용하거나 일반이용자에게 비하여 유리한 조건으로 이용할 수 있도록 약정한 단체의 일원이 된 자에게 부여되는 시설물 이용권을 말한다. 여기에는 특정법인의 주식 등을 소유하는 것만으로 특정시설물을 배타적으로 이용하거나 일반이용자에 비하여 유리한 조건으로 시설물이용권을 부여받게 되는 경우 당해주식 등이 포함된다. 골프회원권, 헬스클럽회원권, 고급사교장회원권, 콘도미니엄회원권, 스키장회원권 등이 있다.

2. 양도의 개념

양도라 함은 등기·등록에 관계없이 매도, 교환, 대물변제, 현물출자 등으로 인하여 그 자산의 소유권이 유상으로 사실상 이전되는 것을 말한다. 무상으로 이전되는 경우에는 수증자에게 증여세가 과세되나 영리법인이면 법인세가 과세된다. 그러나 다음의 경우는 양도소득세법상의 양도로 보지 않는다.

① 토지구획정리사업법에 의한 환지처분으로 지목, 지번이 변경되거나 보류지로 충당되는 경우

② 법원의 확정판결에 의한 신탁해지를 원인으로 하는 소유권 이전등기를 하는 경우

③ 매매원인 무효의 소에 의하여 그 매매사실이 원인무효로 판시되어 환원될 경우

④ 공동소유의 토지를 소유지분별로 단순히 분할만 하는 경우

⑤ 양도담보를 설정하는 경우

3. 양도 및 취득시기

(1) 원칙

  양도 및 취득시기는 원칙적으로 대금청산일이다. 다만, 대금을 청산한 날이 분명하지 아니한 경우에는 등기부, 등록부, 명부 등에 기재된 등기접수일로 한다. 대금을 청산하기 전에 소유권 이전등기(등록 및 명의개서를 포함한다.)를 한 경우에는 등기부, 등록부 또는 명부에 기재된 등기접수일로 한다.

(2) 예외

  ① 장기할부조건의 경우에는 소유권이전등기(접수)일·인도일·사용수익일 중 가장 빠른날이다.
  ② 자기가 건설한 건축물의 경우는 사용검사필증교부일을 취득일로 한다. 다만, 사용검사전에 사실상 사용하거나 사용승인을 얻은 경우에는 사실상 사용일 또는 사용승인일로 하고, 건축허가를 받지 아니한 건축물은 사실상 사용일로 한다.
  ③ 상속 또는 증여에 의하여 취득한 자산인 경우는 상속개시일 또는 증여를 받은 날(증여등기접수일)을 취득시기로 한다.
  ④ 당해자산의 대금청산일까지 그 목적물이 완성 또는 확정되지 아니한 경우에는 그 목적물이 완성 또는 확정된 날을 양도 또는 취득시기로 한다.
  ⑤ 토지구획정리사업법에 의한 환지처분으로 취득한 토지의 취득시기는 환지전 토지의 취득일로 한다.
  ⑥ 주주 1인과 기타 주주가 부동산 과다법인의 주식 50% 이상을 양도하여 기타자산으로 양도소득세를 과세하는 경우에는 주식 등의 50% 이상을 양도한 날로 한다.

4. 비과세 양도소득

(1) 파산선고에 의한 처분으로 인하여 발생하는 소득

파산선고란 파산법에 따라 채무자가 경제적으로 파산상태에 빠졌을 때 그 총재산으로 총채권자에게 공평하게 만족을 주는 재판상의 절차이다. 파산선고에 의한 처분으로 발생하는 소득에 대하여는 파산자가 법인일 경우에는 법인세를, 개인일 경우에는 양도소득세를 부과하지 아니한다.

(2) 농지의 교환 또는 분합으로 인하여 발생하는 소득

농지의 교환 또는 분합이란 여러 농가가 농지를 여러 곳에 분산 소유하고 있는 경우에 경지의 합리적인 관리를 위하여 교환, 분할, 합병하는 행정처분을 말한다. 이는 농지의 합리적인 관리를 위한 것이므로 교환 또는 분합하는 농지에 대하여는 양도소득세를 과세하지 아니한다. 이 경우 교환 또는 분합하는 쌍방 토지가액의 차액은 가액이 큰 편의 4분의 1이하이어야 한다.

(3) 1세대 1주택과 부수토지의 양도로 인하여 발생하는 소득

주택은 국민의 주거생활의 기초가 되는 것이므로 양도소득을 얻거나 투기할 목적이 아니라면 그 주택의 양도소득에 소득세를 부과하지 아니함으로써 국민의 주거생활의 안정과 거주이전의 자유를 보장해 주기 위하여 1세대 1주택 양도에 따른 소득에 대해서는 비과세하는 것이다.

1) 1세대 1주택의 요건
1세대 1주택이라 함은 1세대가 양도일 현재 국내에 1주택을 보유하고 있는 경우로서 당해 주택의 보유기간이 2년 이상인 것을 말한다. 단, 서울특별시, 과천시, 5대신도시 지역(분당, 일산, 평촌, 산본, 중동)에 소재하는 주택에 대해서는 2년이상 거주한 사실이 있어야 한다.
① 1세대란 거주자 및 배우자와 그들과 생계를 같이하는 가족집단을 말한다. 거주자가 배우자가 없는 경우에는 1세대로 보지 아니하나, ㉠ 당해 거주자의 연령이 30세이상이거나 ㉡ 배우자가 사망하거나 이혼한 경우 ㉢ 독립된 생계유지 가능자는 예외로 한다.

② 보유기간이 2년 이상이어야 한다. 그러나 다음은 예외로 한다.
　　㉠ 임대주택법에 의한 건설임대주택을 임차하여 5년 이상 거주하고 취득하여 양도하는 경우
　　㉡ 공공용지의 취득 및 손실보상법에 의한 공공사업시행자에게 양도하거나 토지수용법에 의해 수용되는 경우
　　㉢ 취학, 근무상, 질병의 치료 또는 요양 등의 사유로 세대전원이 이사하는 경우
　　㉣ 해외이주, 도시재개발사업시행으로 일시 거주하기 위해 취득·양도하는 경우, 취학·근무상 국외거주를 위해 출국하는 경우
③ 양도당시 1주택을 소유하여야 한다. 주택인지의 여부는 실질에 의하고 주택에는 주택정착면적의 5배 (도시지역밖의 토지는 10배)이내의 토지를 포함한다. 겸용주택을 양도할 때는 주택면적이 주택이외의 면적보다 큰 경우에는 건물 전부를 주택으로 보고(부수토지는 주택정착면적의 5배(10배)를 한도로 한다.), 주택의 면적이 주택이외의 면적보다 작거나 같은 경우에는 주택부분만 주택으로 본다(주택의 부수토지는 건물의 면적비율로 안분계산하되, 주택의 부수토지는 주택정착면적의 5배(10배)를 한도로 한다.). 다가구주택을 분양하지 아니하고 당해 다가구주택을 하나의 매매단위로 하여 1인에게 양도하거나 취득하는 경우에는 이를 단독주택으로 본다.

2) 1세대 1주택에 대한 특례규정
① 지정문화재 및 등록문화재인 주택에 대한 특례
② 거주이전을 위한 일시적 1세대 2주택 : 다른 주택을 취득한 날로부터 3년 이내에 종전의 주택을 양도하는 경우
③ 상속으로 1세대 2주택이 된 경우 : 일반주택을 양도하는 때 상속받은 주택은 없는 것으로 보고 1세대 1주택 여부 판정
④ 공동상속주택은 상속지분이 가장 큰 상속인의 주택으로 본다. 상속지분이 가장 큰 상속인이 2인 이상인 경우는 당해 주택에 거주하는 자, 호주 승계인, 최연장자의 순서로 공동상속주택을 소유한 것으로 본다.
⑤ 직계존속의 동거봉양을 위하여 또는 혼인으로 1세대 2주택이 된 경우 :

합친날로부터 5년 이내에 먼저 양도하는 주택은 1세대 1주택을 적용한다.

⑥ 농어촌 주택의 1가구 2주택 특례 : 농어촌주택과 일반주택을 국내에 각각 하나씩 보유하고 있는 경우에 일반주택(비과세요건을 갖춘 경우에 한함)을 양도하는 경우에는 국내에 1개의 주택을 소유하고 있는 것으로 본다.

⑦ 고가주택에 대한 과세특례 : 고가주택이라 함은 주택 및 부수토지의 양도 당시의 실지거래가액의 합계액이 9억 원을 초과하는 것을 말한다.

5. 양도소득세의 계산

(1) 양도차익의 계산

양도차익의 계산은 실지거래가액을 원칙으로 하고, 실지거래가액이 확인이 되지 않는 경우에는 추계에 의하여 계산한다. 실지거래가액에 의하는 경우에는 실지양도가액에서 실지취득가액과 자본적 지출 및 양도비용을 차감하여 계산하고, 추계에 의하여 계산하는 경우에는 양도당시의 매매사례가액, 감정가액, 환산한 취득가액, 기준시가의 순서로 시가에 근접한 것부터 순차로 적용하고 필요경비개산공제를 차감하여 양도차익을 계산한다.

1) 실지거래가액의 추계결정·경정

양도가액 또는 취득가액을 실지거래가액에 의하는 경우에 다음과 같은 사유가 있는 경우에는 양도가액 또는 취득가액을 추계 조사하여 결정·경정할 수 있다.

즉, ① 양도 또는 취득당시의 실지거래가액의 확인을 위하여 필요한 장부·매매계약서·영수증 등 기타 증빙서류가 없거나 그 중요한 부분이 미비된 경우

② 장부·매매계약서·영수증 등 기타 증빙서류의 내용이 매매사례가액, 감정평가법인이 평가한 감정가액 등에 비추어 허위임이 명백한 경우

추계시 양도가액 또는 취득가액은 다음과 같이 시가에 근접한 것부터 순차로 적용하여 산정한 가액에 의한다.

① 매매사례가액 → ② 감정가액 → ③ 환산한 취득가액 → ④ 기준시가

매매사례가액이란 양도일·취득일 전후 각 3월이내에 당해자산과 동일성·유사성이 있는 자산의 매매사례가 있는 경우의 그 가액을 말한다.

감정가액은 양도일·취득일 전후 각 3월이내에 당해자산에 대하여 2 이상의 감정평가법인이 평가한 것으로 인정되는 감정가액이 있는 경우 그 감정가액의 평균액을 말한다.

환산한 취득가액이란 다음 금액을 말한다.

$$\text{환산한 취득가액} = \text{매매사례가액·감정가액} \times \frac{\text{취득당시의 기준시가}}{\text{양도당시의 기준시가}}$$

2) 기준시가

기준시가라 함은 토지, 건물 등과 같은 자산의 양도가액과 취득가액을 계산하기 위한 기준이 되는 가액을 말한다.

① 토지

개별공시지가에 의하되 개별공시지가가 없는 토지에 대해서는 인근 유사 토지의 개별공시지가를 기준으로 지가공시 및 토지 등의 평가에 관한 법률에 의한 비교표에 의하여 세무서장이 평가한 가액으로 한다. 다만, 국세청장이 지정하는 지정지역은 배율방법에 의하여 평가한 가액을 기준시가로 한다. 1990년 8월 30일 이전에 취득한 토지의 기준시가는 1990년 1월 1일 기준 개별공시지가에 취득당시의 과세시가표준액을 1990년 8월 30일 현재의 과세시가표준액과 그 직전에 결정된 과세시가표준액의 평균액으로 나눈 값을 곱하여 계산한 가액으로 한다.

② 건물

건물에 대하여는 건물의 신축가격, 구조, 용도, 위치, 신축연도 등을 참작하여 매년 1회이상 국세청장이 산정 고시한 가액으로 한다. 지정지역의 공동주택의 부속토지와 건물을 일괄하여 평가고시한 경우에는 그 평가고시한 가액으로 한다.

③ 지상권, 전세권과 등기된 부동산 임차권은 상속세법 및 증여세법에 의한 평가액으로 한다.

④ 부동산을 취득할 수 있는 권리는 양도자산의 종류, 규모, 분양가액, 취득, 양도당시의 거래상황 등을 감안하여 국세청장이 정하는 방법에 의하여 평가한 가액으로 한다.

⑤ 코스닥상장주식은 양도일 전 1개월간의 한국증권선물거래소 최종시세가액의 평균가액으로 한다.

⑥ 비상장·비등록 주식은 1주당 기준시가를 손익가치의 3배와 순자산가치의 2배를 더하여 이를 5로 나눈 금액으로 평가하는데 순손익가치는 "1주당 순손익액/국세청장고시이자율" 을 말하고 순자산가치는 "당해법인의 순자산가액/발행주식수" 을 말한다.

⑦ 영업권은 상속세법 및 증여세법, 특정시설물 이용권은 국세청장이 정하는 방법에 의해 평가한 가액으로 한다.

3) 양도차익의 계산
가. 일반원칙
양도차익은 양도가액과 취득가액 모두 동일 기준에 의하여 결정하여야 하므로 양도차익을 추계와 실지거래가액 중 어느 것에 의하여 결정하느냐에 따라 양도가액에서 차감할 수 있는 금액이 달라진다.

양도차익을 추계에 의하여 계산하는 경우에는 양도가액에서 취득가액과 필요경비개산공제를 차감하여 계산하고, 실지거래가액에 의하여 계산하는 경우에는 취득가액, 설비비와 개량비, 자본적 지출액, 양도비용을 필요경비로 차감한다. 여기서 필요경비개산공제의 금액은 ① 토지는 취득당시 개별공시지가의 3%(미등기 양도는 0.3%) ② 오피스텔 및 상업용 건물은 취득당시 고시가의 3%(미등기 양도는 0.3%) ③ 지상권, 전세권, 등기된 부동산임차권은 취득당시

기준시가의 7%(미등기 양도는 1%) ④ 이외의 자산은 취득당시의 기준시가의 1%로 한다.

나. 양도차익계산의 특례

① 거주자가 양도일부터 소급하여 5년이내에 그 배우자 또는 직계존비속으로부터 증여받은 토지, 건물, 특정시설물 이용권, 회원권 등의 양도차익을 계산함에 있어서 취득가액은 당해 배우자 또는 직계존비속의 취득당시의 취득가액으로 한다. 이 때 거주자가 증여받은 자산에 대한 증여세 상당액은 필요경비에 산입한다.

② 증여 후 5년 내 양도

양도소득세를 부당하게 감소시키기 위하여 특수관계자에게 자산을 증여(배우자간 증여재산에 대한 이월과세의 적용을 받는 경우는 제외) 한 후 그 자산을 증여 받은 자가 증여일로부터 5년 이내에 다시 이를 타인에게 양도한 경우에는 증여자가 그 자산을 직접 양도한 것으로 본다.

③ 토지와 건물 등을 함께 취득 또는 양도하는 경우에는 이를 구분하여 기장하되, 토지와 건물 등의 가액이 구분되지 않는 경우에는 다음 방법에 의하여 안분하여 계산한다.

- 감정평가액이 있는 경우에는 감정평가액에 비례하여 안분계산
- 감정평가액이 없는 경우에는 기준시가 또는 장부가액에 비례하여
  안분계산
- 위의 방법을 적용할 수 없거나 적용하기 곤란한 경우 국세청장이
  정하는 바에 따라 안분계산

④ 당해 연도중 수개의 자산을 양도한 경우 양도소득금액은 자산별로 계산한다. 이 경우 특정자산에서 발생한 양도차손은 다른 자산의 양도차익에서 공제하되, 먼저 같은 세율 구분내의 자산의 양도차익에서 양도차손을 공제하고 같은 세율 구분내의 자산의 양도차익에서 공제할 수 없는 경우에는 다른 세율 구분내의 자산의 양도차익의 비율로 안분하여 공제한다. 그러나 비상장주식에서 발생한 양도차손은 비상장주식에서만 공제하며, 그 외의 자산의 양도차익에서 공제할 수 없다. 또한 비상장주식 이외의 자산의 양도차손도 비상장주식의 양도차익과는 통산할 수 없다.

⑤ 1세대 1주택이 고가주택에 해당되는 경우에는 전부를 비과세 하지 아니하고 9억 원 초과액에 대해서만 양도소득세를 과세하므로 고가주택의 양도차익은 전체 양도차익에서 9억 원 상당부분을 차감하여 계산한다.

⑥ 부담부증여의 양도차익은 증여가액에 대하여 인수한 채무 상당액에 대해서만 계산한다.

⑦ 자산을 공유 또는 합유하는 경우에는 그 지분비율에 의하여 분배되었거나 분배될 소득금액에 따라 각 거주자별로 그 소득금액을 계산하여 당해 거주자별로 납세의무를 진다.

(2) 양도소득산출세액의 계산

양도차익에서 장기보유특별공제를 차감하면 양도소득금액이 되고, 여기에서 양도소득기본공제를 차감하면 양도소득 과세표준이 되고, 이 과세표준에 세율을 적용하면 양도소득산출세액이 된다.

1) 장기보유 특별공제

양도소득은 장기간 보유함으로써 형성된 소득이 양도시점에서 실현되어 일시에 과세함으로써 세부담이 커지게 된다. 이에 따른 양도소득의 세부담을 적정히 하여 장기보유를 유도하고 부동산투기 억제효과를 거두기 위해서 3년이상 보유한 등기된 토지, 건물(미등기 양도자산 제외)에 대해서는 양도차익의 일정비율을 공제하도록 하고 있는데 이를 장기보유특별공제라고 한다. 이 때 공제하는 일정비율은 보유기간별로 차등규정하고 있다.

즉 보유기간이 3년 이상 4년 미만인 경우의 기본공제율 10%에서 시작하여 매년 2~3%씩 증가하며 보유기간 10년 이상인 경우 30%까지 공제하도록 하고 있다. 또한 1세대 1주택의 경우에는 보유기간 3년 이상 4년 미만인 경우의 24%에서 시작하여 보유기간 10년 이상의 80%까지 보유기간별로 공제율을 차등 규정하여 일반자산의 양도시의 세금부담액보다 많은 특혜를 주고 있다.

2) 양도소득기본공제

양도소득기본공제는 양도소득에 대한 기본공제의 성격을 갖는다. 이는 일정 금액 미만의 영세소득자를 과세대상에서 제외함으로써 과세형평에 기여하고 행정의 능률화를 기하기 위한 것이다. 양도소득이 있는 거주자에 대하여는 당해 연도의 양도소득금액에서 연 250만원을 공제한다. 여러 자산을 양도하였을 경우에는 먼저 양도하는 것부터 순차로 1인당 1년에 250만원을 공제한다. 다만, 미등기 양도자산의 경우는 제외한다.

3) 세율
① 누진세율

기타자산은 보유기간 및 등기여부와 관계없이, 토지와 건물 및 부동산에 관한 권리에 대하여는 2년이상 보유하고 등기된 경우에만 과세표준 합계액에 따라 누진세율을 적용한다. 누진세율은 1,200만원이하는 6%, 1,200만원 초과 4,600만원 이하는 초과액에 대해서 15%, 4,600만원 초과 8,800만원 이하는 초과액에 대해서 24%, 8,800만원 초과 1억 5천만원 이하는 초과액에 대해서 35%, 1억 5천만원 초과한 경우에 대해서는 초과액의 38%이다.

② 토지, 건물, 부동산에 관한 권리 중 미등기자산에 대하여는 실제거래가액의 70%를 적용한다.

③ 토지, 건물, 부동산에 관한 권리 중 등기하였으나 1년미만 보유한 경우는 실제거래가액의 50%, 1년이상 2년 미만인 경우는 40%의 세율을 적용한다. 또한 1세대 2주택에 해당하는 주택의 경우 기본세율, 1세대 3주택과 비사업용 토지의 경우 일반지역은 기본세율, 투기지역은 기본세율+10%의 세율을 적용한다.

④ 주식 및 출자지분에 대해서는 중소기업 주식 및 출자지분은 10%, 비 중소기업 주식 및 출자지분으로서 대주주가 1년미만 보유한 경우는 30%, 일반적인 경우에는 20%의 세율을 적용한다.

4) 미등기로 보지 아니하는 경우

미등기양도자산의 경우에는 양도소득세 계산상 실지거래가액에 의해 양도차익을 계산하며, 장기보유특별공제와 양도소득기본공제를 적용하지 아니한다. 또한, 세율도 70%의 고율을 적용하고, 비과세 감면을 적용하지 못한다.

다음의 경우에는 등기할 수 없는 부득이한 사유가 있으므로 이를 미등기양도자산으로 보지 아니한다.

① 장기할부조건 취득자산으로 양도당시 취득에 관한 등기가 불가능한 경우
② 법률의 규정 또는 법원의 결정으로 양도당시 취득에 관한 등기가 불가능한 경우
③ 양도시까지 8년이상 계속하여 자기가 경작한 토지
④ 농지의 교환 또는 분합으로 인하여 발생하는 소득
⑤ 농지의 대토로 인하여 발생하는 소득
⑥ 1세대 1주택으로서 건축허가를 받지 아니하여 등기가 불가능한 자산
⑦ 토지구획정리사업의 미종료로 토지 취득등기를 못한 경우
⑧ 건설업자가 토지구획정리 사업조합으로부터 공사용역대가로 취득한 체비지로서 토지구획 환지처분 공고 이전에 양도한 토지

제5절 신고·납부

1. 종합소득과 퇴직소득

소득세는 매년 1월1일부터 12월 31일까지의 과세기간의 소득실적에 따라 과세하는 것이 원칙이다. 거주자는 매년 과세표준과 세액을 다음연도 5월 31일까지 신고하여야 하는데, 이를 확정신고라고 한다. 그러나 확정신고제도만으로 소득세를 징수하는 경우 조세수입이 일정기간에 집중되어 예산집행상의 문제가 발생하고 조세수입을 적시에 확보하지 못하는 폐단이 있다. 이에 따라 과세기간 중에 소득세를 미리 납부하는 제도를 두고 있다.

(1) 중간예납제도

중간예납제도는 과세기간의 전반기에 대하여 과세하는 제도로서 사업소득과 부동산임대소득이 있는 거주자만 중간예납의무가 있다. (다만, 임시소득만 있는 자와 신규사업자는 중간예납의무가 없다.) 그래서 퇴직소득, 양도소득이 있는 거주자는 중간예납의무가 없다.

1) 중간예납세액의 계산

전년도 납부실적을 기준으로 중간예납세액을 계산하는 것이 원칙인데, ㉠ 전년도에 납부하였거나 납부할 세액이 없는 경우와 ㉡ 중간예납기간 종료일까지의 종합소득금액에 대한 소득세액이 중간예납기준액의 30%에 미달하는 때에 거주자가 중간예납세액을 신고한 경우에는 중간예납실적을 기준으로 한다.

전년도 납부실적기준에 의하는 경우에는 중간예납기준액의 2분의 1을 중간예납세액으로 한다. 중간예납기준액이란 전년도의 중간예납세액에 확정신고 자진납부세액과 추가납부세액을 합한 금액에서 환급세액을 공제한 금액으로 한다.

중간예납기간의 실적으로 신고·납부하는 경우에는 중간예납기간의 종합소득금액을 1년으로 환산한 금액에서 종합소득공제를 차감한 금액을 종합소득과세표준으로 하여 산출세액을 계산하고, 그 세액을 12로 나눈 금액에 당해 연도 중간예납기간 종료일까지의 월수를 곱하여 중간예납기간의 산출세액을 계산한다. 중간예납기간의 산출세액에서 중간예납기간의 공제감면세액과 기납부세액을 차감한 금액을 중간예납추계액으로 한다.

2) 중간예납절차

소득세는 1월 1일부터 6월 30일까지의 기간을 중간예납기간으로 하여 1년에 한 번 중간예납을 한다. 관할세무서장은 중간예납세액을 11월 1일부터 11월 15일까지 고지하고, 11월 30일까지 납부하여야 한다. 중간예납기간의 추계액을 신고하여야 할 거주자는 11월 1일부터 11월 31일까지 중간예납추계액을 신고하여야 한다. 중간예납세액이 30만원 미만인 경우에는 당해 세액을 징수하지 아니한다.

(2) 예정신고제도

부동산매매업자가 토지 등을 매매하였을 때에는 그 토지 등 매매가액에서 취득가액 등 필요경비를 공제한 매매차익을 매매일이 속하는 달의 말일부터 2월이 되는 날까지 신고를 하여야 하는데. 이를 '토지 등의 매매차익 예정신고'라 한다. 토지 등의 매매차익은 사업소득이므로 양도소득과는 달리 장기보유특별공제, 양도소득기본공제가 적용될 수 없다. 그러나 예정신고시에는 정확히 사업소득금액을 파악할 수 없으므로 양도소득세의 예정신고 규정을 준용하여 세액을 계산한다. 토지 등의 매매차익 예정신고와 함께 자진납부를 하는 때에는 그 산출세액에서 신고납부할 세액의 10%에 상당하는 금액을 공제한다. 이를 토지 등의 매매차익 예정신고납부세액공제라고 한다.

납세지 관할 세무서장은 토지 등 매매차익 예정신고 또는 토지 등 매매차익 예정신고 자진납부를 한 자에 대하여는 그 신고 또는 자진납부를 한 날부터 1월이내에, 예정신고를 하지 않은 자에 대하여는 즉시 그 매매차익과 세액을 결정하고, 당해 부동산매매업자에게 이를 서면으로 통지하여야 한다. 토지 등의 매매차익의 결정이 있었다고 하더라도 납세의무자는 확정신고의무를 지는 것이다. 확정신고시에는 토지 등의 매매차익예정신고 산출세액은 기납부세액으로서 종합소득 산출세액에서 공제한다.

(3) 사업장 현황보고

사업자는 총수입금액을 축소하려는 경향이 있어 총수입금액에 대한 조사가 소득금액계산의 전제가 된다. 확정신고에 앞서서 사업자의 총수입금액을 파악할 필요가 있는데 부가가치세 과세사업자는 부가가치세 신고에 의하여 파악이 되고, 부가가치세 면세사업자는 소득세법상의 사업장 현황보고를 통해서 파악한다. 따라서 사업장 현황보고는 과세기간 종료 후 31일 이내에 사업장 소재지 관할 세무서장에게 보고하여야 한다. 2이상의 사업장이 있는 사업자는 사업장별로 사업장 현황보고를 하여야 한다.

(4) 확정신고

　종합소득과 퇴직소득이 있는 거주자는 종합소득과세표준, 퇴직소득과세표준을 다음연도의 5월 1일부터 5월 31일까지 납세지 관할 세무서장에게 신고납부하여야 한다. 과세표준이 없거나 결손금이 있는 때에도 신고하여야 한다.

　거주자가 사망한 경우 상속인은 그 상속개시일부터 6월이 되는 날까지 사망일이 속하는 과세기간에 대한 당해 거주자의 과세표준을 확정신고 하여야 한다. 상속인이 2인 이상이 있는 경우에는 과세표준확정신고서에 각 상속인이 연서하여 하나의 신고서를 제출하거나 상속인별로 다른 상속인의 성명을 부기하여 각각 제출할 수 있다. 과세표준을 확정신고를 하여야 할 거주자가 주소 또는 거소의 국외이전을 위하여 출국하는 경우에는 출국일이 속하는 과세기간의 과세표준을 출국일 10일전에 신고하여야 한다.

　거주자는 당해 연도의 과세표준에 대한 종합소득산출세액, 퇴직소득산출세액에서 감면세액, 공제세액과 기납부세액을 공제한 금액을 과세표준확정신고기한까지 납세지 관할세무서장에게 납부하거나 국세징수법에 의한 납부서에 과세표준 확정신고 및 확정신고자진납부계산서를 첨부하여 한국은행 또는 체신관서에 납부하여야 한다.

　과세표준확정신고를 하여야 할 자가 신고를 하지 않은 때는 당해 거주자의 과세표준과 세액을 결정한다. 과세표준확정신고를 한 자가 신고내용에 탈루 또는 오류가 있는 때나 매출·매입처별계산서 합계표 또는 지급조서의 전부 또는 일부를 제출하지 아니한 때는 당해연도의 과세표준과 세액을 경정한다. 과세표준과 세액의 결정 또는 경정은 과세표준확정신고서 및 그 첨부서류에 의하거나 실지조사에 의함을 원칙으로 한다. 예외로 장부 기타 증빙서류에 의하여 소득금액을 계산할 수 없는 경우에는 소득금액을 추계조사결정할 수 있다. 납세지 관할 세무서장 또는 지방국세청장은 거주자의 과세표준과 세액을 결정 또는 경정한 때에는 이를 당해 거주자 또는 상속인에게 서면으로 통지하여야 하며, 납부할 세액이 없는 경우도 또한 같다.

(5) 수시부과

조세포탈의 사유가 있어서 신고기한까지 기다려서는 조세채권의 확보가 어렵다고 인정되는 경우에는 수시로 과세표준과 세액을 결정할 수 있다. 수시부과의 결정은 사업장 관할세무서장이 하되, 사업자 이외의 자에 대하여는 주소지 관할세무서장이 결정한다.

(6) 징수와 환급

납세지 관할 세무서장은 납세자가 당해연도의 소득세로 납부하여야 할 세액의 전부 또는 일부를 납부하지 아니한 때에는 그 미납된 부분의 소득세를 그 납부기한이 경과한 날로부터 3월이내에 징수한다.

2. 양도소득세

(1) 자산양도차익 예정신고납부

양도자산 과세대상 자산을 양도한 거주자는 양도차익을 그 양도일이 속하는 달의 말일부터 2월 이내에 자산양도차익예정신고서에 소정의 서류를 첨부하여 납세지 관할 세무서장에게 신고하고 그 세액을 납부하여야 한다. 이는 양도차익이 없거나 양도차손이 발생한 경우에도 같다.

자산양도차익예정신고납부에 있어서 납부할 세액은 그 양도차익에서 장기보유특별공제, 양도소득기본공제를 한 금액에 양도소득세율을 적용하여 계산한 금액을 그 산출세액으로 한다. 당해연도에 누진세율의 적용대상자산에 대한 양도차익예정신고를 2회 이상 하는 경우에는 제2회 이후 신고하는 양도차익예정신고 납부세액은 이미 신고한 양도차익과 제2회 이후 신고하는 양도차익의 합계액에서 장기보유특별공제, 양도소득기본공제를 한 금액에 양도소득

세율을 적용하여 계산한 금액에서 이미 신고한 양도차익예정신고 산출세액을
공제한 것을 그 산출세액으로 한다.

자산양도차익예정신고와 함께 자진납부를 하는 때에는 그 산출세액에서 납
부할 세액의 10%에 상당하는 금액을 공제한다. 자산양도차익예정신고납부를
하지 않거나 탈루 또는 오류가 있는 경우에는 즉시 결정하거나 경정하고 서면
으로 통지한다.

(2) 자산양도차익 확정 신고·납부

양도소득과세표준은 다음연도의 5월 1일부터 5월 31일까지 양도소득세 과세
표준확정신고 및 자진납부계산서에 소정의 서류를 첨부하여 신고납부하여야
한다. 자산양도차익예정신고를 한 자는 확정신고를 하지 아니할 수 있다. 납부
할 세액이 1,000만원을 초과하는 경우에는 납부기한 경과 후 45일 이내에 분납
할 수 있다. 공공용지의 취득 및 손실보상에 관한 특례법이 적용되는 공공사업
용으로 당해 공공사업시행자에게 토지 등이 양도되거나 토지수용법에 의하여
수용됨으로써 발생하는 소득에 대한 양도소득세를 금전으로 납부하기 곤란한
경우에는 당해토지 등의 대금으로 교부받은 채권으로 납부할 수 있다.

(3) 결정·경정 및 징수·환급

양도소득세의 예정신고와 확정신고는 납세의무를 확정하는 효력을 가진다.
납세지 관할세무서장(또는 지방국세청장)은 예정신고 또는 확정신고를 하여
야 할 자가 그 신고를 하지 않은 때에 한하여 과세표준과 세액을 결정하며,
예정신고 또는 확정신고를 한 자의 신고내용에 탈루 또는 오류가 있는 경우
에는 양도소득과세표준과 세액을 경정한다. 납세지관할세무서장 또는 지방국
세청장은 이처럼 양도소득과세표준과 세액을 결정 또는 경정한 때에는 이를
당해 거주자에게 서면으로 통지하여야 한다.

한편 납세지 관할세무서장은 양도소득과세표준과 세액을 결정 또는 경정한
경우 양도소득 총결정세액이 기납부세액을 초과하는 경우 그 초과하는 세액

을 징수하고, 기납부세액이 양도소득 총결정세액을 초과하는 때에는 그 초과
하는 세액은 이를 환급하거나 다른 국세·가산금과 체납처분비에 충당하여야
한다.

지난 일들은 오늘날 우리에게 지침
이 된다.

1. 다음은 소득세에 관한 설명이다. 틀린 것은?

① 소득세는 자연인이 매년 1년동안 벌어들인 소득에 대하여 그 자연인에게 부과하는 직접국세이며, 법인세는 법에 의해서 권리·의무의 주체로서 인정된 법인이 가득한 소득에 대하여 부과하는 직접국세이다.

② 현행 소득세법은 소득원천설에 의해서 세법에 규정되어 있는 열거된 소득에 대해서만 부과하고 있다.

③ 현행소득세법은 11개의 소득으로 분리과세하고 있으며, 일부소득에 대해서는 원천징수에 의해서 분류과세하고 있다.

④ 원칙적으로 개인별 과세를 하고 있으나, 일정한 특수관계자에 대한 공동소유나 공동 사업에 대한 소득에 대해서는 합산하여 과세하고 있다.

⑤ 소득세는 각 거주자별로 납세의무를 지므로, 공동소유자산, 공동사업에서 발생하는 소득에 대해서는 지분 또는 손익분배비율에 따라 분배되었거나, 분배될 소득에 따라 각 거주자별로 납세의무를 진다.

2. 소득세에 관한 설명이다. 틀린 것은?

① 공동소유자산 또는 공동사업에 관한 소득금액을 계산하는 경우에는 지분 또는 손익분배비율에 따라 분배되었거나 분배될 소득금액에 따라 각 거주자별로 납세의무를 진다. 이 경우 공유자 또는 공동사업자간에는 소득세의 연대납세의무가 있다.

② 피상속인의 소득금액에 부과된 소득세에 대하여는 상속인이 납세의무를 지는데, 이때 피상속인의 소득금액과 상속인의 소득금액을 구분하여 소득세를 계산한다.

③ 소득세의 납세지는 거주자의 주소지이나, 부동산 임대소득 또는 사업소득이 있는 거주자는 사업장 소재지를 납세지로 당해연도 10월 1일부터 12월 31일까지 신청하여 사업장을 납세지로 할 수 있다.

④ 원천징수의무자는 소득귀속자에게 원천징수세액을 차감한 잔액을 지급하

고 그 원천징수세액은 원천징수의무자의 관할세무서에 징수일이 속하는 달의 다음달 10일까지 납부하여야 한다.

⑤ 현행 소득세법상의 원천징수는 원칙적으로 예납적 원천징수에 해당하여 종합소득에 합산하여 확정신고를 하도록 하고 있으나, 일부의 소득에 대해서는 완납적 원천징수로서 납세의무를 종결하도록 하고 있다.

3. 다음중에서 소득세의 종합소득에 합산되지 않는 소득은? 즉, 종합소득이 아니고, 별도로 분류과세되는 소득은?

　① 기타소득　② 부동산임대업소득　③ 사업소득　④ 연금소득　⑤ 퇴직소득

4. 다음은 종합소득금액 계산에 관련된 내용이다. 틀린 것은?

① 부동산임대업소득, 사업소득, 일시재산소득, 기타소득과 같이 필요경비가 인정되는 소득은 총수입금액에서 필요경비를 차감하여 소득금액을 계산한다.

② 이자소득과 배당소득은 필요경비를 전혀 인정하지 않으며, 근로소득과 연금소득에 대하여는 필요경비 계산의 어려움 때문에 총수입금액의 일정액을 근로소득공제와 연금소득공제로 차감하고 있다.

③ 광업권, 어업권, 산업정보, 어업권, 산업상 정보, 토사석의 채취허가에 따른 권리, 기타 이와 유사한 자산이나 권리의 양도로 인하여 발생하는 소득으로서 거주자가 받은 금액의 80%에 상당하는 금액을 무조건 필요경비로 한다.

④ 연금소득은 원칙적으로 종합과세하지만, 총연금액이 연 600만원 이하인 경우에는 납세의무자의 선택에 따라 당해 연금소득을 종합소득 과세표준에 합산하지 않고 분리과세를 적용받을 수 있다.

⑤ 부동산임대업소득, 사업소득, 산림소득이 있는 공동사업에 대한 소득금액을 계산함에 있어서는 당해 공동사업장을 1거주자로 보아 그 사업장의 소득금액을 계산하여 과세표준과 산출세액을 계산하여 당해 산출세액을 공동사업자의 지분별로 배분하게 된다.

5. 다음은 소득세의 각종 소득에 관한 설명이다. 틀린 것은?

① 이자소득과 배당소득은 금융소득으로서 부부의 소득을 합산하여, 4000만원을 초과하는 경우에는 종합과세하고 4,000만원 이하인 경우에는 분리과세 한다.

② 현행 배당소득에 대해서는 법인단계에서 부과한 법인세와 개인단계에서 부과하는 소득세와의 이중과세를 조정하기 위해서 금융소득 종합과세되는 금액에 대해서는 Gross-Up하여 소득세를 계산한 후 배당세액공제를 통해서 이중과세를 조정하고 있다.

③ 사업소득은 영리를 목적으로 독립적, 계속적으로 이루어지는 사업에서 발생하는 소득을 말하는데, 부동산임대소득과 산림소득은 성격상 사업소득의 일종이나 소득금액 계산의 차별화를 위하여 사업소득과는 달리 구분하여 과세한다.

④ 근로소득 중에서 일직료, 숙직료, 취재수당(월 20만원), 벽지수당, 자녀보육소당(월 10만원), 식사대(월 10만원)은 비과세한다.

⑤ 이자소득, 배당소득, 부동산임대소득에 대해서 부부의 소득을 합산하여 과세하는 것은 위헌이다.

6. 다음은 근로소득의 과세방법에 대한 설명이다. 틀린 것은?

① 근로소득의 과세는 원천징수를 근간으로 함으로서 세액의 탈루가 거의 없는 관계로, 다양한 비과세, 소득공제, 근로소득세액공제등을 통해서 타 소득과의 과세형편을 맞추고 있다.

② 일반급여에 대해서는 연말정산을 한 경우에도 반드시 종합소득과세표준에 합산하여 확정신고를 하여야 하지만, 일용근로자의 급여는 원천징수로서 납세의무를 종결한다.

③ 갑종근로소득은 매월지급하는 급여액에 대하여는 원천징수의무자가 당해 근로소득에 대하여 간이세액표의 해당란의 세액을 기준으로 원천징수 납부한다.

④ 나중에 연말정산을 하게 되는데, 다음연도 2월분의 소득을 지급하게 되

는때에 신고한 내용에 의해서 산출세액을 계산한후 각종 세액공제를 공
제하고 이미 매월 원천징수하여 납부한 소득세를 차감한 잔액을 원천징
수하게 된다.

⑤ 근로소득금액이외에 다른 소득이 없는 경우에는 연말정산으로 납세의무
를 종결하지만, 근로소득금액 이외의 다른 소득금액이 있는 경우는 근
로소득금액과 다른 종합소득금액을 합산하여 다음 연도 5월 31일까지
종합소득 확정신고를 하여야 한다.

7. 다음은 종합소득의 각 소득에 대한 설명이다. 틀린 것은?

① 배당소득은 Gross-Up금액을 가산하여 배당소득금액을 산정하게 되는
데, 이는 배당소득이 종합소득에 합산되는 경우 당해연도의 배당소득
총수입금액에 그 금액의 일정율에 상당하는 금액을 가산하여 배당소득
금액으로 하고 그 가산액을 종합소득 산출세액에서 배당세액을 공제함
으로서 법인세와 소득세의 이중과세문제를 해결하기 위한 것이다.

② 근로소득은 그 소득을 지급하는 자가 원천징수의무가 있느냐 없느냐에
따라 갑종근로소득과 을종근로소득으로 구분하게 된다.

③ 일반급여는 종합소득에 합산하여 과세하지만, 일용근로자의 급여는 원
천징수로써 납세의무가 종결된다.

④ 근로소득금액이외의 다른 종합소득금액이 없는 경우에는 연말정산으로
납세의무가 종결되지만, 근로소득금액이외의 다른 종합소득금액이 있는
경우에는 근로소득금액과 다른 종합소득금액을 합산하여 다음연도 5월
31일까지 종합소득 확정신고를 하여야 한다.

⑤ 기타소득은 소득발생시에 20%세율로 원천징수되고 종합소득에 합산하
여 과세되는데, 기타소득금액이 연간 1,000만원 이하인 경우에는 납세자
가 분리과세를 선택할 수 있다.

8. 다음은 종합소득공제와 관련된 설명이다. 틀린 것은?

① 종합소득공제는 납세의무자의 기초적인 생계비에 해당하는 소득을 과세

에서 제외시키기 위하여 종합소득금액에서 공제하는 금액을 말한다.

② 기본공제는 종합소득이 있는 거주자에게 일정요건이 충족되는 부양가족이 있는 경우 해당인원 1인당 150만원씩 공제하게 된다.

③ 추가공제, 특별소득공제, 연금보험료공제는 근로소득이 있는 자에게만 적용된다.

④ 교육비공제는 당해거주자, 배우자, 직계비속, 형제자매 및 입양자를 위하여 지급한 학교(본인은 대학원을 포함하여 교육비 전액)의 입학금, 수업료, 기타 공납금은 일정한도 내에서 공제한다.

⑤ 종합소득이 있는 거주자로서 연금보험료 등을 납부한 경우에는 당해 연도의 종합소득금액에서 전액을 공제한다.

9. 다음은 소득세의 종합소득공제 중 인적공제에 대한 설명이다. 틀린 것은?

① 종합소득공제란 납세의무자의 기초적인 생계비에 해당되는 소득을 과세에서 제외시키기 위하여 종합소득금액에서 공제하는 금액을 말한다.

② 인적공제로서 기본공제는 당해 거주자, 배우자, 직계존속(배우자의 직계존속 및 계부, 계모 포함), 직계비속 등에 대해서 1인당 연 150만원의 금액을 거주자의 당해연도의 종합소득금액에서 공제한다.

③ 기본공제를 받는자가 70세 이상인 경우 1인당 100만원, 장애자인 경우는 1인당 200만원을, 부녀자인 경우 50만원, 6세 이하의 직계비속인 경우는 인원수 1인당 연 100만원을 공제한다.

④ 종합소득이 있는 모든 거주자에 대해서 당해 거주자에게 적용되는 기본공제 대상인원이 2인 이하인 경우에는 당해연도 종합소득금액에서 추가로 100만원 또는 50만원을 공제한다.

⑤ 기본공제와 추가공제 대상자로서 생계를 같이하는 부양가족은 주민등록표상의 동거가족으로서 당해 거주자의 주소 또는 거소에서 현실적으로 생계를 같이하는 자를 말한다. 다만, 직계비속의 경우는 현실적인 생계를 같이할 것을 요구하지 않으며, 직계존속의 경우는 주거의 형편에 따

라 별거하고 있는 경우에는 생계를 같이하는 자로 본다.

10. 다음은 소득세의 종합소득 중 특별세액공제에 대한 설명이다. 틀린 것
   은?
   ① 특별세액공제는 근로소득에 대한 필요경비적 성격에 해당하는 것으로서
      근로소득이 있는 거주자에 대해서 해당항목의 공제를 신청하는 경우에
      만 항목별 공제가 가능하다.
   ② 근로소득자로서 특별세액공제를 신청하지 아니한 경우에는 연12만원을
      산출세액에서 공제하고, 근로소득이 없는 자는 연7만원을 산출세액에서
      공제하여 주는데 이를 표준세액공제라고 한다.
   ③ 보험료세액공제는 장애자 전용보장성 보험료(연 100만원 한도)와 저축
      성이외의 보험료(연 100만원 한도)중 일정 금액을 공제한다.
   ④ 의료비세액공제는 기본공제대상자(연령, 소득금액의 제한을 받지 않음)
      를 위하여 지급한 의료비로서 의료기관에 지급하는 비용과 치료, 요양
      을 위한 의약품 구입비용을 일정한 한도내에서 공제한다.
   ⑤ 교육비세액공제는 당해거주자와 기본공제대상자(연령, 제한 받지 않음)
      인 배우자, 직계비속, 형제자매 및 입양자를 위하여 지급한 금액(대학원
      제외, 거주자의 경우는 대학원도 포함)에 대해서는 일정 한도내에서 공
      제한다. 이때 공제되는 금액은 국내에서 지출한 금액만이 공제되고 국
      외교육비에 대해서는 공제 되지 않는다.

11. 다음은 종합소득결정세액의 계산과 관련된 설명이다. 틀린 것은?
   ① 거주자별로 이자소득과 배당소득의 합계가 4천만을 초과하는 경우에는
      종합과세 되고, 이하인 경우에는 완납적 원천징수로서 납세의무를 종
      결한다.
   ② 종합소득 산출세액 계산시 결손금, 이월결손금의 공제는 원천징수세율
      의 적용을 받는 부분에서는 금지되며, 누진세율의 적용을 받는 부분에
      서는 공제여부 및 금액을 선택하여 적용할 수 있다.

③ 종합소득금액에 외국원천소득이 합산되어 있고, 국외원천소득에 대한 외국소득세액을 납부하였거나 납부할 세액이 있는 경우에는 외국납부세액공제와 외국납부세액 필요경비 산입 중 하나를 선택하여 공제받을 수 있는데, 한도를 초과하여 공제받지 못한 금액은 외국납부세액나 필요경비를 산입한 경우 모두 다음과세기간부터 5년 이내에 종료하는 기간에 이월하여 공제받을 수 있다.

④ 배당소득은 배당소득에 법인단계에서 납부한 법인세를 가산하여 산출세액을 가산하고, 그 산출세액에서 배당소득에 가산한 법인세를 공제하여 주는데 이는 주주의 조세부담을 경감하기 위한 것이다.

⑤ 간편장부대상자가 종합소득 과세표준 확정신고를 함에 있어서 비치기장한 장부에 의하여 소득금액을 계산하고, 기업회계기준을 준용하여 작성한 대차대조표, 손익계산서와 그 부속서류 및 합계잔액시산표와 조정계산서를 제출하는 경우에는 종합소득 산출세액의 10%(100만원 한도)를 공제한다.

12. 거주자 홍길동은 2015년도 종합소득세를 신고하려고 한다. 다음의 자료로 종합소득공제 중 인적공제는 얼마인가?

가족상황 : 배우자(장애인, 부동산임대소득금액 ₩5,000,000),
　　　　　 아들(20세 대학생, 이자소득 ₩3,000,000),
　　　　　 딸(16세 중학생), 장모(70세, 이자소득 ₩7,000,000)

　① ₩3,000,000　　　　　② ₩5,000,000　　　　　③ ₩5,500,000
　④ ₩6,000,000　　　　　⑤ ₩6,500,000

13. 다음의 자료로 근로소득금액 ₩25,000,000, 부동산임대소득금액 ₩15,000,000이 있는 승호의 소득세법상 특별세액공제는 얼마인가?

보험료 지급액 : 건강보험료 ₩500,000, 고용보험료 ₩300,000,
　　　　　　　　 자동차보험료 ₩600,000, 화재보험료 ₩500,000
의료비 공제대상금액 ₩500,000, 교육비 공제대상금액 ₩5,000,000, 기부금공제

대상금액 ₩3,000,000

① ₩10,200,000　　　② ₩600,000　　　③ ₩1,395,000

④ ₩ 9,000,000　　　⑤ ₩8,500,000

14. 2015년도의 종합소득 과세표준이 ₩60,000,000인 명철이의 종합소득 산출세액은?

　종합과세 되는 금융소득은 없고, 소득세의 기본세율은 다음과 같다.

　1,200만원 이하 : 6%, 1,200만원초과 4,600만원 이하 : 15%, 4,600만원 초과 8,800만원이하 : 24%

① ₩9,1800,000　　　② ₩10,380,000　　　③ ₩12,700,000

④ ₩13,000,000　　　⑤ ₩20,000,000

15. 다음 중 소득세법상의 소득세액공제가 아닌 것은?

① 외국납부세액공제　　　② 배당세액공제　　　③ 근로소득세액공제

④ 기장세액공제　　　⑤ 세금계산서세액공제

16. 다음은 퇴직소득과 산림소득에 대한 설명이다. 틀린 것은?

① 퇴직소득이나 산림소득 모두 장기간 동안 누적된 소득이 일시에 실현됨으로서 초과누진세율 체계하의 소득세에서 결집효과로 인한 과도한 조세부담을 완화하기 위한 장치가 마련되어 있다.

② 퇴직으로 받는 소득이라 하더라도 사업자가 퇴직급여지급규정에 의하여 종업원에게 지급하는 것 이외의 퇴직위로금, 퇴직공로금 기타 이와 유사한 성질의 급여는 퇴직소득이 아니라 근로소득으로 분류한다.

③ 퇴직소득의 과세표준은 퇴직급여에서 퇴직소득공제를 차감해서 구하고, 이 과세표준을 근속연수로 나누어 기본세율을 적용하여 산출세액을 계산한 후 다시 근속연수를 곱하여 산출세액을 계산한다.

④ 조림기간이 4년된 임목을 벌채 또는 양도함으로서 발생하는 소득은 산림소득으로 종합소득과는 별도로 분류과세 한다.

⑤ 임목과 임지를 함께 양도하는 경우 임목과 임지의 취득가액과 양도가
액을 구분할 수 없는 때에는 임지에 대하여는 기준시가에 의하여 취득
가액과 양도가액을 계산하고, 그 잔액을 임목에 대한 취득가액 또는 양
도가액으로 한다. 이 때 그 잔액이 없는 경우에는 임목의 취득가액 또
는 양도가액은 없는 것으로 본다.

17. 소득세법상 양도소득세의 과세대상이 아닌 것은?
    ① 건물　　　　　② 아파트 당첨권　　　　③ 채권
    ④ 비상장주식　　⑤ 골프회원권

18. 양도소득세법상의 양도라 함은 등기·등록에 관계없이 매도, 교환, 대
    물변제, 현물출자 등으로 인하여 그 자산이 유상으로 사실상 이전되는
    것을 말한다. 다음 중 양도소득세법상 양도에 해당되는 것은?
    ① 양도소득세 물납에 충당하는 경우
    ② 법원의 확정판결에 의한 신탁해지를 원인으로 하는 소유권 이전등기를
       하는 경우
    ③ 매매원인 무효의 소에 의하여 그 매매사실이 원인무효로 판시되어 환
       원될 경우
    ④ 공동소유의 토지를 소유지분별로 단순히 분할만 하는 경우
    ⑤ 양도담보를 설정하는 경우

19. 양도소득세의 비과세 대한 설명이다. 틀린 것은?
    ① 파산선고, 농지의 교환·분합, 농지의 대토, 1세대 1주택에 대해서는 비
       과세 한다.
    ② 주택은 국민의 주거생활의 기초가 되는 것이므로, 투기가 아닌 경우에
       는 주거생활의 안정과 거주이전의 자유를 보장하기 위해서 1세대 1주
       택에 대해서는 비과세 한다.
    ③ 1세대 1주택이라 함은 1세대가 양도일 현재 국내에 1주택을 보유하고

있는 경우로서 당해 주택의 보유기간이 3년 이상인 것을 말한다. 단,
특정지역은 2년이상 거주하여야 한다.

④ 거주자가 배우자가 없는 경우는 1세대로 보지 아니하나, 연령이 30세
이상 등인 경우에는 예외로 한다.

⑤ 주택의 면적이 주택이외의 면적과 동일한 건물에 대해서는 당해 건물
모두를 주택으로 한다.

20. 양도소득세에서는 미등기의 경우에는 상당한 불이익이 가해지고 있
다. 그러나, 등기할 수 없는 부득이한 사유에 해당되는 경우에는 이
런 불이익을 면제하고 있다. 여기서 등기할 수 없는 부득이한 사유에
해당되지 않는 것은?

① 장기할부조건으로 취득함으로서 양도당시 취득에 대한 등기가 불가능
한 경우

② 법률의 규정 또는 법원의 결정으로 양도당시 취득에 관한 등기가 불
가능한 경우

③ 양도시까지 5년을 계속하여 자기가 직접 경작한 경우

④ 토지구획정리사업의 미 종료로 토지의 취득등기를 못한 경우

⑤ 1세대 1주택으로서 건축허가를 받지 아니하여 등기가 불가능 한 경우

21. 다음은 양도차익계산과 관련된 설명이다. 틀린 것은?

① 양도차익을 기준시가에 의하여 계산하는 경우에는 양도가액에서 취득
가액과 필요경비개산공제를 차감하여 계산하고, 실지거래가액에 대하
는 경우에는 설비비와 개량비, 자본적 지출적, 양도비용을 필요경비로
차감한다.

② 양도일로부터 소급하여 5년 이내에 배우자로부터 증여받은 토지, 건물,
특정시설물이용권, 회원권 등의 양도차익을 계산함에 있어서 취득가액
은 당해 배우자의 취득당시의 취득가액으로 한다.

③ 당해연도 중에 2개 이상의 자산을 양도하는 경우 양도소득금액은 자산

별로 하되, 양도차손이 발생한 경우에는 같은 세율 구분내의 자산에서
먼저 통산하고, 다른 세율구분내의 자산에서는 양도소득금액의 비율로
안분하여 공제한다.

④ 양도차손이 발생한 경우 양도소득세 대상자산의 모든 자산에서 양도차
손을 공제할 수 있다. 즉, 비상장주식의 양도차손익과 비상장주식이외
의 자산의 양도차손익을 통산할 수 있다.

⑤ 자산을 공유 또는 합유하는 경우에는 그 지분비율에 의하여 분배되었
거나 분배될 소득금액에 따라 각 거주자별로 그 소득 금액을 계산하여
당해 거주자별로 납세의무를 진다.

22. 다음은 소득세의 신고납부와 관련된 내용이다. 틀린 것은?

① 소득세의 중간예납제도는 과세기간의 전반기에 대하여 과세하는 제도
로서 사업소득과 부동산임대소득이 있는 거주자만 중간예납의무가 있
다. 따라서 퇴직소득, 양도소득이 있는 거주자는 중간예납의무가 없다.

② 종합소득, 퇴직소득, 양도소득이 있는 거주자는 그 종합소득과세표준,
퇴직소득과세표준, 양도소득과세표준을 다음연도의 3월 1일부터 4월
31일까지 납세지 관할 세무서장에게 신고납부 하여야 한다.

③ 소득세는 1.1부터 6.30까지의 기간을 중간예납기간으로 하여 1년에 한
번 중간예납을 한다. 관할 세무서장은 중간예납세액을 11.1부터 11.15
까지 통지하고, 11.30까지 납부하여야 한다.

④ 양도소득세 대상자산을 양도한 거주자는 양도소득세를 그 양도일이 속
하는 달의 말일부터 2월 이내에 자산양도차익 예정신고서에 소정의 서
류를 첨부하여 납세지 관할 세무서장에게 신고하고, 그 세액을 납부하
여야 한다.

⑤ 자산 양도차익 예정신고서와 함께 자진납부를 하는 경우에는 그 산출
세액에서 납부할 세액의 10%에 상당하는 금액을 공제한다.

23. 다음은 양도소득세에 대한 설명이다. 가장 부적당한 것은?

① 상속받은 토지를 상속세 및 증여세법의 규정에 의하여 당해 토지의 상속개시 당시의 평가액에 의하여 물납하는 경우에는 원칙적으로 양도차익이 발생하지 않는다.

② 거주자가 양도일로부터 소급하여 5년 이내에 배우자로부터 증여받은 토지를 양도한 경우의 취득가액은 증여자의 당초 취득가액으로 한다.

③ 배우자에게 자산을 증여한 후 그 자산을 증여받은 배우자가 3년 이내에 다시 이를 타인에게 양도한 경우에는 증여자가 그 자산을 직접 양도한 것으로 본다.

④ 장기할부조건의 경우에는 당해 장기할부조건에 따라 대가의 각 부분을 받기로 한 날을 취득·양도시기로 한다.

⑤ 상속받은 주택과 일반주택을 국내에 각각 1개씩 소유하고 있는 1세대가 일반주택을 양도하는 경우에는 국내에 1개의 주택을 소유하고 있는 것으로 보아 비과세여부를 판정한다.

⊂해답⊃

1.③	2.①	3.⑤	4.③	5.①	6.②	7.⑤	8.③	9.④	10.⑤
11.③	12.①	13.③	14.①	15.①	16.④	17.③	18.①	19.⑤	20.③
21.④	22.②	23④							

[문제 1]. 다음 자료에 의하여 상철이의 종합소득세 결정세액을 계산하라.
  (1) 소득자료 :   ① 부동산임대소득금액 ₩30,000,000
                ② SK상사의 과장으로서 총급여 ₩40,000,000
   (2) 종합소득공제자료 :
     1) 가족상황 :   ① 아버님(75세, 장애인)
                  ② 부인(이자소득금액 ₩10,000,000)
                  ③ 아들(중학생, 이자소득 ₩2,000,000)
                  ④ 딸(초등학생)
     *장모(60세)는 거주 형편상 별거하고 있으나 상철이가 부양하고 있다.
     2) 특별소득공제 :   국민건강보험료 ₩500,000
     3) 특별세액공제 대상금액 : ① 생명보험료 ₩1,200,000
                          ② 의료비공제액 ₩1,500,000
                          ③ 일반교육비 지급액 ₩1,000,000
                          ④ 기부금공제대상금액 ₩2,000,000

[문제 2]. 거주자 한석이는 2015년 12월 3일에 상가 및 부속토지를 양도하
       였다. 양도소득과세표준을 계산하라.
   (1) 양도가액 ₩400,000,000
     취득가액 ₩195,000,000(취득일 1997.9.30 등기하였음)
     양도비용 ₩5,000,000
   (2) 양도소득특별공제는 10년이상 보유시 30%이다.

<풀이>

[문제 1]

1. 종합소득금액 : ₩30,000,000 + ₩28,750,000 = ₩58,750,000
   *₩40,000,000 - ₩11,250,000(근로소득공제) = ₩28,750,000
2. 종합소득공제 : ₩13,500,000
 (1) 인적공제 : ₩9,000,000
                기본공제 (본인, 아버지, 장모, 딸) ₩6,000,000
                추가공제 (장애인, 경로우대1) ₩3,000,000
   *장애인 ₩2,000,000, 경로우대(70세이상 ₩1,000,000)
 (2) 특별소득공제 : ₩500,000
      국민건강보험료 ₩500,000
3. 종합소득과세표준
   ₩58,750,000(종합소득금액) - ₩500,000(종합소득공제) = ₩58,250,000
4. 종합소득 산출세액 ₩8,760,000
5. 종합소득 세액공제
 (1) 특별세액공제 : ₩795,000
      1) 보험료세액공제 ₩1,000,000×12% = ₩120,000
      2) 의료비세액공제 ₩1,500,000×15% = ₩22,000
      3) 교육비세액공제 ₩1,000,000×15% = ₩150,000
      4) 기부금세액공제 ₩2,000,000×15% = ₩300,000
 (2) 근로소득세액공제 : ₩500,000
      ₩8,760,000 × (₩28,750,000 / ₩58,750,000) = ₩4,286,793
      min $\left[\begin{array}{l} ₩275,000 + (₩4,286,793 - ₩500,000) × 30\% = ₩1,411,037 \\ ₩500,000 \end{array}\right.$
6. 종합소득결정세액 ₩8,260,000

[문제 2]

1.양도차익 : ₩400,000,000 - ₩195,000,000 - ₩5,000,000 =
　　　　　₩200,000,000

2. 양도소득금액 : ₩200,000,000 - ₩60,000,000 = ₩140,000,000
　*장기보유특별공제 = ₩200,000,000 × 30% = ₩60,000,000

3. 양도소득과세표준 : ₩140,000,000 - ₩2,500,000 = ₩137,500,000

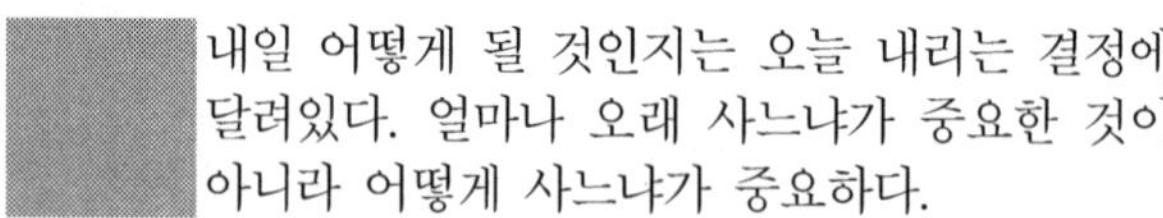

제 4 장 법인세법

제1절 법인세의 기초

1. 법인세의 의의

법인세는 법인을 납세의무자로 법인의 가득한 소득에 대해서 부과하는 직접 국세로, 우리나라에서는 개인의 소득과 법인의 소득을 구분하여 개인의 소득에 대해서는 소득세를 부과하고 법인의 소득에 대해서는 법인세를 부과하는 일종의 소득세이다. 법인세법은 순자산증가설에 의해서 법인세법에서 익금불산입으로 규정한 것을 제외하고는 그 소득이 어떤 원천에서 발생하였든 상관없이 결과적으로 법인의 순자산을 증가시키기만 하면 법인세가 과세된다.

2. 법인세의 납세의무

(1) 납세의무자

법인세의 납세의무자는 법인이다. 법인이란 법에 의하여 권리능력이 부여된 단체를 말하므로 원칙적으로 설립등기를 함으로서 성립한다. 그러나 설립등기를 하지 아니하였을 뿐 법인의 실질이 있는 법인격 없는 단체는 그 실질에 따라 법인으로 보는 것이 타당할 것이다. 이에 따라 국세기본법은 ① 주무관청의 허가 또는 인가를 받아 설립되거나 법령에 의하여 주무관청에 등록된 사단·재단 또는 기타 단체로서 등기되지 아니한 것 ② 공익을 목적으로 출연된 기본재산이 있는 재단으로서 등기되지 아니한 것을 법인으로 보도록 하고 있다. 또한 ① 단체의 조직과 운영에 관한 규칙을 가지고 대표자 또는 관리인을 선임하고 있을 것 ② 단체자신의 계산과 명의로 수익과 재산을 독립적으로 소유관리하고 있을 것 ③ 단체의 수익을 구성원에게 분배하지 않을 것의 요건을 모두 갖춘 종교단체, 종중, 향우회 등의 임의 단체는 관할세무서장의 승인을 얻은 경우에는 법인으로 볼 수 있도록 하고 있다. 이와 같이 법인으로 보는 단체는 비영리법인으로서 제반의무를 준수하여야 한다.

한편, 미등기단체인 국가, 지방자치단체 및 지방자치단체조합에 대하여는 법인세를 과세하지 않으나, 외국정부나 외국지방자치단체는 비과세법인이 아닌 비영리외국법인에 해당한다. 여기서 비영리법인이란 학술, 종교, 자선, 기예, 사교, 기타 영리 아닌 사업을 목적으로 하는 법인을 말하는데, 법인세법은 영리법인에 대해서는 당해법인에 귀속되는 모든 소득에 대하여 각 사업연도의 소득에 대한 법인세를 과세하지만 비영리법인에 대해서는 그 법인의 정관 또는 규칙상의 사업목적에도 불구하고 법인세법이 규정하는 수익사업에서 발생하는 소득에 대하여만 각 사업연도의 소득에 대한 법인세 납세의무를 진다. 비영리법인은 청산소득에 대해서는 법인세를 과세하지 않지만, 부동산 양도차익에 대해서는 토지 등 양도소득에 대한 법인세의 납세의무를 진다.

(2) 사업연도

법인은 존속기간 동안 계속적으로 사업을 영위하므로 그 기간을 인위적으로 구분하여 기간과세를 하고 있는데 그 과세소득을 계산하는 시간적 단위를 사업연도라고 한다. 법인세법은 법인의 정관, 규칙 등에서 정하는 1회계기간을 사업연도로 하되 그 기간은 1년을 초과할 수 없도록 하고 있다. 소득세법은 매년 1월 1일부터 12월 31일까지를 과세연도로 획일적으로 정하고 있는데 반해 법인세법은 1년 이내에서 임의로 회계기간을 정하도록 하고 있다. 또한, 조세포탈의 우려가 없고 최초 사업연도가 1년을 초과하지 아니하는 범위 내에서 법인설립 전에 발생한 손익을 법인의 최초사업연도의 손익에 귀속시키는 것을 허용하고 있다. 법령, 정관, 규칙 등에 사업연도에 대한 규정이 없는 법인은 별도로 사업연도를 정하여 법인설립신고 또는 사업자등록과 함께 관할세무서장에게 신고하

여야 한다. 사업연도신고를 하여야 할 법인이 신고하지 않은 경우에 최초사업
연도는 설립등기일로 부터 12월 31일까지로 하고, 그 이후의 사업연도는 매년 1
월 1일 부터 12월 31일까지로 한다. 사업연도의 변경신고는 직전사업연도 종료
일로부터 3월 이내에 관할 세무서장에게 하여야 한다.

(3) 납세지

납세지란 납세의무자가 국세에 관한 신고, 신청, 납부 등의 행위를 하거나
정부가 결정·경정 등의 처분을 하는 경우에 관할세무서를 결정하는 기준이 되
는 장소이다. 내국법인의 납세지는 법인의 등기부상의 본점 또는 주사무소의
소재지로 한다. 법인으로 보는 단체의 납세지는 당해 단체의 사업장 소재지로
하며, 주된 소득이 부동산소득인 경우에는 그 부동산의 소재지로 한다. 내국법
인에게 이자소득과 증권투자신탁의 분배금을 지급하는 자는 법인세를 원천징
수하여야 하는데, 원천징수한 법인세의 납세지는 당해 원천징수의무자의 소재
지이다. 법인의 납세지가 그 법인의 납세지로 부적당하다고 인정될 때에는 관
할지방국세청장 또는 국세청장은 납세지를 지정할 수 있다. 법인의 납세지가
변경된 때에는 그 변경일로부터 15일 이내에 변경 후의 납세지 관할세무서장
에게 변경신고를 하여야 하며, 신고가 없는 경우에는 종전의 납세지를 그 법인
의 납세지로 한다. 납세지가 변경된 법인이 부가가치세법에 의하여 사업자 등
록 정정신고를 한 경우에는 납세지 변경신고를 한 것으로 본다.

3. 법인세의 계산구조

법인세의 과세는 각 사업연도 소득에 대한 법인세와 청산소득에 대한 법인세
및 토지등 양도소득에 대한 법인세의 3가지로 구분하고 있는데, 각 사업연도소
득에 대한 법인세는 법인이 경제활동에 의하여 얻은 사업연도별 순자산 증가액
에 대한 과세이고, 청산소득에 대한 법인세는 법인이 존속기간의 만료 등의 사
유로 인하여 해산하는 경우에 청산절차를 밟아 잔여재산가액이 법인의 자기자

본의 총액을 초과한 부분에 대한 과세이다. 법인에 대한 부동산 투기를 막기 위해서 지가급등지역에 소재하는 토지 및 건물을 양도한 경우에는 양도소득에 10%(미등기의 경우는 20%)의 세율을 적용하여 산출한 세액을 추가적으로 일반 법인세액에 가산하여 납부하여야 한다. 각각의 계산구조는 다음과 같다.

(1) 각 사업연도소득에 대한 법인세

각 사업연도소득은 당해연도의 익금총액에서 손금총액을 차감하여 계산하며, 각 사업연도 소득에서 이월결손금, 비과세소득, 소득공제를 순차로 차감하여 과세표준을 계산한다. 각 사업연도소득에 대한 법인세의 세율은 과세표준 2억원까지는 10%, 2억원 초과부분은 20%, 200억원 초과부분은 22%이다. 법인세의 납세의무가 있는 법인은 매사업연도 종료일로부터 3월 이내에 각 사업연도 소득에 대한 법인세를 신고하여야 한다.

(2) 청산소득에 대한 법인세

청산과정에서 남은 잔여재산가액에서 자기자본총액을 차감하면 과세표준이 된다. 여기에 각 사업연도 소득에 대한 법인세율을 적용하게 된다. 청산소득에 대한 법인세 과세표준과 세액은 잔여재산가액 확정일로부터 3월 이내에 신고, 납부하여야 한다.

(3) 토지 등 양도소득에 대한 법인세

2002.1.1. 이후 양도 분부터 특정지역에 소재하는 토지 및 건물을 양도할 때 생긴 소득에 대하여 법인세를 납부하는 것과는 별도로 지가급등지역에 대한 "토지 등 양도소득에 대한 법인세"를 추가로 납부하여야 합니다.

또한 2004.1.1. 이후부터는 주택 및 부수토지의 양도소득에 대하여 법인세가 추가 과세되었으며, 2007.1.1. 이후부터는 비사업용 토지 양도소득에 대해 법인세를 추가 납부하여야 합니다.

☞ 다만, 2009년 3월 16일부터 2010년 12월 31일까지 양도하는 경우 동 규정이 적용되지 아니하는 것입니다(다만, 지정지역안의 주택을 양도한 경우 양도소득의 10% 추가납부함.

☞ 지정지역 : 서울특별시 강남구·서초구·송파구, 기획재정부공고 제2015-104호, 2015.11.7.)

제2절 각 사업연도 소득금액의 계산

　법인세법은 '각 사업연도 소득금액은 그 사업연도의 익금총액에서 손금총액을 공제하여 계산하며, 이 경우 익금은 순자산을 증가시키는 거래로 인하여 발생하는 수익금액을, 손금은 순자산을 감소시킨 손비를 말한다.'고 규정하고 있어서 순자산증가설을 채택하고 있다. 따라서 법에 열거된 것 이외에는 모든 소득이 법인세의 과세대상이 된다.

　법인세법상 익금과 손금은 순자산 증가설로 규정되어 있으나 그 내용은 기업회계의 수익·비용과 대부분 일치하고, 약간의 차이만 있을 뿐이다. 따라서 기업회계에 따라 작성된 손익계산서상의 당기순이익을 기초로 하여 회사결산 내용과 법인세법과의 차이만을 세무조정함으로써 각 사업연도소득금액을 구하는 간접적 방법을 채택하고 있다.

　이와 같이 각 사업연도 소득금액은 세무조정계산서상에서 손익계산서상의 당기순이익에 익금산입 및 손금불산입을 가산하고 손금산입 및 익금불산입을 차감하여 계산하게 된다. 그래서 법정기부금과 지정기부금의 한도초과액을 제외한 모든 세무조정사항을 소득금액조정합계표에 집계하여, 집계된 익금산입 및 손금불산입 금액과 손금산입 및 익금불산입 금액을 법인세과세표준 및 세액조정계산서에 기재하여 차가감소득금액을 계산하고, 차가감소득금액에 법정기부금과 지정기부금의 한도초과액을 가산하여 각 사업연도 소득금액을 계산한다.

1. 세무조정과 소득처분

(1) 세무조정

　세무조정은 각 사업연도 소득금액을 기업회계상의 당기순이익에서 출발하여 구하기 때문에 법인세법상의 익금·손금과 기업회계상의 수익·비용과 차이를 조정해 가는 과정을 세무조정이라고 한다. 세무조정사항에는 결산조정사항과 신고조정사항으로 구분할 수 있는데 결산조정사항이란 결산상 비용으로 회계처리하지 않는 경우에는 손금산입할 수 없는 항목을 말하고 신고조정사항이란 결산내용이 세법과 일치하지 않는 경우 세무조정계산서상 그 차이를 세무조정할 수 있는 항목을 말한다. 과세의 공평을 도모하기 위해서는 법인의 회계처리에 관계없이 세법에 따라 소득금액을 계산하는 것이 바람직하므로 법에 결산조정사항으로 규정된 것외에는 모두 신고조정사항으로 보아야 할 것이다.

결산조정사항인 경우 법인세법은 '…을 손금으로 계상한 때에는 법 소정 한도내에서 이를 손금에 산입한다'라고 규정하고 있다. 이러한 결산조정사항은 모두 자산의 상각, 충당금, 준비금과 같이 외부와의 거래 없이 기업의 내부의 사결정에 의하여 비용처리 여부 및 그 금액의 크기가 결정되는 항목들이다.

신고조정사항은 잉여금처분에 의한 신고조정사항과 단순신고조정사항이 있는데 잉여금처분에 의한 신고조정은 주주총회에서 이익을 처분하여 해당 과목의 적립금을 적립한 후 손금으로 세무조정하는 것을 말하고 단순신고조정은 결산상 회계처리 없이 세무조정계산서에서 손금산입하면 이를 손금으로 인정하는 것을 말한다. 잉여금처분에 의한 신고조정사항은 조세특례제한법상 준비금 뿐이며 그 이외에는 모두 단순신고조정사항이다.

(2) 소득처분

법인세법상 소득금액은 결산상 당기순이익에 세무조정사항을 가감하여 행하게 된다. 이와 같이 계산된 세무상의 소득금액은 결산상 당기순이익 부분과 세무조정사항으로 구성된다. 이 경우 당기순이익 부분에 대하여는 정기주주총회에서 배당, 상여, 준비금 등으로 처분하므로 그 귀속자를 명확히 알 수 있고 사후관리가 되나, 세무조정을 통하여 산출된 소득에 대하여는 기업회계상 아무런 처분절차가 없으므로 법인세법에 별도의 소득처분절차를 두고 있는데 이를 소득처분이라고 한다. 소득처분은 숨은 귀속자에게 소득세를 과세함으로써 과세형평을 도모하고 적정한 법인의 소득금액을 계산하는 것을 목적으로 한다. 즉 소득처분절차에 의하여 소득이 사외로 유출되었으면 귀속자에게 소득세를 부과하고 소득이 기업의 내부에 남아서 자산과 부채를 증감시켰으면 사후관리함으로써 법인세계산의 적정화를 기할 수 있다.

1) 익금산입 및 손금불산입에 대한 소득처분

① 사내유보

유보는 익금산입 및 손금불산입으로 과세된 소득이 기업내부에 남아서 세무상 자산을 증가시키거나 부채를 감소시킴으로써 세무상 자본을 증가시킬 때 행하는 소득처분이다. 주로 기업회계와 세무회계상의 손익의 귀속시기의 차이에 관한 사항으로서 조세부담의 일시적 차이를 나타낸다. 이는 그 이후에 손금으로 추인되어 조세부담을 감소시킨다는 점에서 유보를 사후 관리하고 그 이후에 세무조정계산시에 전기(前期)유보금을 검토하여야 한다. 그래서 유보는 '자본금과 적립금 조정명세서(을)'에서 관리하고 다시 '자본금과 적립금 조정명세서(갑)'로 이기하여 세무상 자본계산에 이용한다. "적극적유보"라고도 한다.

② 배당

배당이란 익금산입 및 손금불산입으로 생긴 세무상의 소득이 사외(社外)로 유출되어 출자자에게 귀속되었다고 인정되는 경우에 행하는 소득처분을 말한다. 출자임원인 경우에는 배당으로 처분하지 아니하고 상여로 처분한다. 배당처분액은 소득세법상 배당소득으로 그 귀속자에게 소득세가 과세되며, 법인은 원천징수의무를 진다.

③ 상여

상여란 익금산입 및 손금불산입으로 생긴 세무상의 소득이 사외로 유출되어 임원 또는 사용인에게 귀속되었다고 인정되는 경우에 행하는 소득처분을 말한다. 상여처분액은 소득세법상 근로소득에 해당되어 그 귀속자에게 소득세가 과세되며 법인에게는 원천징수의무가 발생한다.

④ 기타소득

기타소득이란 익금산입 및 손금불산입으로 생긴 소득이 배당, 상여, 기타사외유출에 해당하지 아니하는 경우에 행하는 소득처분을 말한다. 법인세법에 의하여 기타소득으로 처분된 금액은 소득세법상 기타소득에 해당하므로 배당, 상여와 같이 소득귀속자에게 소득세가 부과되며 법인은 원천징수의무를 진다.

⑤ 기타사외유출

기타사외유출이란 익금산입 및 손금불산입으로 생긴 세무상의 소득이 내국 법인 또는 외국법인의 국내사업장의 각 사업연도 소득이나 거주자 또는 비거 주자의 국내사업장의 사업소득을 구성하는 경우에 행하는 소득처분을 말한다. 기타사외유출로 소득처분하는 경우에는 이미 거래 상대방인 법인이나 개인사 업자의 소득을 구성하여 법인세나 소득세가 과세되므로 이에 대하여 다시 소 득세를 과세하면 이중과세문제가 발생된다. 기타사외유출에 대하여는 그 귀속 자에게 소득세를 과세하지 아니하며, 그 이후 연도에 손금추인하기 위하여 사 후관리할 필요도 없다.

한편, 세무상 익금항목을 수익으로 계상하지 아니하고 자본잉여금으로 계상 한 경우에는 이를 익금으로 세무조정을 하고 소득처분은 기타사외유출로 처분 한다. 이것은 이후에 손금으로 추인되지도 않고, 사외유출되는 것도 아니어서 유보나 배당, 상여, 기타소득과는 다르다. 그리고 다음의 사항에 대해서는 무조 건 기타사외유출로 처분하도록 규정하고 있다.

㉠ 임대보증금에 대한 간주익금
㉡ 보험업의 예정사업비 한도초과액
㉢ 법정기부금, 지정기부금 한도초과액 및 비지정 기부금 손금불산입
㉣ 접대비 한도초과액, 건당 1만원초과 영수증 접대비. 단, 증빙누락으로 부 인되는 것은 대표자 상여로 처분한다.
㉤ 타법인 주식등 관련 이자, 업무무관자산 지급이자 손금불산입
㉥ 채권자불분명 사채이자와 비실명 채권, 증권의 이자 원천징수 상당액
㉦ 귀속불분명으로 대표자 상여처분에 대한 소득세를 법인이 대납하여 익금 산입된 금액과 추계결정 경정에 따라 대표자에 대한 사여로 처분한 경우 의 금액
㉧ 불균등자본거래로 인하여 귀속자에게 증여세가 과세된 금액

ⓩ 외국법인의 국내사업장의 소득금액에 익금 산입된 금액이 외국법인의 본점에 귀속되는 경우 그 소득과 국제조세 조정에 관한 법율에 규정된 정상가격에 의한 과세 조정 및 정상원가 분담액 등에 의한 과세 조정으로 익금에 산입한 금액이 국외특수관계자로부터 반환되지 아니한 소득

2) 손금산입 및 익금불산입에 대한 소득처분
① △유보(소극적유보)

△유보란 손금산입 및 익금불산입으로 생긴 세무상의 소극적 소득이 기업내부에 남아서 세무상 자산을 감소시키거나 부채를 증가시킴으로써 세무상 자본을 감소시키는 경우에 행하는 소득처분을 말한다. 이와 같이 감소된 자산과 증가된 부채는 그 이후에 익금산입 및 손금불산입되어 과세되므로 △유보는 유보와 같이 기업회계와 세무회계간의 일시적 차이를 나타낸다. △유보는 세무상 자산감소 또는 부채증가항목으로 그 이후 사업연도에 손금불산입되어 적극적 유보와 상계되어 소멸된다. 따라서 △유보는 적극적 유보와 같이 그 이후의 사업연도에 세무조정시 고려하여야 하므로 자본금과 적립금조정명세서(을)상에서 사후관리하게 된다.

② 기타

기타란 손금산입 또는 익금불산입된 금액이 △유보에 해당하지 아니하는 경우에 행하는 소득처분을 말한다. 손금항목을 비용으로 계상하지 아니하고 자본잉여금에서 차감한 경우에 행하는 경우에도 기타로 소득처분하도록 하고 있다.

2. 익금산입과 손금불산입

(1) 익금산입

법인세법상 익금이란 기업회계상의 수익에 대응되는 개념으로써 순자산증가설에 의하여 "사업연도 중 법인의 순자산을 증가시킨 거래에서 자본 또는 출자의 납입과 법인세법에서 익금불산입으로 규정한 것을 제외한 수익금액이

다.” 라고 규정하고 있다. 따라서 법인세법에서 열거하고 있는 익금항목들은 익금항목의 예시에 불과한 것이다.

세무조정시의 익금산입은 법인세법상으로는 익금이나 장부상의 당기순이익에 수익으로 계상되지 않은 항목을 익금으로 산입하는 세무조정을 하는 것이다. 따라서 법인세법상 익금인데 장부상의 당기순이익에 수익으로 계상된 경우는 세무조정이 필요 없다.

법인세법에 규정된 익금항목은 다음과 같다.

① 사업수입금액
② 자산의 양도금액
③ 자산의 임대료와 간주임대료
④ 자산수증익과 채무면제익
⑤ 손금에 산입된 금액 중 환입된 금액
⑥ 자산의 평가차익
⑦ 이익처분에 의하지 아니하고 손금으로 계상된 적립금액
⑧ 유가증권의 시가와 매입가액과의 차이
⑨ 의제배당
⑩ 기타수익

(2) 손금불산입

법인세법상 손금불산입사항은 기업회계상 비용에 해당하나 조세회피의 방지, 과소비규제 등의 조세정책적 목적에 의하여 손금산입을 제한하는 것과 잉여금의 처분과 같이 기업회계상으로도 비용으로 인정하지 않는 사항을 손금불산입으로 규정한 것들이 있다. 법인이 손금불산입항목을 비용으로 처리하면 이를 손금불산입으로 세무조정한다. 법인이 손금불산입항목을 자산으로 처리한 경우에는 당해연도의 손익에는 영향을 미치지 않으나 그 자산은 그 이후 비용으로 처리될 때에 영향을 미치게 된다. 따라서 손금불산입항목을 자산으로 계상한 경우에는 이를 자산으로 보지 아니하므로 손금산입하여 △유보로 처분함으로써 자산을 감액하는 한편, 다시 손금불산입하여 적절히 소득처분한

다. 그 후 자산감액분을 비용으로 처리하면 이를 손금불산입하여 유보로 처분한다. 다음의 항목들은 비록 법인의 순자산을 감소시키는 거래에 해당하나 손금으로 인정하지 아니한다.

① 자본 또는 지분의 환급, 건설이자배당, 주식할인발행차금, 잉여금처분의 손비계상.

② 법인세비용, 부가가치세 매입세액 등

③ 자산의 평가차손

④ 업무와 관련없는 경비

⑤ 임원의 상여금과 퇴직금의 한도초과액

⑥ 채권자 불분명 사채이자 등의 손금불산입 이자

⑦ 감가상각비 한도초과액

⑧ 접대비, 기부금의 한도초과액

⑨ 각종 준비금, 충당금의 한도초과액

⑩ 보험업 법인의 예정사업비 한도초과액

3. 손금산입과 익금불산입

(1) 손금산입

법인세법상의 손금은 순자산 증가설에 의하여 그 법인의 순자산을 감소시키는 거래에서 자본 또는 지분의 환급, 잉여금의 처분 및 손금불산입으로 규정하는 것을 제외한 손비의 금액을 말한다. 순자산을 감소시키는 거래는 법인세법상 별도로 손금에 산입하도록 규정하지 아니하여도 결과적으로 발생한 자산의 감소가 법인에 귀속되면 이를 손금으로 보는 것이다. 법인세법상에 열거된 손금의 규정은 예시적 규정으로 보아야 할 것이다. 이 열거된 사항도 항상 손금으로 인정받는 것은 아니며 별도로 손금불산입항목에 해당하지 아니한지 검토하여야 한다. 법인세법상 열거된 손금은 다음과 같다.

① 양도한 자산의 양도당시의 장부가액

② 판매한 상품, 제품에 대한 원료의 매입가액과 부대비용

③ 인건비, 판매비, 고정자산의 수선비, 자산의 임차료

④ 제세공과금, 대손금

⑤ 감가상각비

⑥ 차입금이자

⑦ 자산의 평가차손

⑧ 광산업의 탐광비, 업무와 관련있는 해외시찰, 훈련비

⑨ 근로청소년을 위한 특별학급 또는 산업체부설 중고등학교의 운영비

⑩ 기타 손비

(2) 익금불산입

법인의 소득은 순자산증가설에 의하여 자본 또는 출자의 납입 이외에 법인의 순자산을 증가시키는 거래는 모두 익금으로 하여 과세소득을 구성한다. 그러나 거래의 성질이 자본거래로서 과세하기에 부적당한 것과 조세정책목적 등에 비추어 직접적인 과세를 피할 필요가 있는 것등은 익금불산입 항목으로 하고 있다. 따라서 법인세법상 익금불산입으로 열거되지 않은 모든 순자산증가항목은 익금으로 보는 것이다. 법인세법상의 익금불산입 항목은 익금이 될 수 없는 항목을 말하나 세무조정시 익금불산입이란 법인이 익금불산입항목을 수익으로 계상한 경우에 이를 당기순이익에서 차감한다는 것을 의미한다. 즉 익금불산입항목을 수익으로 계상하지 않은 경우는 세무조정이 필요없다.

법인세법상 익금불산입으로 열거된 것은 다음과 같다.

① 주식발행액면초과액, 주식의 포괄적 교환차익과 이전차익

② 감자차익, 합병차익, 분할차익

③ 자산의 평가차익(임의평가)

④ 이월익금

⑤ 이미 손금불산입한 항목의 환급액

⑥ 국세 또는 지방세의 과오납 환급금에 대한 이자

⑦ 부가가치세 매출세액

⑧ 기관투자자가 상장법인 및 코스닥상장 법인으로부터 받은 배당소득의
   30%상당액
⑨ 자산수증익과 채무면제익 중 이월결손금 보전에 충당된 금액
⑩ 수입배당금액의 100%, 50% 또는 30%(지주회사가 자회사로부터 받을 경
   우는 100%, 100%, 80%) 금액

4. 손익의 귀속시기 및 자산·부채의 평가

법인세는 사업연도별로 기간계산을 하므로 특정한 소득이 어느 사업연도의
과세대상에 속하는 것인가를 확정할 필요가 있다. 기업회계에서는 수익 및 비
용의 인식기준이라 하여 수익의 인식기준으로 실현주의를, 비용의 인식기준으
로 발생주의가 주로 적용되고 있다. 반면, 법인세법에서는 익금과 손금은 권리
·의무가 확정되는 시점에 귀속되는 것으로 하여 권리·의무확정주의를 원칙으
로 하고 있다. 이는 손익귀속시기에 대한 납세자의 주관의 개입을 최소화하여
과세대상을 명확히 하고, 이로써 과세소득계산의 공평을 기하기 위해 특별히
규정하고 있는 것이다. 이외에도 법인세법은 자산·부채의 취득가액 산정기준
과 취득 이후 자산·부채의 평가여부와 그 평가기준에 대해서도 규정하고 있다.
자산의 취득가액은 미래의 손금이 될 금액이고, 취득 이후 자산·부채의 평가기
준은 손금과 익금의 산입시기를 결정하기 때문에 손익의 귀속시기와 밀접한
관련이 있어서 함께 규정하고 있는 것이다.
 손익의 귀속시기와 자산과 부채의 취득 평가에 관하여 일반적으로 공정·
타당하다고 인정되는 기업회계의 기준을 적용하거나 관행을 계속적으로 적용
하여온 경우에는 법인세법 및 조세특례제한법에서 달리 규정하고 있는 경우를
제외하고는 당해 기업회계의 기준 또는 관행에 따르도록 하고 있다.

(1) 손익의 귀속시기

1) 일반원칙

법인세법은 손익인식기준으로 권리·의무확정주의를 채택하고 있다. 권리·의무 확정주의란 당해 사업연도에 있어서 수취할 권리가 확정된 수익을 익금으로, 지급할 의무가 확정된 비용을 손금으로 하는 것을 말한다.

2) 거래형태별 손익의 귀속시기

거래형태별 손익의 귀속시기는 다음의 열거된 날이 속하는 사업연도로 한다.

① 상품·제품 또는 기타의 생산품의 판매손익은 그 상품 등을 인도한 날
② 자산양도손익은 대금청산일, 소유권 등 이전등기일, 인도일, 사용수익일 중 빠른 날
③ 위탁매매의 손익은 수탁자가 매매, 양도, 양수한 날
④ 자산의 임대수익은 계약상의 지급일
⑤ 장기할부조건의 판매, 양도는 인도일 또는 회수기준, 회수기일 도래기준
⑥ 장기도급공사의 수익은 작업진행율에 따라 하되, 알 수 없는 경우는 인도일
⑦ 금융기관 등의 이자수익은 실제로 수입된 날로 하되, 선수입이자는 제외
⑧ 금융기관 이외의 이자수익은 소득세법 시행령 45조의 규정에 의한 수입시기

(2) 자산의 취득가액

매입·제조 등에 의하여 취득한 자산의 취득가액은 당해 자산의 매입가액이나 제조원가에 부대비용을 가산한 금액으로 한다. 법인세법은 현재가치평가에 대한 규정을 두고 있지 않지만, 기업회계기준에 따라 현재가치로 평가한 경우에는 그대로 인정하여 세무조정을 하지 않는다.

5. 재고자산과 유가증권의 평가

(1) 재고자산의 평가

재고자산의 평가는 ㉠ 제품 및 상품 ㉡ 반제품 및 재공품 ㉢ 원재료 ㉣ 저장품의 각 자산별로 또 영업장별로 각기 다른 평가방법으로 평가할 수 있다. 법인세법에서 인정하고 있는 평가방법에는 ㉠ 개별법 ㉡ 선입선출법 ㉢ 후입선출법 ㉣ 총평균법 ㉤ 이동평균법 ㉥ 매가환원법 ㉦ 저가법이 있는데 이 중에서 선택하여 평가할 수 있는 것이다. 여기서 저가법은 원가법과 기업회계기준상의 시가 중 낮은 가액으로 평가하는 방법이다. 기업회계기준상의 시가는 순실현가능액을 말하는데, 순실현가능액은 추정판매가액에서 판매시까지 정상적으로 발생하는 추정비용을 차감한 가액이다. 기업회계기준에서도 법인세법과 같이 7가지를 인정하고 있는데, 법인세법에서는 평가방법이 임의사항인데 반해 기업회계기준에서는 순실현가능액이 취득가액보다 낮은 경우에는 순실현가능액으로 평가해야 하는 강제규정이라는 점에서 차이가 있다.

재고자산의 평가방법의 최초신고는 최초사업연도의 법인세 과세표준신고기한내에 관할세무서장에게 신고하여야 한다. 평가방법을 변경하고자 하는 법인은 변경할 평가방법을 적용하고자 하는 사업연도의 종료일 이전 3월이 되는 날까지 납세지 관할 세무서장에게 신고하여야 한다.

법인이 기한내에 평가방법을 신고하지 않은 경우에는 부동산은 개별법, 기타의 재고자산은 선입선출법으로 평가하고, 기한내 평가방법 변경신고를 하지 아니하고 변경한 경우에는 무신고시의 평가방법과 당초신고한 평가방법 중 큰 금액으로 평가한다.

장부상의 기말재고 평가액이 세무상 평가액보다 적은 경우에는 재고자산평가감으로 하여 익금산입하고, 유보로 소득처분한다. 반대로 많은 경우에는 재고자산평가증으로 손금산입하고 △유보로 소득처분한다.

재고자산 평가손실은 결산서상에 반영되었음을 전제로 평가방법을 저가로 평가한 경우와 파손, 부패 등으로 정상가격으로 판매할 수 없는 재고자산을 처분가능한 시가로 평가하는 경우에 인정된다.

(2) 유기증권의 평가

유가증권의 평가는 ① 총평균법 ② 이동평균법 ③ 개별법(채권의 경우에 한함) 중에서 선택하여 평가방법을 신고하되, 신고하지 않은 경우는 총평균법으로 평가한다. 또한 임의변경시는 총평균법과 당초에 신고한 평가방법 중 큰 평가액으로 한다.

기업회계기준에서는 시가법을 인정하고 있다. 즉, 일시적인 자금운영목적으로 시장성 있는 주식을 취득한 경우에는 시가로 평가한다. 그러나 법인세법에서는 인정하고 있지 아니하므로 평가손익을 부인하게 되어 세무조정을 하여야 하는 것이다.

6. 감가상각

기업회계기준상의 유형자산과 무형자산은 비교적 장기간 기업의 정상적인 영업활동과정에서 재화의 생산, 판매 및 용역제공을 위한 수단으로 보유하고 있는 자산이다. 이러한 자산들은 토지를 제외한 대부분이 사용 또는 시간의 경과에 따라 그 경제적 가치가 감소하므로 적정한 손익계산을 위해서는 일정한 계산방법에 의하여 취득원가를 사용가능기간 동안의 비용으로 배분하여야 한다. 이렇듯 취득원가의 배분과정을 감가상각이라고 한다. 감가상각의 목적은 자산의 취득원가를 조직적, 합리적으로 내용연수에 걸쳐 매기의 비용으로 배분하려는데 있다.

법인세법은 감가상각을 통한 자의적인 조세회피를 방지하기 위하여 내용연수와 잔존가액을 법정하고 있다. 그러나 감가상각의 과소상각은 규제하지 않고 과대상각만 규제하고 있어서 법정 한도 내에서는 임의로 상각을 할 수 있다. 즉 감가상각비로 과대하게 계상한 경우에만 일정한도 금액 초과액에 대해서는 부인하겠다는 것이다. 따라서 과거에 과소상각으로 내용연수가 경과한 이후에도 미상각잔액이 남아있는 경우에는 감가상각을 할 수 있는 것이다.

(1) 내용연수

　법인세법은 자산의 구조, 사용되는 업종, 종류별로 기준내용연수 및 내용연수의 범위를 규정하고 있다. 기준내용연수란 법인이 선택적용할 내용연수의 기준이 되는 내용연수인데, 회사는 상각범위액 계산에 있어서 이러한 기준내용연수에 그 기준내용연수의 상하 25%범위 내에서 회사실정에 맞는 내용연수를 선택하여 관할 세무서장에게 신고하고 신고한 내용연수를 적용할 수 있는데 이를 신고내용연수라고 한다. 단, 기한내에 신고를 하지 않은 경우에는 기준내용연수에 의한다. 이처럼 회사가 선택한 자산별, 업종별로 적용한 신고내용연수 또는 기준내용연수는 원칙적으로 그 후의 사업연도에 있어서도 계속하여 적용하여야 한다.

　다음과 같은 사유가 해당되는 경우에는 기준내용연수의 50%를 가감한 내용연수의 범위내에서 사업장별로 납세지 관할지방국세청장의 승인을 얻어 내용연수범위와 달리 내용연수를 적용하거나 적용하던 내용연수를 변경할 수 있다. 이를 특례내용연수라고 한다.

① 사업장이 위치한 지리적, 환경적 특성으로 자산의 부식, 마모 및 훼손의 정도가 현저한 경우
② 영업개시 후 3년이 경과한 법인으로서 당해 사업연도의 생산설비의 가동률이 직전 3개 사업연도의 평균가동률보다 현저히 증가한 경우
③ 새로운 생산기술 및 신제품의 개발, 보급 등으로 기존 생산설비의 가속상각이 필요하다고 인정되는 경우
④ 경제적 여건의 변동으로 조업을 중단하거나 생산설비의 가동률이 감소한 경우

　특례내용연수를 적용하기 위한 승인신청은 영업개시일로부터 3월이 되는 날까지 하고, 변경을 위한 승인신청은 변경할 내용연수를 적용하고자 하는 사업연도의 종료일 이전 3월이 되는 날까지 하여야 한다.

　건물에 포함되는 건축물 부속설비(냉·난방설비, 급배수 설비, 위생·가스 설비, 전기설비 등)를 건물(20년~40년)과 구분하여 회계처리 하는 경우 기계장치의 내용연수(4년~25년)를 적용할 수 있다.

(2) 잔존가액

잔존가액이란 유형자산, 무형자산의 내용연수가 전부 경과되어 본래의 목적으로 사용할 수 없게 되었을 때 남아 있는 가치를 말한다. 자산의 잔존가액은 "0"으로 한다. 단, 정률법 적용의 경우 취득가액의 5%로 하여 상각비율을 계산하고 그 잔존가액은 미상각잔액이 최초로 취득가액의 5%이하가 되는 사업연도의 상각범위액에 가산한다.

(3) 상각방법

기업회계기준에서는 정액법, 정률법, 생산량비례법 등 기타 합리적인 방법으로 할 수 있도록 하여, 법인세법이 정액법, 정률법, 생산량비례법만을 인정하고 있는 것과는 다르다. 법인세법은 선택할 수 있는 방법으로 ① 건축물은 정액법 ② 광업용 유형자산은 정액법, 정률법, 생산량비례법 ③ 기타의 유형자산은 정액법, 정률법 ④ 광업권은 정액법, 생산량비례법 ⑤ 기타의 무형자산은 정액법으로 규정하고 영업을 개시한 날이 속하는 사업연도의 법인세 과세표준 신고기한 내에 신고하도록 하고 있다. 무신고시에는 ① 건축물은 정액법 ② 광업용 유형자산은 생산량비례법 ③ 기타의 유형자산은 정률법 ④ 광업권은 생산량비례법 ⑤ 기타의 무형자산은 정액법을 적용하여야 한다.

감가상각방법은 신고한 법인이 감가상각방법을 변경하고자 하는 경우에는 다음 요건이 충족하는 경우에만, 변경할 상각방법을 적용하고자 하는 사업연도의 종료일까지 감가상각방법 변경신고를 하여 관할 세무서장의 승인을 얻어야 한다.

① 상각방법이 서로 다른 법인이 합병(분할합병을 포함한다)한 경우
② 상각방법이 서로 다른 사업자의 사업을 인수 또는 승계한 경우
③ 외국인투자촉진법에 의하여 외국투자자가 내국법인의 주식 또는 지분을 20%이상 인수 또는 보유하게 된 때
④ 해외시장의 경기변동 또는 경제적 여건의 변동으로 인하여 종전의 상각방법을 변경할 필요가 있을 때

(4) 감가상각비의 세무조정

1) 감가상각비 범위액의 계산
감가상각비 범위액이란 세법이 인정하는 감가상각비 한도액을 말한다.
① 정액법은 취득가액에서 당해 자산의 내용연수에 따른 상각률을 곱하여
   계산한다.
② 정률법은 취득가액에서 이미 상각액으로 손금에 산입한 감가상각누계액
   을 공제한 잔액에 내용연수에 따른 상각률을 곱하여 계산한다.
③ 생산량비례법은 취득가액을 그 자산이 속하는 광구의 총채굴예정량으로
   나누어 계산한 금액에 당해 사업연도의 기간 중 그 광구에서 채굴한 양
   을 곱하여 계산한다.

2) 상각시부인액의 계산 (개별 감가상각자산별로 시부인)
법인 결산상의 감가상각비 계상액과 법인세법상의 상각범위액을 비교하여
결산상 금액이 상각범위액을 초과하는 경우에는 상각부인액으로 손금불산입하
여 유보로 소득처분하고, 결산상 금액이 상각범위액에 미달한 경우에는 시인
부족액으로 세무조정이 필요없다. 상각부인액은 그 이후 사업연도에 시인부족
액이 발생하는 경우 상각범위액이내에서 손금으로 추인하게 된다.
법인세가 면제 또는 감면되는 사업을 영위하는 법인은 감가상각비를 계상하
지 아니하거나 과소계상한 경우라 할지라도 상각범위액까지는 감가상각한 것
으로 의제한다. 이는 면제 또는 감면 받은 기간 중에는 감가상각을 적게 계상
하고 그렇지 않은 기간에 상각을 함으로써 조세를 회피하는 것을 방지하기 위
한 것이다.
감가상각자산의 취득원가와 자본적 지출을 비용으로 계상한 경우에는 이를
감가상각한 것으로 보아 시부인계산한다. 비용으로 계상한 금액을 감가상각한
것으로 보므로 감가상각비 한도초과액은 손금불산입하여야 한다. 그러나 그
이후 사업연도에는 시인부족액이 발생하여 전기상각부인액을 손금추인하게 된
다. 고유업무의 성질상 대량으로 보유하는 자산과 사업의 개시·확장을 위하여

취득한 자산을 제외하고 그 취득가액이 100만원 이하인 소액자산의 경우에는, 취득하여 사업에 사용한 날이 속하는 사업연도에 비용으로 경리하면 이를 전액 손금으로 인정한다.

감가상각자산을 양도한 경우 당해 자산의 상각부인액은 양도일이 속하는 사업연도의 손금에 이를 산입한다. 이는 장부상 처분손익이 과대계상되기 때문이다.

7. 외화자산부채

일반 법인의 경우에는 외화자산·부채의 보유에 따른 외화환산손익을 익금이나 손금으로 인정하지 않는다. 그러나 은행법에 의한 금융기관 등이 보유하고 있는 외화자산, 부채와 통화관련 파생상품 중 통화선도와 통화스왑은 외화환산손익을 계상하여야 한다.

외화자산·부채의 평가는 사업연도 종료일 현재의 기준환율 또는 재정환율을 적용하며, 통화선도와 통화스왑은 사업연도 종료일이나 계약체결일의 기준환율 또는 재정환율 중에서 관할 세무서장에게 신고한 방법으로 평가한다.

내국법인이 상환받거나 상환하는 외화채권·채무의 원화금액과 원화기장액의 차익 또는 차손은 당해 사업연도의 익금 또는 손금에 산입한다.

8. 충당금

충당금은 평가성충당금과 부채성충당금으로 구분할 수 있는데, 평가성 충당금은 특정자산의 가액을 산정할 때 차감되는 것으로 대손충당금과 감가상각누계액이 있고, 부채성충당금은 당기의 수익에 대응하는 비용으로서 장래에 지출될 것이 확실한 것과 당기의 수익에서 차감하는 것이 합리적인 것에 대하여 그 금액을 추산하여 당기의 비용으로 설정한 것을 말한다.

법인세법은 권리의무확정주의를 채택하고 있으므로 장래에 발생될 비용의 예상액을 미리 손비로 계상할 여지가 없다. 그러나 기간손익의 적정화와 조세수입의 평균화를 위하여서는 장래에 발생할 것이 확실한 비용에 대하여 합리적인 기준에 따라 계상한 금액을 예외로 인정하고 있는데 대표적인 것이 충당금이다. 이런 충당금은 법인세법에서 규정하고 있는 퇴직급여충당금, 대손충당금, 구상채권충당금, 일시상각충당금만을 인정하고 있다.

(1) 대손충당금

대손충당금이란 당기말 채권이 그 이후에 대손될 가능성에 대비하기 위하여 설정한 평가성 충당금이다. 법인세법은 일정한도내에서 결산상 비용으로 회계처리한 경우에만 손금으로 인정하고 있다. 대손충당금 설정대상채권은 매출채권, 미수금, 소비대차계약에 의한 대여금 등 기업회계기준 및 관행에서 인정하고 있는 채권과 일치한다. 동일거래처에 채권과 채무가 동시에 있는 경우 상계한다는 약정이 없는 한 채권 전액에 대하여 대손충당금을 설정할 수 있다. 설정율은 1%와 직전사업연도 대손실적율 중 큰 것으로 한다.

대손충당금을 설정하는 방법은 총액법을 원칙으로 하되, 보충법의 경우도 단순한 기표상의 차이로 보아 인정하고 있다. 대손충당금을 설정하고 있는 법인은 대손금이 발생한 경우에는 이를 대손충당금과 먼저 상계하고 부족액은 대손상각비로 비용처리하여야 한다. 법인세법상 대손요건은 ㉠ 채무자의 파산, 강제집행, 형의 집행, 사업폐지, 사망, 실종, 행방불명으로 인하여 회수할 수 없는 채권 ㉡ 소멸시효 완성채권 ㉢ 감독관청의 승인을 얻은 채권 ㉣ 부도발생 후 6월이 경과한 부도수표, 부도어음, 외상매출금(중소기업만) ㉤ 국세결손처분을 받은 채권 ㉥ 민사소송법에 의하여 채무자의 재산에 대한 경매가 취소된 압류채권 등이 있다. 대손금으로 처리한 금액 중 회수된 금액은 회수한 날이 속하는 사업연도에 익금산입한다.

(2) 퇴직급여충당금과 퇴직연금충당금

퇴직급여충당금이란 당해 사업연도 말 현재 임직원 전원이 퇴직할 경우에 지급하여야 할 퇴직금을 부채로 계상한 것을 말한다. 퇴직급여충당금은 임직원의 근로제공대가로서 당해 사업연도에 부담하여야 할 금액이 확정되었으나 그 지급시기만 미확정된 것이다. 설정한도액은 ㉠ 토직급여 지급대상이 되는 임원 또는 사용인에게 당해 사업연도에 지급한 총급여액의 5%와 ㉡ 설정대상 임직원이 당해 사업연도말에 일시에 퇴직할 경우에 퇴직금으로 지급하여야 할 금액의 30%에 퇴직금전환금과 퇴직연금충당금을 가산하고 당기말 세무상 퇴직급여충당금의 잔액을 차감한 금액 중에서 적은 금액으로 한다. 여기서 퇴직금전환금이란 당해사업연도 종료일 현재 국민연금법에 의하여 국민연금관리공단에 납부하고 대차대조표상 자산으로 계상한 금액을 말한다. 또한 퇴직연금충당금이란 퇴직보험 또는 퇴직일시금 퇴직제도가 폐지되고 퇴직연금제도가 새로이 도입되어 설정된 금액이다. 그리고 세무상 퇴직급여충당금 잔액은 전기말 대차대조표상의 퇴직급여충당금 잔액에서 부인액누계와 당기 중 퇴직급여충당금 감소액을 차감한 금액을 말한다. 이 금액이 음수가 나오는 경우에는 "0"으로 하여 퇴직급여충당금 한도액을 계산한다.

법인이 임직원에게 퇴직금을 지급하는 경우에는 먼저 전기까지 설정된 세무상 퇴직급여충당금과 상계하고, 부족액은 퇴직금으로 손금에 산입한다. 단체퇴직보험 또는 퇴직연금에 가입한 임직원이 퇴직하는 경우에는 단체퇴직보험금 또는 퇴직연금이 지급된다. 퇴직금 중 보험금에서 지급되는 부분은 먼저 단체퇴직보험금 또는 퇴직연금과 상계하고 잔액은 퇴직급여충당금과 상계한다. 전기말 현재 1년미만 근속한 임직원의 퇴직금의 경우 퇴직급여충당금과 상계하지 아니하고 퇴직금으로 처리할 수 있다.

당해 법인과 직접 또는 간접적으로 출자관계에 있는 법인으로 사용인이 전출하는 경우에는 현실적인 퇴직으로 보지 아니하고 전입법인이 근속연수를 통산할 수 있다.

(3) 일시상각충당금

국고보조금, 보험차익, 공사부담금, 토지의 재평가 차액 (1%의 재평가세가 부과되는 분에 한함)은 법인세법상 익금이다. 이것들은 사업용 자산의 취득에 사용될 것으로서 이에 대하여 확정된 사업연도에 일시에 과세하게 되면 자산

취득에 사용될 자금의 일부가 조세로 유출되므로 자산취득에 어려움이 있다. 그래서 법인세법은 국고보조금 등으로 법 소정의 자산을 취득하는 경우에는 일시에 과세하지 아니하고 일정기간 과세를 유예하여 주는 제도를 두고 있는데 이를 일시상각충당금이라고 한다. 일시상각충당금은 그 자산의 감가상각비와 상계하므로 내용연수동안 점차로 과세되고, 비상각자산에 대해서 설정하는 압축기장충당금은 그 자산 양도시 전액 환입하게 된다.

　기업의 구조조정을 지원하기 위해서 토지와 건물의 평가증으로 인한 합병차익에 대하여도 일시상각 충당금을 설정할 수 있다. 이는 법인세법에서 자산의 평가증으로 인한 합병차익을 익금산입함으로써 재무구조개선을 위하여 합병하는 경우 자산의 평가증으로 인한 합병차익에 대해서 일시에 과세하게 되어 합병에 의한 구조조정을 방해하는 요인이 되고 있어 이에 대해서 일시상각충당금이나 압축기장충당금을 설정할 수 있게 한 것이다. 손금산입할 금액은 전체자산의 평가증으로 인한 합병차익을 평가증된 전체자산의 총평가증액으로 나누고 평가증된 토지·건축물의 총평가증액을 곱한 금액으로 한다. 일시상각충당금이 손금산입된 자산에 대한 감가상각비는 일시상각충당금의 범위안에서 일시상각충당금과 상계하여야 한다. 또 압축기장충당금은 토지 매각시 익금에 산입한다.

9. 준비금

　준비금이란 중소기업, 기술개발, 외화획득의 지원 등 조세정책적 목적에서 조세의 납부를 일정기간 동안 유예하는 조세지원제도이다. 이는 준비금을 먼저 손금에 산입하고 그 이후에 환입하거나 비용과 상계하게 되는데, 손금에 산입하는 연도에는 조세부담이 감소하나 환입하거나 비용과 상계하는 사업연도에는 조세부담이 증가하게 된다. 준비금은 장래에 발생여부가 불확실하고 그 금액을 합리적으로 추산할 수 없다는 점에서 충당금과 다르다. 법인세법상 준비금에는 보험업 사업을 영위하는 법인에 대하여 보험업법에서 강제적으로 설정하도록 규정한 책임준비금 등이 있다. 법인세법상 준비금은 타당한 회계처리로 인정되므로 반드시 결산상 비용으로 계상하여야 한다. 그 외의 준비금으로는 비영리법인의 고유목적사업에 충당하기 위해 설정하는 고유목적사업 준비금이 있다.

10. 부당행위계산의 부인

사계약상 적법하게 성립된 거래라도 세법상 관점에서 볼 때 비정상적인 것으로 조세의 부담을 부당히 감소시킨 경우에는 이를 부인하고 합리적인 방식으로 계산하려는 것이다. 부당행위계산부인의 규정을 적용하려면 ㉠ 거래 당시 법인과 특수관계에 있는 자와의 거래이어야 하고 ㉡ 거래행위로 말미암아 조세의 부담을 부당하게 감소시킨 경우이어야 한다. 여기서 특수관계있는 자란 어느 한 쪽을 기준으로 다음에 해당하는 자인 경우를 말한다. 이는 다른 쪽을 기준으로 하여도 특수관계자에 해당하게 된다는 것을 의미한다.

① 임원의 임면권의 행사, 사업방침의 결정 등 당해법인의 경영에 대하여 사실상 영향력을 행사하고 있다고 인정되는 자와 그 친족
② 주주 등(소액주주 제외)과 그 친족
③ 법인의 임원·사용인 또는 주주등의 사용인이나 사용인외의 자로서 법인 또는 주주등의 금전 기타 자산에 의하여 생계를 유지하는 자와 이들과 생계를 함께하는 친족
④ ①,②,③에 해당하는 자가 총지분의 30%이상을 출자하고 있는 다른 법인
⑤ ④또는 ⑧에 해당하는 법인이 총지분의 50%이상 출자하고 있는 다른 법인
⑥ 당해법인에 50%이상 출자하고 있는 법인에 50%이상 출자하고 있는 법인이나 개인
⑦ 당해법인이 대규모기업집단에 속하는 법인인 경우 그 기업집단에 소속된 他계열회사
⑧ ①내지 ③에 해당자가 이사의 과반수를 차지하거나 출연금의 50%이상을 출연하고 그 중 1인이 설립자로 되어있는 비영리법인

11. 접대비

접대비란 접대·교제비·사례금·기타 명목 여하에 불구하고 이에 유사한 성질의 비용으로서 법인이 업무와 관련하여 지출한 금액을 말한다. 이것은 원칙적으로 손금으로 인정하지만 접대비의 과다지출은 사회적으로 바람직하지 않을 뿐 아니라 기업의 재무구조를 악화시킬 우려가 있으므로 일정한도액내에서 손금산입을 허용하고 있다. 또한 기업이 지출하는 접대비를 수입으로 하는 업체의 매출을 포착하기 위해서 접대비 지출시 신용카드사용을 강제하려고 일정한도 미달사용액을 접대비에서 부인하고 있다. 뿐만아니라, 1회 접대비 지출액 중 1만원(경조금은 20만원)을 초과하는 접대비로서 법정증빙을 수취하지 않은 것은 손금에서 부인하고 있다.

(1) 접대비 한도액 (① + ②)

① | 연 1,200만원(중소기업은 1,800만원[*]) + 수입금액 × 적용율 |

    * 2016.12.31.까지는 2,400만원 인정

② 문화접대비

여기서 수입금액은 기업회계기준에 의한 매출액을 말한다. 그런데 특수관계자와의 거래에서 발생한 수입금액에 대해서는 적용율을 곱한 금액의 20%로 한다.

수입금액 적용율은 수입금액이 100억원 이하인 경우는 2/1,000, 100억원 초과 500억원이하 구간은 1/1,000, 500억원초과분에 대해서는 3/10,000으로 한다.

12. 기부금

기부금이란 특수관계가 없는 자에게 사업과 직접 관계없이 무상으로 지출하는 재산적 증여가액을 말한다. 이것은 업무와 직접 관련 없는 지출이므로 원칙적으로 손금이 인정되지 않지만, 기업 활동의 원활한 수행을 위하여 불가피하게 요구되거나 공익성 있는 지출을 장려하기 위해서 일정한도 내에서 손금으로 인정하고 있다. 법인이 특수관계 없는 자에게 정당한 사유없이 자산을 정상가액보다 낮은 가액으로 양도하거나 높은 가액으로 매입함으로써 실질적으로 증여한 것으로 인정되는 금액에 대해서는 기부금으로 본다. 여기서 정상가액이란 시가에 시가의 30%를 가감한 금액을 말한다.

(1) 기부금의 종류

1) 법정기부금
　① 국가 지방자치단체에 무상으로 기증하는 금품
　② 국방헌금과 국군장병 위문금품
　③ 천재지변으로 인한 이재민 구호금품
　④ 사립학교, 기능대학 등에 지출하는 시설비, 교육비, 연구비, 장학금 등
　⑤ 문화예술진흥기금, 사내근로복지기금, 독립기념관 기부금
　⑥ 사회복지 공동모금회에 지출하는 기부금
　⑦ 특정 연구기관(국립암센터 포함) 등에 대한 기부금 등

2) 지정기부금
　① 비영리법인의 고유목적사업비 지출기부금
　② 학교장 등이 추천하는 개인에게 지출하는 교육비, 연구비, 장학금
　③ 사회복지·문화·예술 등 공익목적 지출금
　④ 임의조직된 조합·협회에 지급한 회비
　⑤ 사내복지근로기금

(2) 기부금의 범위 액

　① 법정기부금 = (기준소득금액 - 이월결손금) × 50%
　② 지정기부금 = (기준소득금액 - 이월결손금 - 법정기부금) × 10%

여기서 기준소득금액은 법정기부금, 지정기부금의 손금산입전의 소득금액을 말한다.

(3) 기부금의 처리

법정기부금과 특례기부금의 한도 초과액은 1년간, 지정기부금의 한도초과액은 3년간 각 사업연도 한도 미달액 범위내에서 이월 공제된다. 지정 또는 비지정기부금을 금전이외의 자산으로 제공한 경우는 당해자산의 가액을 제공 한 때의 시가로 한다. 단, 시가가 장부가액보다 낮은 경우에는 장부가액으로 한다. 그러나 법정기부금은 장부가액으로 한다. 기부금의 귀속시기는 지출한 날이 속하는 사업연도로 한다.

13. 지급이자

원칙적으로 지급이자는 손금이지만, 다음의 이자에 대해서는 조세정책적으로 손금을 부인하고 있다.

(1) 채권자불분명 사채이자

이는 가공채무를 계상하여 소득금액을 감소시키는 행위를 방지하고 지하금융시장을 양성화시키기 위한 것이다.

(2) 지급받은 자가 불분명한 채권, 증권의 이자

이는 채권등의 발행법인이 채권 등의 소지자에게 직접 이자 등을 지급하는 경우에도 실명확인을 하도록 강제하여 금융소득종합과세의 토대를 마련하기 위한 것이다.

(3) 건설자금이자

이는 사업용 고정자산의 매입·제작·건설에 소요되는 차입금에서 발생하는 이자비용으로 기업회계기준과 법인세법 모두 자산의 취득원가에 가산하도록 규정하고 있다. 그러나 재고자산(장기에 한함)과 투자자산에 대해서는 기업회계기준은 자산의 취득원가로, 법인세법은 손금으로 처리하도록 한 점이 다르다. 이러한 건설자금이자는 건설기간(매입,제작기간)중에 발생한 금액에 한하므로, 준공된 후에 남은 차입금에 대한 이자는 손금으로 계상한다. 또한, 일시예금에서 생기는 수입이자는 원본에 가산하는 자본적 지출금에서 차감한다.

(4) 업무무관자산 등에 대한 지급이자

이는 부동산투기를 억제하고 자금을 비생산적으로 활용하는 것을 규제함으로서 기업의 국제경쟁력을 강화하기 위하여 도입된 것으로 업무무관자산을 취득·보유하고 있거나, 특수관계자에게 업무와 관련없는 가지급금 등을 지급하는 경우에 그에 상당하는 지급이자를 부인하는 것이다.

$$\text{손금불산입액} = \text{지급이자} \times \frac{\text{업무무관자산적수} + \text{가지급금적수}}{\text{차입금 적수}}$$

업무무관자산의 가액은 당해자산의 취득가액(고가매입의 경우 시가초과액을 포함)으로 하며, 업무와 관련 없이 지급한 가지급금 등이란 명칭여하에 불구하고 당해법인의 업무와 관련이 없는 자금의 대여액을 말한다. 이는 특수관계자에 대한 대여금에 한하며, 이자의 수령여부는 묻지 않는다. 이때 동일인에 대한 가지급금 등과 가수금이 함께 있는 경우에는 이를 상계한 후의 잔액을 "가지급금 등"으로 한다.

제3절 법인세액의 계산

1. 과세표준

법인세의 과세표준은 각 사업연도소득금액에서 이월결손금, 비과세소득 및 소득공제를 순차적으로 공제하여 계산한다.

(1) 이월결손금

결손금의 공제방법에는 이월공제와 소급공제가 있는데 이월공제는 당해 사업연도에서 발생한 결손금을 그 후의 사업연도에 발생하는 각 사업연도소득에서 공제하는 방법이고, 소급공제는 당해사업연도에 발생한 결손금을 이전의 사업연도에 발생한 각 사업연도소득금액에서 공제하는 방법이다. 각 사업연도 소득금액에서 공제되는 이월결손금은 당해 사업연도 개시일전 10년이내에 개시한 사업연도에서 발생한 이월결손금으로서 그 후의 사업연도의 과세표준에서 공제하지 아니한 금액을 말한다. 이월결손금 중 발생연도가 다른 경우에는 먼저 발생한 사업연도분 이월결손금부터 순차적으로 공제하여야 한다. 이월결손금은 5년이내에 임의로 선택해서 공제받을 수 없으므로 당해 사업연도로 이월된 공제가능한 이월결손금이 있는 경우 반드시 이를 당해 사업연도에 공제하여야 한다.

법인간의 합병으로 결손금이 많은 법인을 합병법인으로 하여 합병하고 2년이내에 합병법인의 상호를 피합병법인의 상호로 변경하는 경우에는 조세회피 목적의 합병으로 보아 결손금 공제를 배제한다. 또한 법인세 과세표준을 추계결정 또는 추계경정하는 경우에는 이월결손금을 공제하지 아니하고, 그 후의 사업연도에서 공제할 수 있다.

중소기업이 각 사업연도에 결손금이 발생한 경우에 그 결손금에 대하여는 일정한 금액을 환급신청할 수 있다. 이 경우 당해 결손금에 대하여는 이월결손금의 과세표준공제 규정을 적용함에 있어서 공제받은 금액으로 본다. 이를 결손금 소급공제라고 한다. 소급공제기간은 1년이며, 이와 같은 소급공제를 받고자 하는 경우에는 법인세 신고기한 내에 결손금이 발생한 사업연도와 그 직전 사업연도의 소득에 대한 법인세 과세표준 및 세액을 각각 신고한 경우에 한하여 반드시 법인세 신고기한 내에 환급신청을 하여야 한다. 결손금 소급공제에 의한 환급을 받고자 하는 법인은 소급공제 법인세액 환급신청서를 납세지 관할세무서장에게 제출하여야 한다. 환급세액은 [산출세액－(과세표준-소급공제 결손금)×세율]로 하되 산출세액, 과세표준, 세율은 모두 직전사업연도 것을 말한다. 이 때 환급세액은 직전 사업연도의 법인세 결정세액을 한도로 한다.

(2) 비과세소득

비과세소득이란 조세정책상 국가가 처음부터 과세권을 포기한 소득을 말한다. 법인세법상 비과세소득으로는 공익신탁재산에서 생기는 소득이 있다.

(3) 소득공제

소득공제란 특정산업의 육성과 재무구조개선 등 조세정책적 목적에 의하여 일정한 소득에 대해 법인세를 부과하기 위하여 법인세의 과세표준을 계산할 때에 각 사업연도소득금액에서 공제하는 제도를 말한다. 현행 법인세법상 소득공제는 유동화 전문회사 등에 대한 소득공제가 있고, 조세특례제한법상 소득공제에는 기업구조조정 증권투자회사의 소득공제 등이 있다.

2. 산출세액

과세표준에 세율을 적용하여 계산하는데, 과세표준 2억원 이하는 10%, 2억원 초과 200억원 이하는 20%, 200억원 초과분에 대해서는 22%의 세율로 한다. 사업연도가 1년 미만인 경우의 산출세액 계산시 월수는 역에 따라 계산하되 1월미만의 일수는 1월로 한다. 또한 토지 등 양도소득에 대한 법인세가 있으면 여기에 가산하여 계산한다.

3. 차가감납부세액

법인세 산출세액에서 면제세액, 감면세액, 세액공제를 차감하고 감면분 추가
납부세액을 가산하면 총부담세액이 되고 여기에서 기납부세액을 차감하면 차
가감납부세액이 된다. 기납부세액에는 중간예납세액, 원천납부세액, 수시부과
세액이 있다.

(1) 감면세액

감면세액이란 법인세의 산출세액 중 세법상 특정소득에 대한 세액의 전부
또는 일부를 당해 산출세액에서 경감해 주는 금액을 말한다. 여기서 감면이라
함은 감면대상소득에 대한 산출세액의 일부를 경감하거나 산출세액의 전부를
일정기간 동안 경감하는 것을 말한다.

(2) 세액공제

세액공제란 법인세 산출세액에서 일정액의 세액을 직접 공제함으로써 법인
세의 부담을 경감시켜 주는 제도를 말한다.

1) 외국납부세액공제

내국법인이 외국에 지점이나 영업소를 가지고 있는 경우에 그 지점 등에서
발생한 소득에 대하여 그 나라의 세법에 따라 법인세 또는 이와 유사한 조세
를 납부하게 되고 다시 우리나라에서 각 사업연도 소득계산시 합산하게 된다.
그 결과 내국 법인의 국외사업장에서 생긴 소득에 대하여는 이중으로 과세하
게 된다. 그래서 외국에서 납부한 세액을 우리나라 법인세액 계산시 공제를 해
주는 것이다. 현행 법인세법상 공제방법에는 법인세 산출세액에서 세액공제를
해주는 방법과 각 사업연도 소득금액 계산상 손금산입 하는 방법이 있다. 외국

납부세액이 공제한도를 초과하는 경우 그 초과하는 금액은 당해사업연도의 다음 사업연도부터 5년 이내에 종료하는 각 사업연도에 이월하여 그 이월된 사업연도의 공제한도 범위내에서 공제받을 수 있다.

2) 재해손실세액공제

내국법인이 각 사업연도 중 천재·지변·기타 재해로 인하여 사업용 자산(토지 제외)의 20%이상을 상실하여 납세가 곤란하다고 인정되는 경우에 그 재해상실비율에 해당하는 법인세를 산출세액에서 공제하는 제도이다.

3) 표준세액공제

성실중소법인(조세특례제한법에서 규정하는 법인의 경우)에 대하여는 각 사업연도 소득에 대한 법인세의 산출세액에 25%(수도권 소재법인은 15%)를 곱하여 산출한 금액을 산출세액에서 공제한다.

4) 수입금액증가 세액공제

성실중소법인이 법인세 과세표준신고시 신고한 당해 사업연도의 수입금액이 직전사업연도의 수입금액보다 15%이상 초과하는 경우 다음 산식에 따라 계산한 15%이상 초과하는 겨우 다음 산식에 따라 계산한 금액을 산출세액에서 공제한다.

$$\text{당해사업연도의 산출세액} \times \text{직전사업연도의 수입금액의 } \tfrac{115}{100} \text{를 초과하는 금액} \div \text{당해사업연도 수입금액}$$

(3) 원천납부세액

이자소득과 증권투자신탁의 수익분배금을 내국법인에게 지급하는 자는 그 지급하는 금액에 14%(단, 비영업대금이익은 25%)를 적용하여 계산한 금액에 상당하는 법인세를 원천징수하여 그 징수일이 속하는 달의 다음달 10일까지 납세지 관할 세무서장에게 납부하여야 한다. 원천징수를 함에 있어서 채권 등의 이자소득금액에 대한 원천징수대상소득은 법인이 채권 등을 취득하여 보유한 기간에 발생한 소득을 말한다.

(4) 중간예납세액

법인세는 사업연도가 종료하면 그 사업연도의 법인세를 확정하여 신고납부하는 것이 원칙이다. 그러나 사업연도의 기간이 6월을 초과하는 법인은 당해사업연도의 개시일로 부터 6개월을 중간예납기간으로 하여 당해 사업연도에 납부하여야 할 세액의 일부를 일정한 계산방법에 따라 납부하도록 규정하고 있는데 이를 중간예납제도라고 한다. 중간예납세액의 계산은 직전사업연도의 법인세 납부실적을 기준으로 하는 방법과 가결산에 의하는 방법으로 한다. 중간예납세액은 중간예납기간이 경과한 날로부터 2월 이내에 신고납부하여야 한다.

(5) 수시부과세액

법인세는 사업연도 단위로 과세하므로 사업연도가 종료되기 이전에는 과세되지 않는 것이 원칙이다. 그러나 사업연도 중에 조세포탈의 우려가 있는 경우 또는 외국군 등에 대한 군납시 조세채권확보를 위하여 수시로 법인세를 부과할 수 있는데 이를 수시부과라고 한다.

제4절 기타의 법인세

1. 토지 등 양도소득에 대한 법인세

법인이 보유한 비사업용 토지 또는 법령에서 정하는 주택(부수토지 포함)을 양도하는 경우에는 해당 부동산의 양도소득에 대하여 각 사업연도 소득에 대한 법인세 외에 추가로 법인세를 납부하여야 한다. 다만, 2009. 3. 16.부터 2012. 12. 31.까지 양도하는 경우 및 2009. 3. 16.부터 2012. 12. 31.까지 취득한 자산을 양도함으로써 발생하는 소득에 대하여는 법인세 추가과세를 적용하지 않는다.

토지 등 양도소득에 대한 법인세는 양도가액에서 양도당시의 세무상 장부가액을 차감한 금액에 세율을 곱하여 계산하는 구조로 되어 있다. 2 이상의 토지 등을 양도하는 경우에 양도한 자산별로 양도소득을 합산한 금액으로 하며, 양도한 자산 중 양도차손이 있는 토지 등의 경우 ① 양도차손이 발생한 자산과 같은 세율을 적용받는 자산의 양도소득 ② 양도차손이 발생한 자산과 다른 세율을 적용받는 자산의 양도소득에서 순차로 차감하여 토지 등 양도소득을 계산한다.

하나의 자산이 둘 이상에 해당하는 때에는 그 중 높은 세율을 적용한다. 과세대상자산별로 세율을 정리하면 다음 표와 같다.

과세대상자산	세율		
	2009. 3. 16.~ 2012. 12. 31. 양도 자산	2013. 1. 1.~ 2013. 12. 31. 양도 자산	2014. 1. 1. 이후 양도 자산
(1) 투기지역에 있는 부동산 • 지정지역에 있는 주택 • 지정지역에 있는 비사업용 토지 • 지가급등지역에 있는 부동산	10%	30% (미등기 40%)	10% (미등기 40%)
(2) 투기지역 외의 주택	-		
(3) 투기지역 외의 비사업용 토지	-		

* 법인세법 제25조제1항제1호에 따른 중소기업이 (2)주택 또는 (3)비사업용 토지(미등기 토지 등은 제외한다)를 2015년 12월 31일까지 양도하는 경우에는 토지 등 양도소득에 대한 법인세를 추가 과세하지 아니함(법인세법 부칙 제8조 단서, 법률 제12166호, 2014.1.1.)

2. 청산소득에 대한 법인세

청산소득이란 법인의 해산 또는 합병에 의한 잔여재산가액 또는 합병대가가 해산일 또는 합병일 현재 자기자본총액을 초과하는 경우 그 초과하는 금액을 말한다. 청산소득은 물가상승 등으로 인한 미실현이익 혹은 각 사업연도에 포착되지 않은 나머지 부분이 청산시점에서 실현된 것으로 본다. 이러한 청산소득에 대한 법인세 과세는 각 사업연도소득에 대한 법인세에 의하여 과세되지 못한 소득을 과세대상으로 하므로 각 사업연도소득에 대한 법인세의 보완역할을 하게 된다. 청산소득에 대한 법인세납세의무는 영리내국법인에만 있다.

(1) 과세표준

① 해산시는 잔여재산가액에서 해산등기일 현재의 자기자본총액을 차감한 금액
② 합병시는 합병대가에서 합병일 현재의 자기자본총액을 차감한 금액
③ 회사가 계속되는 경우에는 해산일로부터 사업계속등기일 사이에 분배한 잔여재산의 분배액에서 해산일 현재의 자기자본총액을 차감한 금액

여기서 잔여재산의 가액은 자산총액에서 부채총액을 공제한 금액을 말한다. 이 때 자산총액이라 함은 해산일 현재의 자산의 합계액으로 한다. 합병의 대가란 피합병법인의 주주 또는 출자자가 합병법인으로부터 받는 합병교부주식의 액면가액, 포합주식의 취득가액, 합병법인이 납부하는 피합병법인의 청산소득에 대한 법인세 및 그에 부가되는 주민세·금전·기타 자산 가액의 합계액을 말한다. 자기자본 총액이란 해산등기일 현재의 납입자본금 또는 출자금과 잉여금의 합계액을 말한다. 미공제이월결손금이 있는 경우에는 잉여금의 범위내에서 자기자본과 이월결손금을 상계하여야 한다.

(2) 신고납부

청산소득에 대한 법인세의 납세의무가 있는 내국법인은 해산의 경우에는 잔여재산가액 확정일로부터 3월 이내, 회사계속의 경우는 사업계속등기일로 부터 3월 이내, 합병의 경우는 합병등기일로 부터 3월 이내에 청산소득에 대한 법인세 과세표준과 세액을 신고납부하여야 한다. 해산시 잔여재산가액이 확정되기 전에 일부를 분배한 경우에는 분배한 날, 해산일로부터 1년이 되는 날까지 잔여재산가액이 확정되지 않은 경우에는 그 1년이 되는 날로 부터 1월 이내에 청산소득에 대한 중간신고를 하고 세액을 납부하여야 한다.

3. 비영리법인의 법인세

비영리법인은 그 법인의 정관 또는 규칙상의 사업목적에도 불구하고 세법이 규정한 수익사업 또는 수입에서 생긴 소득에 대하여만 법인세를 부과한다. 비영리법인의 수익사업소득은 세법에서 한정적으로 열거하고 있으며 이에 해당하지 않는 소득은 과세하지 않는다. 비영리법인이 수익사업을 영위하는 때에는 자산·부채 및 손익을 당해 수익사업에 속하는 것과 비수익사업에 속하는 것을 각각 별개의 회계로 구분하여 경리하여야 한다. 수익사업과 비수익사업에 공통으로 사용되는 자산과 부채는 이를 수익사업에 속하는 것으로 한다. 수익사업과 비수익사업에 공통되는 익금은 수입금액 또는 매출액에 비례하여 안분계산한다. 공통손금은 업종이 동일한 경우에는 수입금액 또는 매출액에 비례하여 안분계산하고, 업종이 다른 경우에는 개별손금액에 비례하여 안분계산한다.

비영리법인은 고유목적사업준비금을 설정할 수 있고, 이자소득에 대해서 과세표준을 신고하지 아니하고 완납적 원천징수로 15%를 납부함으로써 납세의무를 종결할 수 있다. 부동산 등 양도소득에 대한 과세특례를 적용할 수 있으며, 대차대조표 공고의무도 없다.

4. 외국법인의 법인세

외국법인이 국내에서 영업을 하는 경우에는 내국법인과의 형평을 고려하여 국내에서 발생한 각 사업연도소득인 국내원천소득에 대하여 법인세를 과세하고 있다. 국내원천소득이란 소득발생의 원천 또는 결정적 기준이 국내에 있는 소득을 가리킨다. 법인세법은 국내원천소득의 범위를 제한적으로 열거하고 있다. 외국법인에 대한 과세방법은 종합과세와 분리과세로 나누어진다. 외국법인의 국내사업장이 있는 경우 그 국내사업장에 귀속되는 소득과 국내사업장은 없으나 부동산소득 또는 산림소득이 있는 외국법인의 소득에 대해서는 종합과세를 하고 그 이외의 소득에 대해서는 소득별로 완납적 원천징수로 분리과세를 한다.

외국법인의 국내지점의 유보이익을 배당으로 간주하여 과세하는 일정한 부가세를 지점세라 한다. 이는 외국법인의 현지법인에 대해서는 법인세를 과세한 후 그 배당소득에 대하여 별도로 과세하나 지점형태로 진출한 경우에는 유보이익 혹은 배당가능이익에 대해서 비과세함으로써 세부담에 불공평이 발생하게 된다. 이를 시정하기 위하여 외국법인의 지점에 대해서 지점세를 일반법인세에 추가하여 과세한다.

5. 동업기업 과세특례

동업기업을 도관(Pass-through entity)으로 보아 동업기업에서 발생한 소득에 대해 동업기업 단계에서는 과세하지 않고, 이를 구성원인 동업자에게 귀속시켜 동업자별로 과세하는 제도이다.

☞ 2009.1.1. 이후 개시하는 과세연도분부터 적용함

가. 적용범위

[1] 동업기업이란(조특법§100의 14)

○ 2명 이상이 금전이나 그밖의 재산 또는 노무 등을 출자하여 공동사업을 경영하면서 발생한 이익 또는 손실을 배분받기 위하여 설립한 단체를 말한다.

[2] 동업기업의 범위(조특법§100의 15)

○ 다음 하나에 해당하는 조합이나 인적회사적 성격이 있는 법인

1. 「민법」에 따른 조합 및 「상법」에 따른 익명조합
2. 「상법」에 따른 합명회사 및 합자회사
3. 전문인적용역을 주로 제공하는 아래에 해당하는 단체
   - 변호사법에 의한 법무법인 및 법무조합
   - 변리사법에 따른 특허법인
   - 공인노무사법에 따른 노무법인
   - 법무사법에 따른 법무사합동법인
   - 전문적인 인적용역을 제공하는 법인으로서 법무법인(유한), 특허법인(유한), 회계법인, 세무법인, 관세법인

* 「자본시장과 금융투자업에 관한 법률」에 따른 투자조합·투자익명조합·투자합자회사는 적용대상에서 제외하고 사모투자전문회사(PEF)는 적용대상에 포함

○ 동업기업 과세특례를 적용받고자 하는 경우 최초 사업연도 개시일 이전(설립 과세연도 개시일 이후 1개월 이내)에 신청하여야 함

(조특법§100의 17)

　　* 2009.1.31 이전 개시 사업연도부터 적용받고자 하는 경우
최초 적용 사업연도 개시일 이후 1개월 이내 신청

제5절 신고·납부

법인세의 납세의무가 있는 법인은 각 사업연도 종료일로부터 3월 이내에 법인세 과세표준과 세액을 서면으로 정부에 신고하고 차가감납부세액을 과세표준신고기한내에 자진납부하여야 한다. 정부는 납부하여야 할 세액의 전부 또는 일부를 납부하지 아니한 때에는 그 미납된 부분의 법인세액을 그 납부기한이 경과한 날로부터 2월이내에 징수하여야 한다.

법인세는 신고납부방식에 의해 세액이 확정되므로 납세의무자인 법인이 과세표준과 세액을 정부에 신고하는 때 과세표준과 세액이 확정되는 효력이 있다. 그러나 신고하지 아니하거나 신고내용에 오류·탈루가 있는 경우에는 납세지 관할세무서장 또는 관할 지방국세청장은 유보하고 있던 과세권을 행사하게 되는데 이를 결정·경정이라 한다. 결정·경정하는 경우에 근거과세의 원칙에 따라 신고서 및 그 첨부서류나 장부, 기타 증빙서류에 근거하여야 한다. 다만, 장부, 기타 증빙서류에 의하여 소득금액을 계산할 수 없는 경우에는 예외적으로 추계에 의하여 결정·경정할 수 있다.

이상에서 설명한 법인세과세표준말 세액계산구조를 표로 표시하면 다음과 같다.

법인세과세표준 및 세액계산구조표

② 자진신고납부의 경우

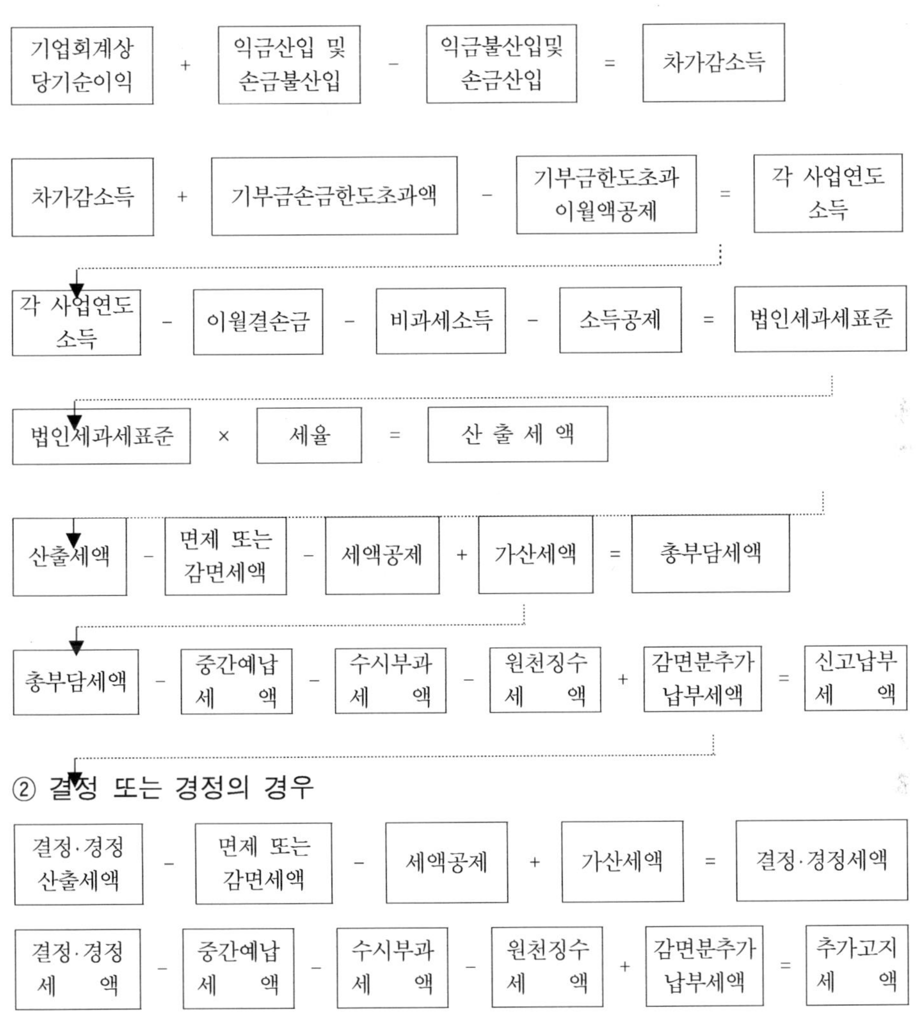

② 결정 또는 경정의 경우

1. 다음은 법인세에 대한 설명이다. 틀린 것은?

① 법인세는 법인을 납세의무자로 하여 법인의 가득한 소득에 대해서 부과하는 국세로 일종의 소득세이다.

② 소득세법은 매년1.1~12.31까지를 과세연도로 하여 획일적으로 규정하고 있고, 법인세법은 1년이내의 범위이내에서 임의로 과세기간을 정하도록 하고 있다.

③ 법인세는 부동산의 양도차익에 대해서 부동산 투기를 억제하기 위하여 각 사업연도소득에 대한 법인세에 토지 등 양도 차익에 대한 법인세를 동시에 이중으로 과세하고 있다.

④ 법인세법은 순자산증가설의 입장을 취하기 때문에 과세소득에서 제외하도록 한 법에 열거된 것을 제외한 모든 소득에 대해서 각 사업연도소득에 대한 법인세를 부과하고 있다.

⑤ 법인세의 납세의무가 있는 법인은 각 사업연도 재무제표보고일로 부터 2월이내에 법인세 과세표준과 세액을 서면으로 정부에 신고하고 차감납부할 세액을 과세표준 신고기한내에 자진 납부하여야 한다.

2. 법인세의 납세의무자에 대한 설명이다. 틀린 것은?

① 법인이란 법에 의하여 권리능력이 부여된 단체를 말하는데 원칙적으로 설립등기를 하여야 법인이 성립하게 됩니다.

② 법인세법에서는 설립등기를 하지 않은 일정한 단체에 대해서는 법인으로 의제하여 법인세법을 적용하도록 하고 있다.

③ 법인세법에서는 일정한 요건을 갖춘 종교단체, 종중, 향우회 등의 경우에는 관할세무서장의 승인을 얻으면 법인으로 볼 수 있도록 하고 있다.

④ 법인세법은 영리법인에 대해서는 당해 법인에 귀속되는 모든 소득에 대하여 각 사업연도의 소득에 대한 법인세를 과세하지만, 비영리법인에

대해서는 그 법인의 정관 또는 규칙상의 사업목적에도 불구하고 법인세법에서는 규정하는 수익사업에서 발생하는 소득에 대해서만 각 사업연도에 대한 법인세를 과세하며, 법인이 청산하는 경우 청산소득에 대한 법인세도 납부하여야 한다.

⑤ 지정지역내에서는 법인이 토지 및 건물 등을 양도하는 경우 각 사업 연도에 대한 법인세뿐만 아니라 토지 등 양도차익에 대한 법인세를 부과하여 부동산 투기를 억제하고 있다.

3. 법인세법상의 각 사업연도 소득금액의 계산에 대한 설명이다.
   틀린 것은?

① 각 사업연도 소득금액은 그 사업연도의 익금총액에서 손금총액을 공제하여 계산하며, 이 경우 익금은 순자산을 증가시키는 거래로 인하여 발생하는 수익금액을, 손금은 순자산을 감소시킨 손비를 말한다.

② 현재 각 사업연도 소득금액의 계산은 기업회계에 따라 작성된 손익계산서상의 당기순이익을 기초로 하여 회사결산내용과 법인세법과의 차이만을 세무조정하는 간접법에 의하여 산정하고 있다.

③ 세무조정사항에는 결산조정사항과 신고조정사항으로 구분하는데 결산조정사항이란 결산상 비용으로 회계처리하지 않는 경우에는 손금산입할 수 없는 항목을 말하고 신고조정사항이란 결산내용이 세법과 일치하지 않는 경우 세무조정계산서상 그 차이를 세무조정할 수 있는 항목을 말한다.

④ 법인세법상의 소득처분은 세무조정사항에 대하여 숨은 귀속자에게 소득세를 과세함으로써 과세형평을 도모하고 적정한 법인의 소득금액을 계산하는 것을 목적으로 한다.

⑤ 소득처분절차에 의하여 소득이 사외로 유출되었으면 귀속자에게 소득세를 부과하고 소득이 기업의 내부에 남아있으면, 귀속자가 없으므로 추가적인 관리를 필요로 하지 않는다.

4. 법인세법상의 소득처분에 대한 설명이다. 틀린 것은?

① 유보는 익금산입 및 손금불산입으로 과세된 소득이 기업내부에 남아서 세무상 자산을 증가시키거나 채무를 감소시킴으로써 세무상 자본을 증가시킬 때 행하는 소득처분이다.

② 배당은 익금산입 및 손금불산입으로 생긴 세무상의 소득이 사외로 유출되어 출자자(출자임원의 경우도 포함)에게 귀속되었다고 인정되는 경우는 배당소득으로 소득처분되어 그 귀속자에게 배당소득으로 소득세가 과세되며, 법인은 원천징수의무를 지게된다.

③ 상여는 익금산입 및 손금불산입으로 생긴 세무상의 소득이 사외로 유출되어 임원 또는 사용인에게 귀속되었다고 인정되는 경우의 소득처분으로 그 귀속자에게 근로소득으로 소득세가 과세되며, 법인은 원천징수의무를 지게된다.

④ 기타사외유출은 익금산입 및 손금불산입으로 생긴 세무상의 소득이 내국법인 또는 외국법인의 국내사업장의 각 사업연도 소득이나 거주자 또는 비거주자의 국내사업장의 사업소득을 구성하는 경우의 소득처분으로 그 귀속자에게 소득세를 부과하지 않으며, 그 이후연도에도 사후관리하지 않는다.

⑤ 부(-)의 유보는 손금산입 및 익금불산입으로 생긴 세무상의 소득적 소득이 기업내부에 남아서 세무상 자산을 감소키거나 부채를 증가시킴으로써 세무상 자본을 감소시키는 경우의 소득처분으로 그 이후의 사업연도의 세무조정시에 반대의 세무조정으로 소멸하게 된다.

5. 다음 중 법인세법상에 규정된 익금항목이 아닌 것은?
① 자본 또는 출자의 납입
② 자산의 양도 금액
③ 자산의 임대료와 간주임대료
④ 유가증권의 저가매입에 따른 이익(특수관계의 개인으로부터)
⑤ 의제배당

6. 다음 중 법인세법상에 규정된 손금불산입 항목이 아닌 것은?

　　① 주식할인발행차금

　　② 법인세비용

　　③ 업무와 관련없는 경비

　　④ 양도자산의 장부가액

　　⑤ 일정한 비용의 법인세법상의 한도 초과액

7. 다음 중 법인세법상 익금산입항목이 아닌 것은?

　　① 자산수증이익

　　② 유가증권의 저가매입에 따른 이익(특수관계의 개인으로부터)

　　③ 부가가치세의 매출세액

　　④ 의제배당

　　⑤ 간주임대료

8. 다음은 법인세법상의 손익의 귀속시기와 자산·부채의 평가에 대한 설명이다. 틀린 것은?

　　① 기업회계에서는 손익의 귀속시기를 발생주의에 의하지만, 세법에서는 익·손금의 위속시기를 권리·의무의 확정주의에 의하고 있다.

　　② 일반적으로 공정타당하다고 인정되는 기업회계의 기준을 적용하거나 관행을 계속적으로 적용하여온 경우에는 법인세법 및 조세특례제한법에 의해서 달리 규정하고 있는 경우를 제외하고는 당해 기업회계기준 또는 관행에 따르도록 하고 있다.

　　③ 자산 임대수익의 손익귀속시기는 계약조건에 따라 받기로 한 날이다.

　　④ 장기할부조건에 따른 판매손익의 귀속시기는 각각의 금액을 받기로 한 날이다.

　　⑤ 법인세법은 현재가치평가에 대한 규정을 두고 있지 않지만, 기업회계 기준에 따라 현재가치로 평가한 경우에는 그대로 인정한다.

9. 다음은 법인세법상의 재고자산과 유가증권의 평가에 대한 설명이다. 잘
못 설명하고 있는 것은?

① 재고자산의 평가는 제품(상품), 반제품(재공품), 원재료, 저장품의 각 자
산별로 또는 영업장별로 각기 다른 평가방법으로 할 수 있다.

② 법인세법에서 인정하고 있는 재고자산의 평가방법에는 개별법, 선입선출
법, 후입선출법, 총평균법, 이동평균법, 매가환원법, 저가법이 있는데, 이
중에서 선택하여 평가할 수 있는 것이다.

③ 법인세법에서는 순실현가능액이 원가보다 작은 경우에는 저가법으로 강
제적으로 평가하여야 하지만, 기업회계기준에서는 저가법으로 평가를 할
수도 있는 임의규정이다.

④ 법인이 기한내에 평가방법을 신고하지 않은 경우에는 부동산은 개별법,
기타의 재고자산은 선입선출법으로 평가하고, 기한내 평가방법 변경신고
를 하지 아니하고 변경한 경우에는 무신고시의 평가방법과 당초 신고한
평가방법 중 큰 금액으로 평가한다.

⑤ 유가증권의 평가는 총 평균법, 이동평균법, 개별법(채권의 경우에 한함)
중에서 선택하여 평가방법을 신고하되, 신고하지 않은 경우에는 총 평균
법으로 평가한다.

10. 다음은 법인세법상의 유형자산과 무형자산의 감가상각에 대한 설명이
다. 잘못 된 것은?

① 자산의 내용연수와 잔존가액을 법정하고서, 감가상각의 과소상각은 규
제하지 않고 과대상각만을 규제하고 있어서 법정 한도 내에서는 임의
로 상각을 할 수 있다.

② 과거에 과소상각으로 내용연수가 경과한 이후에도 미상각잔액이 남아
있는 경우에는 감가상각을 할 수 있다.

③ 법인세법에서 규정한 내용연수를 기준내용연수라고 하고, 이 기준 내용
연수의 25% 범위내에서 회사실정에 맞게 선택하여 신고하고 적용할 수
있는데, 이를 신고 내용연수라고한다.

④ 감가상각방법을 변경하고자 하는 경우에는 일정한 요건을 충족된 경우에 한해서, 변경할 상각방법을 적용할 사업연도의 종료일 이전 3월이 되는 날까지 감가상각방법변경신고를 하여 관할 세무서장의 신고만 하면 된다.

⑤ 법인세가 면제 또는 감면되는 사업을 영위하는 법인은 감가상각비를 계상하지 아니하거나 과소계상한 경우라 할지라도 상각범위액까지는 감가상각한 것으로 의제한다.

11. 다음은 법인세법상의 세무조정과 관련된 내용이다. 설명이 잘못된 것은?

① 감가상각자산의 취득원가와 자본적 지출을 비용으로 계상한 경우에는 이를 감가상각한 것으로 보아 시부인계산한다.

② 외화자산·부채는 그 평가기준일의 기준환율이나 재정환율을 적용하나 그 기준일이 공휴일인 경우에는 그 다음날의 환율을 적용하여 평가하여야 한다.

③ 준비금이란 중소기업, 기술개발, 외화획득의 지원 등 조세정책적 목적에서 조세의 납부를 일정기간 동안 유예하는 제도로서 법인세법상의 준비금은 타당한 회계처리로 인정되지 않으므로 결산상 비용으로 계상하지 않아도 된다.

④ 일시상각충당금은 그 자산의 감가상각비와 상계되므로 내용연수동안 점차로 과세되고, 비상각자산에 대해서 설정하는 압축기장충당금은 그 자산의 양도시 전액 환입하게 된다.

⑤ 부당행위계산이란 사계약상 적법하게 성립된 거래라 하더라도 세법상 관점에서 볼 때 비정상적인 것으로 조세의 부담을 감소시킨 경우에는 이를 부인하고 합리적인 방식으로 계산하려는 것을 말한다.

12. 다음은 법인세법상의 충당금에 대한 설명이다. 틀린 것은?

① 법인세법에서 규정하고 있는 퇴직급여충당금, 대손충당금, 구상채권 충당금, 일시상각 충당금 외에도 기업회계에 의해서 회계처리한 충당금은

인정하고 있다.

② 법인세법은 대손충당금으로 기업회계기준 및 관행에서 인정하고 있는 채권에 대해서 1%(금융기관은 2%)와 직전사업연도 대손실적율 중 큰 금액으로 설정할 수 있다.

③ 퇴직급여충당금은 퇴직급여 지급대상이 되는 임원 또는 사용인에게 당해 사업연도에 지급한 총급여액의 5%를 설정하되, 일정한도내에서 설정한다.

④ 퇴직급여충당금은 총급여액 기준과 추계액 기준에 의해 산정된 금액중에서 적은 금액을 한도로 설정할 수 있다.

⑤ 일시상각충당금은 국고보조금, 보험차익, 공사부담금, 토지의 평가차액 등에 대해서 자산을 취득할 때 일시에 과세하지 않고 일정기간 과세유예를 하여 주는 제도이다.

13. 다음 자료로 (주)중앙의 2015년도(제3기) 접대비로 계상한 금액 중 손금 부인되는 금액은? 단, (주)중앙은 중소기업이다.

자료 : 2015년도의 손익계산서상 매출액은 ₩3,000,000,000, 접대비 계상액은 ₩25,000,000인데 ₩2,000,000은 이사의 개인카드로 지출한 접대비이다.

① ₩1,000,000　　② ₩2,000,000　　③ ₩3,000,000
④ ₩4,000,000　　⑤ ₩5,000,000

14. 법인세법상으로 기준소득금액의 75%를 한도로 인정하는 법정기부금이 아닌 것은?

① 국가·지방자치단체에 무상으로 기증하는 물품
② 국방헌금과 국군장병 위문금품
③ 천재지변으로 인한 이재민 구호금품
④ 사립학교에 기부하는 시설비, 교육비, 장학금, 연구비
⑤ 사회복지공동모금회에 지출하는 기부금

15. 법인세법상의 지급이자 손금불산입에 대한 설명이다. 설명이 잘못된 것은?

① 가공채무를 계상하여 소득금액을 감소시키는 것을 방지하고 지하금융시장을 양성화하기 위하여 채권자가 분분명한 사채이자는 손금부인한다.

② 금융소득종합과세의 토대를 마련하기 위해서 실명확인을 유도하기 위해 지급받은 자가 불분명한 채권·증권의 지급이자는 손금부인한다.

③ 기업회계기준과 법인세법 모두에서 재고자산(장기에 한함)과 투자자산도 유형자산과 마찬가지로 자산의 건설·제조 등에 소요되는 차입금에서 발생하는 이자비용에 대해서 자산의 취득원가에 가산하도록 하고 있다.

④ 건설자금이자는 건설기간 중의 이자만을 말하며, 준공된 후 남은 차입금 이자는 기간비용으로 처리한다.

⑤ 부동산투기를 억제하고 자금을 비생산적으로 활용하는 것을 규제함으로서 기업의 국제경쟁력을 강화하기 위하여 업무무관자산이나 특수관계자에 대한 업무무관가지급금이 있는 경우 그에 상당하는 지급이자를 손금부인한다.

16. 다음 법인세의 과세표준 계산과 관련된 설명이다. 틀린 것은?

① 법인세의 과세표준은 각 사업연도소득금액에서 이월결손금, 비과세소득, 소득공제를 순차적으로 공제하여 계산한다.

② 결손금의 공제방법에는 이월공제와 소급공제가 있는데, 이월공제는 발생한 이후의 사업연도에서 공제하는 것이고, 소급공제는 이전의 소득금액에서 공제하는 방법이다.

③ 이월결손금은 5년 이내에 임의로 선택해서 공제받을 수는 없으므로 당해 사업연도로 이월된 공제가능한 이월결손금이 있는 경우 반드시 이를 통해 당해사업연도에서 공제하여야 한다.

④ 비과세소득이란 조세정책상 국가가 처음부터 과세권을 포기한 소득을

말하는데, 법인세법상 비과세소득은 공익신탁재산에서 생기는 소득이
있다.

⑤ 특수관계있는 법인간의 합병으로 결손금이 많은 법인을 합병법인으로
하여 합병하고, 2년이내에 합병법인의 상호를 피합병법인의 상호로 변
경하는 경우에는 조세회피목적의 합병으로 보아 결손금공제를 배제한
다.

17. 다음은 법인세액의 계산과 관련된 내용이다. 설명이 잘못된 것은?

① 법인세의 세율은 과세표준 1억원까지는 15%, 1억원 초과분에 대해서는
27%를 적용하되, 사업연도가 1년미만인 경우의 산출세액계산시 월수
는 역에 따라 계산하되 1월미만인 경우의 산출세액계산시 월수는 역에
따라 계산하되 1월미만의 일수는 없는 것으로 한다.

② 법인세산출세액에서 감면세액과 공제세액을 차감하고 감면분 추가납부
세액을 가산하면 총부담세액이 되고, 여기에서 기납부세액을 차감하면
차가감납부세액이 된다.

③ 외국납부세액공제는 공제한도를 초과하는 금액이 있는 경우에는 당해
사업연도의 다음 사업연도부터 5년이내에 종료하는 각 사업연도에 이
월하여 그 이월된 사업연도의 공제한도 범위내에서 공제받을 수 있다.

④ 사업연도가 6월을 초과하는 법인은 당해사업연도 개시일로부터 6개월
을 중간예납기간으로 하여 당해 사업연도에 납부하여야 할 세액의 일
부를 일정한 계산방법에 따라 납부하도록 되어있는데, 이를 중간예납
이라고 한다.

⑤ 사업연도 중에 조세포탈의 우려가 있는 경우 또는 외국군 등에 대한
군납시 조세채권확보를 위하여 수시로 법인세를 부과할 수 있는데 이
를 수시부과라고 한다.

18. 다음은 법인세법에 대한 설명이다. 틀린 것은?

① 청산소득에 대한 법인세는 각 사업연도소득에 대한 법인세에 의하여

과세되지 못한 소득을 과세대상으로 하므로 각 사업연도소득에 대한 보완역할을 수행하게 되는데, 내국법인에 대해서는 영리법인이나 비영리법인 모두 납세의무가 있다.

② 비영리법인은 그 법인의 정관 또는 규칙상의 사업목적에도 불구하고 세법이 규정한 수익사업 또는 수입에서 생긴 소득에 대하여만 법인세를 부과한다.

③ 외국법인이 국내에서 영업을 하는 경우에는 내국법인과의 형평을 고려하여 국내에서 발생한 각 사업연도소득인 국내원천소득에 대하여 법인세를 과세하고 있는데, 국내원천소득의 범위를 제한적으로 열거하고 있다.

④ 외국법인의 국내지점의 유보이익을 배당으로 간주하여 과세하는 일정한 부가세를 지점세라 한다.

⑤ 법인세는 각 사업연도 종료일로부터 3월이내에 법인세 과세표준과 세액을 서면으로 정부에 신고하고 차감납부할 세액을 과세표준신고기한 내에 자진납부하여야 한다.

해답

1. ⑤　 2. ④　 3. ⑤　 4. ②　 5. ①　 6. ④　 7. ③　 8. ④　 9. ③

10. ④　 11. ②　 12. ①　 13. ②　 14. ⑤　 15. ③　 16. ⑤　 17. ①　 18. ①

[문제 1] ㈜서울은 부동산임대업을 주된 사업으로 하는 차입금과다영리법인으로 제
10기 사업연도(1월 1일부터 12월 31일까지)의 임대와 관련한 내용은 다음과 같다.

> (1) ㈜서울의 소유건물은 제9기말에 완공되어 임대사업을 개시하였으며
> 그 당시 임차인으로부터 받은 임대보증금은 5억원이었으나 제10개중(3월 6
> 일) 5억5천만원으로 인상하였다.
> (2) 임차인은 임대보증금 이외에 월 3백만원의 임차료를 지급한다.
> (3) 해당 건물의 신축에 사용한 자금은 총 3억원으로 이 중 2억원은 토지
> 매입대금이다.
> (4) ㈜서울은 임대보증금을 예금·주식등에 투자하여 당사업연도 중 이자수
> 입 7백만원, 배당금수입 5백만원 및 주식처분손실 3백만원이 발생하였다.

위의 자료를 기초로 할 때 ㈜서울의 제10기 사업연도의 임대사업에서 발생
한 익금의 합계는 얼마인가?
(단 기준수입금액 계산시 이자율은 2.9%로 가정)

<풀이>
  1. 임대보증금적수
     5억원× 64일(1/1~3/5)+ 5억5천만원× 301일(3/6~12/31)
     =32,000,000,000+165,550,000,000 = 197,550,000,000
  2. 건설비 상당액 적수: (3억원−2억원)× 365일=36,500,000,000
  3. 임대보증금에 대한 기준수입금액:
   (197,550,000,000−36,500,000,000)× 2.9%× 1/365=12,795,753
  4.간주익금(간주임대료):
   12,795,753−(7,000,000+5,000,000+0)=795,753
  5. 임대사업의 익금 합계=임대료수입+임대보증금운용수입+간주임대료
                    =3,000,000× 12+12,000,000+793,753=48,793,753

[문제 2] 쌍용㈜의 다음 자료를 기초로 기부금 등의 세무조정을 완료한 후의 제10기 사업연도의 소득금액을 계산하면 얼마가 되는가?

> (1) 제10기 중 기부금지출액은 지정기부금 1,000,000원과 이재민 구호금품 1,500,000원 및 국립대학교 총동창회에 대한 기부금 100,000원으로 영업외비용에 계상하였다.
>
> (2) 제9기에 발생한 지정기부금 한도초과액 500,000원이 당기로 이월되었다.
>
> (3) 제10기의 당기순이익은 500,000원이며 기부금 이외의 세무조정사항은 법인세 등 계상액(손금불산입) 500,000원 및 임대보증금의 간주익금(익금산입) 250,000원이다.
>
> (4) 공제가능한 이월결손금은 제8기에 발생한 2,500,000원이다.

<풀이>

사업연도소득금액 = NI + 기부금해당액 + 기부금한도초과를 제외한 세무조정
$$= 500,000 + 2,500,000 + (500,000 + 250,000 + 100,000)$$
$$= 3,850,000원$$

법정기부금한도초과 손금불산입
$$= 1,500,000 - (3,850,000원 - 2,500,000원) \times 50\% = 825,000원$$

지정기부금한도초과 손금불산입
$$= 1,000,000 - (3,850,000원 - 675,000 - 2,500,000원) \times 10\% = 932,500원$$

사업연도소득 = NI + 법인세 + 간주익금 + 비지정기부금 + 법정기부금한도초과 + 지정기부금한도초과
$$= 500,000 + 500,000 + 250,000 + 100,000 + 825,000 + 932,500$$
$$= 3,107,500원$$

[문제 3] 제조업(중소기업 아님)을 경영하는 서울㈜의 제6기 사업연도(2015년 1월 1일부터 6월 30일까지)와 관련한 다음 자료를 기초로 접대비 손금불산입액을 계산하시오.

> (1) 접대비지출액: 80,000,000원. 접대비지출액 중 영수증을 발급받은 1만원 이하의 접대비 6,000,000원이 포함되어 있다.
> (2) 해당 사업연도 장부상 수입금액: 580억원. 560억원의 매출 이외에 수입이자 5억원, 폐품(기계장치) 매각대금 5억원과 비품처분대금 10억원 포함되어 있으며 매출액 중 160억원은 특수관계인과의 거래로 인한 것이다. 또한 해당 사업연도에 장부상 누락으로 인하여 세무조정상 익금산입한 20억원의 매출액이 있다.

<풀이>

(1) 기본금액: $12,000,000 \times 6/12 = 6,000,000$

(2) 수입금액기준 한도액

① 일반수입금액: $580억 + 20억 - 20억 - 160억 = 420억$

② 특정수입금액: 160억

③ 수입금액기준 한도액

$= (0.2억 + 320억 \times 0.1\%) + (80억 \times 0.1\% + 80억 \times 0.03\%) \times 10\%$

$= 52,000,000 \qquad + (8,000,000 + 2,400,000) \times 10\%$

$= 53,040,000원$

(3) 한도액 $= 6,000,000 + 53,040,000 = 59,040,000원$

(4) 접대비 한도초과액 $= 80,000,000 - 59,040,000$

$\qquad = 20,960,000원$ 손금불산입(기타사외유출)

[문제 4] 주권상장법인인 ㈜성심의 다음 자료를 이용하여 지급이자의 손금불산입액을 계산하시오.

1. 차입금 및 지급이자의 내역

차입처	차입금적수	지급이자	연이자율
갑	1,100,000,000	301,370	10%
불분명함	2,500,000,000	1,232,877	18%
병	800,000,000	526,027	24%
정	2,100,000,000	920,548	16%
계	6,500,000,000	2,980,822	

2. 당사업연도(2014.1.1.~12.31) 중 취득·보유한 관련자산 및 자기자본의 적수는 다음과 같다

  (1) 업무무관부동산 적수:　500,000,000

  (2) 가지급금 적수　　:　300,000,000

    자기자본 적수　　: 1,000,000,000

    매출액　　　　　: 100억원

<풀이>

1. 채권자 불분명한 사채이자 손금불산입

1,232,877원을 손금불산입하고 그중 원천징수세액상당액 339,041(25%의 소득세와 소득세의 10%에 해당하는 지방소득세 소득분)은 기타사외유출로 처분하고, 잔액 893,836원은 대표자에 대한 상여로 처분한다.

2. 업무무관자산 등에 대한 차입금이자의 손금불산입(기타사외유출)

$$(2,980,822 - 1,232,877) \times \frac{500,000,000 + 300,000,000}{6,500,000,000 - 2,500,000,000} = 349,589$$

[문제 5] ㈜쌍용은 사업소득에 대하여 법인세의 50%가 5년간 감면되는 법인이다. 다음 자료를 기초로 ㈜쌍용이 2014년 1월에 취득한 생산설비의 제18기 (2014.1.1.~12.31)부터 제19기(2016.1.1.~12.31)까지 각 사업연도의 상각시부인과 세무조정을 실시하시오.

> (1) 감면기간 : 2011.1.1.~2015.12.31(제15기부터 제19기 사업연도까지)
> (2) 생산설비 취득가액 : 10,000,000원
> (3) 감가상각방법 : 정률법
> (4) 신고내용연수 및 상각률 : 8년, 0.313
> (5) ㈜쌍용은 동 생산설비에 대하여 제18기에 4,100,000원, 제19기에 1,050,000원의 감가상각비를 계상하였다.

<풀이>

1. 제18기 상각시부인 세무조정

   상각부인액 $= 4,100,000 - 10,000,000 \times 0.313 = ₩970,000$

   세무조정: 상각부인액 ₩970,000 (손금불산입, 유보)

2. 제19기 상각시부인 세무조정

   상각범위액 $= (10,000,000 - 10,000,000 \times 0.313) \times 0.313$

   $\qquad\qquad = ₩2,150,310$

   시인부족액 $=$ 상각범위액 $-$ 회사계상액

   $\qquad\qquad = 2,150,310 - 1,050,000$

   $\qquad\qquad = ₩1,100,310$

   당기발생 감가상각의제액 $=$ 시인부족액 $-$ 전기 상각부인액

   $\qquad\qquad\qquad = 1,100,310 - 970,000$

   $\qquad\qquad\qquad = ₩130,310$

   세무조정: 전기 상각부인액 ₩970,000과 당기발생 감가상각의제액 ₩130,310 (손금추인, △유보)

[문제 6] ㈜서울이 설비에 대하여 지출하고 비용으로 계상한 수선비 중 3,000,000원
은 자본적지출에 해당한다. 해당 설비의 당기말 장부금액이 14,650,000원 (취득가액
30,000,000원), 전기이월 상각부인액이 5,000,000원, 신고내용연수는 10년이다. 당
기 설비에 대한 감가상각비로 5,250,000원을 계상한 경우 다음 물음에 답하시오.
단, 10년에 해당하는 정률법 상각률은 0.269이며, 사업연도는 1.1-12.31 이다. 정률
법을 적용하는 경우 당기에 필요한 세무조정을 실시하시오.

<풀이>

(1) 자본적지출 적용·배제요건 해당 여부: 300만원 이상, 5% 이상, 주기적
   수선 없음 → 자본적지출 → 즉시상각 의제

(2) 상각범위액 = (장부금액 + 회사계상액 + 전기이월상각부인액
             + 즉시상각의제) × 상각률
           = (14,650,000 + 5,250,000 + 5,000,000 + 3,000,000) × 0.269
           = ₩7,505,100

(3) 상각부인액 = (회사계상 감가상각비 + 즉시상각의제액) − 상각범위액
             = (5,250,000 + 3,000,000) − 7,505,100
             = ₩744,900

(4) 세무조정: 상각부인액 ₩744,900 (손금불산입, 유보)

[문제 7] ㈜강원의 다음 자료를 기초로 대손충당금에 대한 세무조정을 실시하시오.

대손충당금

당기사용액	4,000,000	기 초 잔 액	17,000,000
기 말 잔 액	19,000,000	당기설정액	6,000,000
	23,000,000		23,000,000

⑴ 충당금 기초잔액 중에는 전기에 충당금 손금산입한도 초과액으로 부인된 금액 300만원이 포함되어 있다.

⑵ 기업회계 장부상 대손충당금 설정대상채권은 당기말 현재 10억원, 전기말 현재 8억원이다.

⑶ 당기 사용액 중 2,000,000원은 회수불능상태에 있지 않는 채권을 대손충당금과 상계한 것이다.

<풀이>

1. 설정대상채권

   $= 1,000,000,000 + 2,000,000 = ₩1,002,000,000$

2. 손금산입조정 한도액

   $= 1,002,000,000 × Max[1\%,\ 3백만/8억원] = ₩10,020,000$

3. 한도초과액 = 회사계상액 − 한도액

   $= 19,000,000 − 10,020,000 = ₩8,980,000$

4. 세무조정

   ① 대손충당금 한도초과액　　: ₩8,980,000 (손금불산입, 유보)

   ② 대손충당금 부당상계액　　: ₩2,000,000 (익금산입, 유보)

   ③ 전기대손충당금(과다환입): ₩3,000,000 (손금산입, △유보)

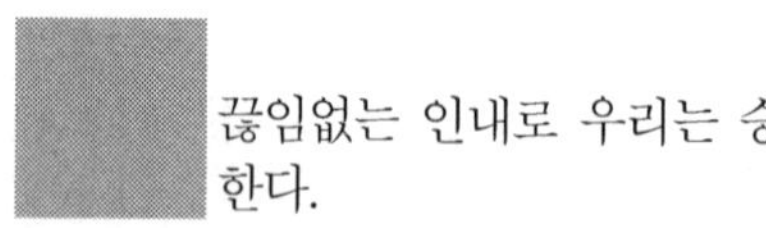

제 5 장 상속세 및 증여세법

상속세 및 증여세법은 상속세와 증여세의 두가지 세목을 규정하고 있어서 1세목 1세법 원칙의 예외를 두고 있는 유일한 세법이다. 상속세는 자연인의 사망에 의하여 상속이 개시된 경우에 상속재산을 과세대상으로 하나 증여세는 증여에 의하여 취득하는 재산을 과세대상으로 하는 조세이다. 증여는 상속세의 회피수단으로 악용되므로 증여세는 상속세의 회피를 방지하는 수단이 된다. 이와 같이 증여세는 상속세의 보완역할을 한다. 최근에는 상속·증여의 포괄주의 과세를 천명하고 나섬으로서 조세회피를 원칙적으로 차단하고자 하였다.

제1절 상속세법

1. 상속세의 기초

(1) 상속세의 의의

상속세는 피상속인의 사망 또는 실종선고에 따른 상속, 유증, 사인증여에 의하여 경제적 가치가 있는 피상속인의 재산이 상속인이나 수증자에게 무상으로 이전되는 것에 대하여 재산을 취득하는 상속인에게 부과하는 조세이다. 상속세의 과세방법에는 유산세 방식과 유산취득세 방식이 있는데 우리나라는 유산세방식을 채택하고 있다.

유산세방식은 피상속인이 남긴 유산총액의 이전을 과세물건으로 하여 피상속인을 기준으로 과세하는 방법이다. 즉 공동상속인 간에 상속재산을 분할하기 전의 유산총액을 과세기초로 하여 세율을 적용하기 때문에 과세표준의 규모가 커지게 된다.

유산취득세방식은 상속인을 기준으로 하여 상속인 각자가 취득한 유산가액을 과세물건으로 하여 과세하는 방법이다. 즉 피상속인의 유산총액과 관계없이 각 상속인별로 분할되어 취득한 재산의 크기에 따라 각자 부담할 상속세가 달라지게 된다. 이는 상속재산의 취득은 불로소득이므로 취득자를 중심으로 과세가액을 계산하고 누진세율을 적용하는 것이 합리적이라는 것에 이론적 근거를 두고 있다.

(2) 민법상의 상속제도

상속재산의 상속순서는 유언상속이 우선이고, 다음이 법정상속이다. 즉, 피상속인은 유언에 의하여 상속인·상속분을 지정할 수 있으며 유언상속이 없는 경우에는 민법의 규정에 따라 상속인·상속분을 결정한다. 유언상속의 경우에는 피상속인의 유언에 따라 상속인·상속분이 결정되므로 여기서는 민법상의 법정상속제도에 대해서만 살펴보기로 한다.

1) 민법상의 상속인과 상속순위

민법에 의할 경우 4촌 이내의 방계혈족까지 법정상속인이 될 수 있으며 그 순서는 다음과 같다.

① 직계비속 → ② 직계존속 → ③ 형제자매 → ④ 4촌 이내의 방계혈족

여기서 피상속인의 배우자는 직계비속 및 직계존속인 상속인이 있는 경우에는 그 상속인과 동 순위로 상속인이 되며, 직계비속 및 직계존속이 없는 경우에는 단속상속인이 된다. 그리고 선순위 상속인이 있는 경우 후순위 상속인은

상속인이 될 수 없으며 같은 순위의 상속인이 여러 명인 경우에는 공동상속인이 된다. 또한 촌수가 다른 직계비속 등이 여러 명인 경우(예컨대, 피상속인의 사망시 아들, 손자, 증손자가 있는 경우)에는 최근친자가 선순위 상속인이 된다.

만약, 상속인이 될 직계비속 또는 형제자매가 상속개시전에 사망하거나 결격자가 된 경우 그 직계비속과 그 배우자가 결격자가 된 자의 순위에 갈음하여 상속인이 되는데, 이를 대습상속이라고 한다.

2) 민법상의 상속지분의 결정

법정상속에 있어서 상속인이 여러 명인 경우에 민법은 그 상속인들이 협의하여 상속재산을 분할할 수 있도록 허용하고 있다. 그러나 이러한 협의가 없는 경우에는 법정상속비율을 균등하게 배분하되, 배우자에 대하여는 직계비속이나 직계존속 상속분의 5할을 가산하도록 하고 있다.

참고로 상속인의 상속분을 계산하면 다음과 같다.

사례 *1* : 상속인이 부·모, 배우자인 경우		사례 *2* : 상속인이 배우자와 자녀 2인인 경우	
부	1.0 (1.0/3.5)	배우자	1.5 (1.5/3.5)
모	1.0 (1.0/3.5)	장 남	1.0 (1.0/3.5)
배우자	1.5 (1.5/3.5)	장 녀	1.0 (1.0/3.5)
계	3.5	계	3.5

(3) 상속세의 과세대상

상속으로 인하여 상속개시일 현재 피상속인이 거주자인 경우에는 피상속인의 모든 상속재산, 피상속인이 유증한 자산, 피상속인의 사망으로 인하여 효력이 발생하는 증여재산에 대해서 상속세를 부과한다. 피상속인이 비거주자인 경우에는 국내에 있는 비거주자의 모든 상속재산에 대해서 상속세를 부과한다.

(4) 상속세의 납세의무자

상속인, 유증을 받는자, 사망으로 인하여 효력이 발생하는 증여재산에 의하여 재산을 취득한 자는 각자가 받았거나 받을 재산의 점유비율에 따라 상속세를 납부할 의무가 있다.

(5) 상속세의 과세 관할

피상속인의 주소지를 관할하는 세무서장이 과세하되 국세청장이 특히 중요하다고 인정하는 것에 대하여는 관할 국세청장이 과세한다.

2. 과세표준의 계산

상속세의 과세표준은 상속세 과세가액에서 상속공제를 차감한 금액으로 한다.

(1) 과세가액의 계산

상속세 과세가액은 상속재산에서 비과세 상속재산을 차감하고 상속개시전 10년내(상속인 이외 5년) 증여재산과 1년 이내 처분가액을 가산하고 공익법인 등의 출연재산과 과세가액 공제액을 차감하여 계산한다.

1) 상속재산
상속세의 과세대상인 상속재산에는 피상속인이 유증한 재산 및 피상속인의 사망으로 인하여 효력이 발생하는 증여재산을 포함한다. 이러한 상속재산에는 피상속인에게 귀속되는 재산으로서 금전으로 환가할 수 있는 경제적 가치가 있는 모든 물건과 재산적 가치가 있는 법률상 또는 사실상의 권리를 포함한다.

그러나 상속재산 중 피상속인의 사망으로 인하여 소멸되는 것은 제외한다.

피상속인의 사망으로 인하여 지급받는 생명보험 또는 손해보험의 보험금으로서 피상속인이 보험계약자가 된 보험계약에 의하여 지급받는 것은 상속재산으로 본다. 피상속인이 신탁한 재산은 상속재산으로 보되, 타인이 신탁의 이익을 받을 권리를 소유하고 있는 경우에는 그 이익에 상당하는 가액을 제외 한다. 퇴직금, 퇴직수당, 공로금, 연금 또는 이와 유사한 것으로서 피상속인에게 지급될 것이 피상속인의 사망으로 인하여 상속인에게 지급되는 것은 상속재산으로 본다.

2) 비과세

전사(戰死, death in battle), 기타 이에 준하는 사망 또는 전쟁, 기타 이에 준하는 공무의 수행 중 입은 부상 또는 질병으로 인한 사망으로 상속이 개시되는 경우에는 상속세를 부과하지 아니한다. 또한 ① 국가, 지방자치단체 또는 공공단체에 유증한 재산 ② 정당에 유증한 재산 ③근로진흥복지기금에 유증한 재산 ④ 불우한 자를 돕기 위하여 유증한 재산 등은 상속세를 부과하지 않는다.

3) 상속개시전 10년 내 증여재산

이는 사망하기 전에 증여를 통해 상속세의 누진부담을 회피하는 것을 방지하기 위한 것으로서 상속개시일전 10년 이내에 피상속인이 상속인에게 증여한 재산가액(상속인이 아닌 자에게 증여한 경우는 5년 이내)은 상속세 과세가액에 산입한다.

4) 1년 또는 2년 내 처분가액

다음에 해당하는 경우에는 이를 상속인이 상속받은 것으로 추정하여 상속세 과세가액에 산입한다.

① 피상속인이 재산을 처분하거나 피상속인의 재산에서 인출한 금액 등이 상속개시일 전 1년 이내에 재산 종류별로 계산하여 2억 원 이상이거나, 상속개시일전 2년 이내에 재산종류별로 계산하여 5억 원 이상인 경우 중 어느 하나

에 해당하는 경우로서 용도가 객관적으로 명백하지 아니한 경우

② 부담한 채무의 합계액이 상속개시일전 1년 이내에 2억원 이상인 경우와 상속개시일 전 2년 이내에 5억 원 이상인 경우 중 어느 하나에 해당하는 경우로서 용도가 객관적으로 명백하지 아니한 경우

여기서 재산종류별이란

가) 현금, 예금 및 유가증권

나) 부동산 및 부동산에 관한 권리

다) 가) 및 나)외의 기타재산으로 구분한 것을 말한다.

또한 용도불분명금액이란 재산의 처분 · 인출 · 채무부담으로 인해 얻은 금액에서 용도가 입증된 금액을 차감한 금액을 말하고, 용도불분명금액이 기준금액에 미달하는 경우에는 상속재산으로 추정하지 않는다. 이때 기준금액이란 ㉠ 처분대금이나 부담채무의 20%와 ㉡ 2억 원 중 적은 금액을 말한다.

5) 공익목적 출연재산의 과세가액 불산입

상속재산 중 피상속인 또는 상속인이 종교, 자선, 학술, 기타 공익을 목적으로 하는 사업을 영위하는 공익법인 등에 출연한 재산의 가액에 대하여는 상속세 과세표준 신고기한 이내에 출연한 경우에 한하여 상속세 과세가액에 산입하지 아니한다. 또한 상속재산 중 상속인 또는 피상속인이 신탁법의 규정에 의한 공익신탁으로서 종교, 자선, 학술, 기타 공익을 목적으로 하는 신탁을 통하여 공익법인 등에 출연하는 재산의 가액은 상속세 과세가액에 산입하지 아니한다.

6) 공과금 등

여기에는 ① 상속개시일 현재 피상속인이 납부할 의무가 있는 것으로서 상속인에게 승계된 조세와 공공요금 ② 피상속인에 대하여 직접 소요된 장례비용 ③ 국가, 지방자치단체 및 금융기관에 의해서 확인되는 채무와 채무부담계약서, 채권자확인서, 담보설정 및 이자지급에 대한 증명서류 등에 의해서 확인되는 채무를 말한다. 여기서 장례비용이 500만원 미만인 경우에는 500만원을, 1,000만원을 초과하는 경우에는 1,000만원만 공제한다.

(2) 상속공제

상속세 과세가액에서 상속공제를 차감하면 상속세 과세표준이 된다. 이 경우 상속공제란 기초공제, 배우자 상속공제, 기타 인적공제, 금융재산상속공제, 재해손실공제를 말한다. 상속공제액은 상속세 과세가액에서 상속세과세가액에 가산한 증여재산가액과 상속인이 아닌 자에게 유증, 사인증여한 가액을 차감한 잔액에 상당하는 금액을 초과할 수 없다. 상속세 과세표준이 50만원 미만이면 상속세를 과세하지 아니한다.

1) 기초공제
거주자의 사망으로 상속이 개시되는 경우에는 상속세과세가액에서 2억원을 공제하는데 이를 기초공제라고 한다.

2) 가업(家業)상속공제
중소기업으로서 피상속인이 10년 이상 경영을 한 경우 다음 중 큰 금액을 상속세과세가액에서 공제한다.
① 가업상속재산가액의 100분의 40에 상당하는 금액 (60억,80억,100억원 한도)
② 2억원, 다만 해당가업상속재산가액이 2억원에 미달하는 경우 그 가업상속재산가액

3) 영농(양축, 양어, 영림) 상속공제
영농상속재산가액, 다만 가액이 5억원을 초과하는 경우에는 5억원을 한도로 한다.

4) 배우자 상속공제
거주자의 사망으로 인하여 상속이 개시된 경우에 배우자가 실제 상속받은 재산의 가액을 상속세 과세가액에서 공제한다. 다만, 그 금액은 ㉠ 기준금액에 배우자의 법정상속분을 곱한 금액에서 증여재산가액 중 배우자에게 증여한 재

산에 대한 증여세과세표준을 차감한 금액과 ⓛ 30억원 중 작은 금액을 한도로
한다. 여기서 기준금액은 총 상속재산가액에서 ⓐ 상속인이 아닌 수유자가 유
증을 받은 재산가액, ⓑ 비과세 상속재산가액, ⓒ 상속세 과세가액불산입 재산
가액, ⓓ 공과금 및 채무를 차감하고, 합산기간 이내에 상속인이 증여받은 재
산가액을 합산한 금액을 말한다. 여기서 배우자의 법정상속분은 민법에 규정
된 배우자의 법정상속분을 말하되, 공동상속인 중 상속을 포기한 자가 있는 경
우에는 그 자가 포기하지 않은 경우의 배우자의 법정상속분을 말한다.
　단, 실제 배우자가 받은 상속재산가액이 5억원에 미달하거나 없는 경우에는
상속세 신고여부와 무관하게 5억원을 공제한다.

(3) 기타 인적공제

　거주자의 사망으로 인하여 상속이 개시되는 경우에는 다음의 금액을 상속재
산가액에서 공제한다. 1년미만의 단수는 1년으로 본다. 기타 인적공제와 기초
공제의 합계액과 일괄공제(5억원) 중 큰 금액을 공제할 수 있다. 다만, 상속세
를 신고하지 않은 경우에는 일괄 공제만을 공제하고, 피상속인의 배우자가 단
독으로 상속받는 경우에는 일괄공제를 공제하지 않는다.
　① 자녀 1인에 대하여 3,000만원
　② 배우자를 제외한 상속인 및 동거가족중 미성년자 1인당 20세에 달할 때
　　까지 연수에 500만원을 곱한 금액
　③ 상속인 및 동거가족 중 60세 이상인자 1인당 3,000만원
　④ 상속인 및 동거가족 중 장애인 1인당 75세에 달할 때까지의 연수에 500
　　만원을 곱한 금액
　기타의 인적공제는 중복 받을 수 없으나 ①과 ②는 중복적용이 가능하고, ④
는 배우자 공제와 다른 인적공제와 중복적용이 가능하다.

(4) 금융재산 상속공제

　일반적으로 부동산은 시가가 확인되지 않으므로 보충적 평가방법에 따라 기

준시가에 의하여 평가하게 되는데 기준시가는 보통 시가에 미달하게 된다. 그러나 금융재산인 경우는 시가대로 평가되므로 상속세의 부담이 많아져 과세형평에 어긋나게 된다. 그래서 상속재산간의 과세형평을 유지하고 저축을 장려하기 위하여 금융재산에 대하여는 금융재산상속공제를 적용한다.

공제대상 금융재산은 금융기관이 취급하는 예금, 적금, 부금, 계금, 출자금, 금전신탁재산, 보험금, 공제금, 주식, 채권, 수익증권, 출자지분, 어음 등의 금전 및 유가증권 등이다. 금융재산 상속공제금액은 순금융재산가액(금융재산가액－금융채무가액)이 2,000만 원 이하인 경우에는 당해금액, 2,000만원 초과하는 경우에는 순금융재산가액의 20% (이 금액이 2,000만원미만인 경우는 2,000만원)를 공제하는데 2억 원을 한도로 한다.

(5) 재해손실공제

거주자의 사망으로 상속이 개시되는 경우로서 신고기한 이내에 화재, 붕괴, 폭발, 환경오염사고 및 자연재해 등으로 인하여 상속재산이 멸실, 훼손된 경우에는 그 손실가액을 상속세 과세가액에서 공제한다. 다만, 손실가액에 대한 보험금 등의 수령 또는 구상권 등의 행사에 의하여 당해 손실가액에 상당하는 금액을 보전 받을 수 있는 경우에는 그러하지 아니한다.

(5) 동거주택 상속공제

상속인이 무주택자로서 상속인과 피상속인이 상속개시일 직전 계속하여 10년이상 동거한 1세대1주택을 상속한 경우 주택가액의 40%(5억원한도)를 동거주택 상속공제로 공제한다.

3. 상속세액의 계산

상속세 과세표준에 세율을 적용하여 상속세산출세액을 계산하고 세액공제를 하면 차감납부할 세액이 된다.

(1) 산출세액

산출세액은 과세표준의 크기에 따라 각각의 초과부분에 대해서 다음의 세율을 적용하여 계산한다.

① 1억원 이하는 10% ② 1억 초과 5억원 이하는 20% ③ 5억초과 10억원 이하는 30% ④ 10억원 초과 30억원 이하는 40% ⑤ 30억원 초과는 50%

상속인 또는 수유자가 피상속인의 자녀를 제외한 직계비속인 경우에는 상속세 산출세액에 상속재산 중 그 상속인 또는 수유자가 받았거나 받을 재산이 차지하는 비율을 곱하여 계산한 금액의 30%에 상당하는 금액을 가산한다.

(2) 세액공제

1) 증여세액공제

상속개시전 10년(상속인 외의 자인 경우는 5년) 이내에 증여한 재산은 상속세를 회피하기 위하여 사전에 증여한 것으로 보아 상속세과세가액에 가산한다. 그런데 증여재산에 대하여는 이미 증여세가 과세되었으므로 이중과세를 방지하기 위하여 증여세 산출세액을 공제한다. 수증자가 상속인이나 수유자가 아닌 경우에는 상속세 산출세액에 상속재산 중 가산한 증여재산이 차지하는 비율을 곱하여 계산한 금액을 한도로 상속세 산출세액에서 공제한다. 수증자가 상속인 또는 수유자인 경우는 상속인 또는 수유자 각자가 납부할 상속세액에 그 상속인 또는 수유자가 받았거나 받을 상속재산 중 가산한 증여재산이 차지하는 비율을 곱하여 계산한 금액을 한도로 그 상속인이 납부할 상속세액에서 공제한다.

2) 외국납부세액공제

외국상속재산에 대하여는 재산 소재지국과 거주지국에서 각각 상속세를 과세하므로 이러한 이중과세를 조정하기 위해서 국외의 상속재산에 대하여 외국의 법령에 의해 과세된 상속세에 상당하는 금액을 산출세액에서 공제한다. 이

때 공제한도는 상속세 산출세액 중 총상속 재산가액에 대한 외국법령에 의하여 상속세가 부과된 재산에 상당하는 부분과 외국에서 부과된 상속세액 중 작은 것을 공제하여 준다.

3) 단기 재상속세액공제

상속개시 후 10년 이내에 상속인 또는 수유자의 사망으로 다시 상속이 개시되는 경우에는 전의 상속세가 부과된 상속재산 중 재상속분에 대한 상속세 상당액을 상속세 산출세액에서 공제한다. 이 때 공제율은 재상속기간이 1년 이내일 경우에는 100%로 하고 1년 경과시마다 10% 씩 체감한다.

4) 신고·세액공제

법정신고기한내에 상속세를 신고한 경우에는 산출세액에서 문화재징수유예액과 공제감면세액을 차감한 금액의 10%를 공제한다.

4. 신고·납부

상속세 납세의무가 있는 상속인 또는 수유자는 상속개시일이 속하는 달의 말일부터 6월 이내에 상속세의 과세가액 및 과세표준을 납세지 관할세무서장에게 신고 납부하여야 한다. 이 신고기한내에 상속인이 확정되지 아니한 경우에는 위의 신고와는 별도로 상속인이 확정된 날로부터 30일 이내에 확정된 상속인의 상속관계를 기재하여 납세지 관할 세무서장에게 제출하여야 한다. 이 때 신고기한내에 신고한 경우에는 산출세액에서 문화재자료 등의 징수유예액 및 공제감면세액을 차감한 금액의 10%을 신고세액공제로 공제받게 된다.

상속세 납부세액이 2,000만원을 초과하는 경우에는 납세의무자의 신청과 세무서장의 허가에 따라 허가일로부터 5년이내의 기간동안(가업상속의 경우 허가 2년후 부터 5년 또는 3년후 부터 12년) 연부연납할 수 있다. 단, 각 회분의 분납세액이 1,000만원을 초과하여야 한다.

또한 상속재산 중 부동산과 유가증권의 가액이 상속재산가액의 2분의 1을 초과하고 상속세 납부세액이 1,000만원을 초과하는 때에는 부동산 및 유가증권으로 물납할 수 있다. 이 때 물납에 충당하는 재산의 순서는 ① 국채 및 공채 ② 유가증권으로서 한국증권선물거래소에 상장된 것 ③ 국내에 소재하는 부동산(상속인이 거주하는 주택제외) ④ 상장되지 아니한 유가증권 ⑤ 상속개시일 현재 상속인이 거주하는 주택 및 부수토지로 한다.

관할세무서장은 납세의무자의 신고에 의하여 과세표준과 세액을 신고를 받은 날로부터 6월이내에 결정하여야 한다. 신고를 하지 않았거나 그 신고한 과세표준과 세액에 탈루 또는 오류가 있는 경우에는 그 과세표준과 세액을 조사하여 결정한다. 상속재산에 대하여 신고기간 이내에 신고하여야 할 과세표준에 미달 신고할 때에는 10%의 과소신고가산세, 무신고시에는 20%의 무신고가산세를 산출세액에 가산하고, 자진납부할 세액을 신고기한내에 납부하지 않았거나, 결정한 과세표준에 의하여 납부할 세액에 미달하게 납부한 때에는 다음의 납부불성실가산세를 산출세액에 가산한다.

$$\boxed{\text{미납부세액} \times \text{미납기간} \times 3/10,000}$$

제2절 증여세

1. 증여세의 의의

증여의 개념은 민법상의 의미보다 포괄적인데, 증여라 함은 그 행위 또는 거래의 명칭·형식·목적 등에 불구하고 경제적 가치를 계산할 수 있는 유형·무형의 재산을 타인에게 직접 또는 간접적인 방법에 의하여 무상으로 이전(현저히 저렴한 대가로 이전하는 경우 포함)하는 것 또는 기여에 의하여 타인의 재산가치를 증가시키는 것을 말한다. 그리고 제3자를 통한 간접적인 방법이나 2이상의 행위 또는 거래를 거치는 방법에 의하여 상속세 또는 증여세를 부당하게 감소시킨 것으로 인정되는 경우에는 그 경제적인 실질에 따라 당사자와 직접

거래한 것으로 보거나 연속된 하나의 행위 또는 거래로 보아 증여규정을 적용한다. 따라서 상속세 및 증여세법은 계약, 단독행위, 기타 사법상의 형식이 무엇이든 사실상의 경제적 이익의 분여가 일어나는 경우에 증여세 과세하는 이른바 '완전포괄주의 증여개념'을 채택하고 있다. 이에 따라 증여계약에 의한 재산의 무상이전이 아니라도 증여세를 과세하는 것이다

증여세는 타인의 증여에 의하여 재산을 무상으로 취득하는 경우 그 재산 취득자에 대하여 부과하는 조세이다. 증여세는 수증자가 취득하는 재산에 대하여 과세하는 유산취득세 방식을 취하고 있으므로 여러 사람에게 증여한 경우에는 각 수증자가 취득한 재산별로 과세표준에 세율을 적용하여 각각의 증여세를 계산한다. 증여재산에 대하여 소득세법에 의하여 수증자에게 소득세가 부과되는 때에는 증여세를 과세하지 아니한다. 또한 수증자가 법인인 경우에도 법인세가 과세되므로 증여세 납세의무가 없다. 증여자는 수증자의 증여세에 대하여 연대하여 납부할 의무가 있다.

증여세의 납세지는 원칙적으로 수증자의 주소지 또는 거소지를 관할하는 세무서장이나 수증자가 비거주자이거나 주소지 및 거소지가 불분명한 경우는 증여자의 주소지를 관할하는 세무서장이다.

2. 증여세의 과세표준

증여세의 과세표준은 증여세 과세가액에서 증여재산공제를 한 금액으로 한다. 증여세 과세표준은 재차증여의 합산과세를 하는 경우를 제외하고는 증여가 있을 때마다 증여자별로, 수증자별로 과세표준금액을 계산하여 과세한다. 증여재산에 증여의제와 증여추정을 합산하고 재차증여재산을 합산하여 비과세 증여재산과 부담부증여의 부담액을 차감하고 공익목적 출연재산 등의 과세가액 불산입을 공제하면 증여세 과세가액이 된다. 여기에서 증여재산공제와 재해손실공제를 차감하면 과세표준이 된다.

(1) 증여재산

증여재산에는 수증자에게 귀속되는 재산으로 금전으로 환가할 수 있는 경제적 가치가 있는 모든 물건과 재산적 가치가 있는 법률상 또는 사실상의 모든 권리를 포함한다. 이혼한 자가 재산분할 청구권을 행사하여 재산을 취득한 경우에는 증여로 보지 아니한다. 증여를 받은 후 당사자의 합의에 따라 그 증여받은 재산을 증여세의 신고기한 내에 반환하는 경우에는 처음부터 증여가 없었던 것으로 본다. 증여를 받은 자가 증여받은 재산을 신고기한 경과 후 3월이내에 증여자에게 반환하거나 다시 증여하는 경우 그 반환하거나 다시 증여하는 것에 대해서 증여세를 과세하지 아니한다.

(2) 증여의제 및 추정

타인으로부터 재산을 직접 증여받은 것은 아니지만 다른 거래로 인하여 증여와 같은 효과가 있는 경우에 이를 증여로 의제하거나 추정하여 과세하는 것을 말한다. 최근 법률의 개정으로 완전 포괄주의를 채택하여 법률에 개별적인 증여의제 규정이 없는데도 불구하고 실질적인 재산의 무상이전이 있는 때에는 이를 증여로 의제한다. 즉, 특수관계자로부터 경제적 가치를 계산할 수 있는 유형·무형의 재산을 직접적이거나 간접적으로 무상이전을 받은 경우에는 그 무상으로 이전된 재산에 대하여 증여세를 과세하겠다는 것이다. 새로운 유형의 조세회피에 사전적으로 대처하기 위하여 다음의 증여의제규정은 예시적 규정으로서 당해 예시 외에도 사실상 증여로 인정되는 경우에는 과세를 한다는 것이다.

1) 신탁계약으로 타인을 신탁의 이익을 받을 수익자로 지정한 경우는 증여로 본다.
2) 생명보험 또는 손해보험에 있어 보험금 수취인과 보험료 불입자가 다른 경우
3) 특수관계자간에 시가의 상하 30% 이상 차이 나게 거래하는 경우
4) 채권자로부터 채무를 면제 받거나 제 3자로부터 채무의 인수 변제를 받은 경우

5) 건물을 소유하기 위하여 특수관계 있는 자의 토지를 무상으로 사용하는
   경우

여기서 특수관계자란 ㉠ 배우자 ㉡ 직계존비속 및 그 배우자 ㉢ 형제자매
및 그 배우자 ㉣ 위의 자가 이사의 과반수이거나 재산을 출연하여 설립한 비
영리법인

6) 특수관계 있는 법인이 합병함으로서 대주주가 현저한 이익을 얻은 경우
7) 증자시 실권주를 추가배정 또는 미배정으로 특수관계 주주가 이익을 얻
   은 경우
8) 감자시 일부주식을 소각함으로써 특수관계 있는 대주주가 이익을 얻은
   경우
9) 특수관계자로부터 전환사채를 취득할 때 취득가액과 교부받을 주식가액
   과의 차이
10) 특수관계자로부터 신종사채를 취득할 때 취득가액과 교부받을 주식가액
    과의 차이
11) 특정법인의 주주와 특수관계자가 그 법인에 이익을 분여함으로 주주가
    얻은 이익
12) 권리의 이전행사에 등기등록을 요하는 재산의 실질소유자와 명의자가
    다른 경우
13) 개인인 특수관계자로부터 1억 원 이상의 재산을 무상 또는 적정 이자율
    보다 낮은 이자율로 대부받은 경우
14) 주식 등을 특수관계자에게 증여 또는 양도한 후 5년 내 상장 등록함으로
    서 당초 증여·취득한 자가 이익을 얻게 되는 경우
15) 배우자 또는 직계존비속간의 재산의 양도는 증여로 추정
16) 직업, 성별, 연령, 소득등으로 보아 취득 곤란한 경우의 재산취득자금의
    증여추정
17) 기타 제3자를 통하여 간접적인 방법으로 재산이 사실상 무상으로 이전
    된 경우

이외에도 "특수관계자로 부터 경제적 가치를 계산할 수 있는 유형 무형의
재산이나 법률상 또는 사실상 권리 등을 직접적이거나 간접적으로 무상이전을

받은 경우에 그 무상으로 이전된 재산이나 권리 등에 대하여 증여세를 부과한
다."고 규정하고 있다.

(3) 재치증여재산

증여세의 과세가액을 계산함에 있어서 당해 증여전 10년 이내에 동일인(직
계존속의 배우자 포함)으로 부터 증여받은 가액의 합계액이 1,000만원 이상이
될 때는 그 증여가액을 합산한다.

(4) 비과세 증여재산

① 국가 또는 지방자치단체로 부터 증여받은 재산의 가액
② 우리사주 조합을 통한 우리사주의 취득가액과 시가와의 차액
③ 정당법의 규정에 의한 정당이 증여받은 재산
④ 사내근로복지기금, 근로복지진흥기금이 증여받은 가액
⑤ 사회통념상 인정되는 이재구호금품, 치료비, 장학금, 축의금, 부의금, 혼
  수용품 등

(5) 부담부 증여

증여세의 과세가액은 증여일 현재 증여재산가액의 합계액에서 당해 증여재
산에 담보된 채무로서 수증자가 인수한 금액을 차감한 금액으로 한다. 이 경우
배우자 또는 직계존비속간의 부담부증여에 대하여는 수증자가 증여자의 채무
를 인수한 경우에도 당해 채무액은 수증자에게 인수되지 않는 것으로 추정한
다.

(6) 공익재산 출연재산 등의 과세가액 불산입

공익법인 등이 출연받은 재산의 가액은 증여세 과세가액에 산입하지 아니한

다. 다만, 공익법인 등이 내국법인의 주식 등을 출연받은 경우로서 출연받은
주식 등과 출연당시 당해 공익법인 등이 보유하는 그 내국법인의 주식 등(출연
전 5년이내에 다른 공익법인 등에 출연한 주식 등을 포함한다.)을 합하여 발행
주식 총수 등의 5%(성실공익법인의 경우 10%)를 초과하는 경우에는 그 초과
부분을 제외한다.

(7) 증여재산공제

거주자가 배우자 또는 친족으로부터 증여를 받은 경우, 다음의 금액을 과세
가액에서 공제한다. 이때 금액은 증여 1건당이 아니라 합산기간 동안의 공제액
이다. 그리고 증여자와 수증자의 친족관계에 따라 아래의 ①,②,③의 각 그룹별
로 해당금액을 공제한다.
① 배우자로 부터 증여받을 때는 6억원 ② 직계존비속(증여자가 직계존속인
경우 그 직계존속의 배우자 포함)으로 부터 증여받은 경우는 5,000만원(미성년
자가 직계존속으로 부터 증여받은 경우는 2,000만원) ③ 배우자 및 직계존비속
이외의 친족으로 부터 증여받은 경우는 500만원

(8) 재해손실공제

증여세의 과세표준 신고기한 이내에 화재·붕괴·폭발·환경오염사고 및 자연
재해 등으로 인한 재난으로 인하여 증여재산이 멸실·훼손된 경우에는 그 손실
가액을 과세가액에서 공제한다.

3. 조세특례제한법상 증여세 과세특례

(1) 창업자금에 대한 증여세 과세특례

18세 이상인 거주자가 조세특례제한법에 따른 중소기업을 1년이내 창업할

목적으로 60세 이상의 부모로 부터 토지·건물 등 양도소득세 과세대상 자산을
제외한 재산(증여세 과세가액 30억원을 한도로 함)을 증여받는 경우에는 증여
세과세가액에서 5억원을 차감한 금액에 10%의 증여세를 부과한다.

(2) 가업(家業)의 승계에 대한 증여세 과세 특례

18세 이상인 거주자가 가업상속공제대상 가업을 10년 이상 계속하여 영위한
60세 이상의 부모로 부터 해당 가업의 승계를 10년이상 종사할 목적으로 주식
또는 출자지분(증여세 과세가액 30억원 한도)을 증여받고, 가업을 승계한 경우
증여세 과세가액에서 5억원을 차감한 금액에 10%의 증여세를 부과한다.

4. 증여세액의 계산

과세표준에 세율을 적용하여 산출세액을 계산한 후에 세액공제를 하면 납부
할 증여세액이 된다.

(1) 산출세액

증여세의 세율은 상속세의 세율을 사용한다. 이때, 수증자가 증여자의 자녀
가 아닌 직계비속인 경우에는 30%를 할증과세한다. 단, 증여자의 최근친인 직
계비속이 사망하여 그 사망자의 최근친자인 직계비속이 증여받은 경우에는 할
증과세하지 않는다.

(2) 세액공제

1) 기납부세액공제
당해 증여전 10년이내에 동일인(직계존속 배우자 포함)으로 부터 받은 증여

세 과세가액의 합계액이 1,000만원 이상인 경우에는 증여세 과세가액을 합산하여 증여세를 과세한다. 증여세 과세가액에 가산한 증여재산 가액에 대하여 납부하였거나 납부할 증여세액은 증여세 산출세액에서 공제한다.

2) 외국납부세액공제

증여세 과세가액에 산입된 재산 중 외국의 증여세가 과세된 부분에 대해서는 증여세에서 공제할 수있다.

3) 신고세액공제

법정신고기한내에 증여세를 신고한 경우에는 산출세액에서 문화재징수유예액과 공제감면세액을 차감한 금액의 10%를 공제한다.

5. 신고·납부

증여세의 납세의무가 있는 자는 증여일이 속하는 말일부터 3월 이내에 증여세의 과세가액과 과세표준을 납세지 관할세무서장에게 신고·납부하여야 한다. 이때 신고기한내에 신고한 경우에는 산출세액에서 문화재자료 등의 징수유예액 및 공제감면세액을 차감한 금액의 10%를 신고세액공제로 공제받게 된다.

증여세 납부세액이 2,000만원을 초과하는 경우에는 납세의무자의 신청에 의하여 연부연납 허가일로부터 5년이내의 기간동안(가업상속의 경우 허가 2년후부터 5년 또는 3년후부터 12년) 연부연납 할 수 있다. 단, 각 회분의 분납세액이 1천만원을 초과해야 한다.

또한 증여재산 중 부동산과 유가증권의 가액이 증여재산가액의 2분의 1을 초과하고 증여세 납부세액이 1,000만원을 초과하는 때에는 부동산 및 유가증권으로 물납할 수 있다. 이 때 물납에 충당하는 재산의 순서는 ① 국채 및 공채 ② 유가증권으로서 한국증권거래소에 상장된 것 ③ 국내에 소재하는 부동산 ④ 상장되지 아니한 유가증권 순으로 한다.

관할세무서장은 납세의무자의 신고에 의한 과세표준과 세액을 신고기한으로 부터 3월이내에 결정하여야 한다. 신고를 하지 않았거나 그 신고한 과세표준과 세액에 탈루 또는 오류가 있는 경우에는 그 과세표준과 세액을 조사하여 결정한다.

증여재산에 대하여 신고기간 이내에 신고하여야 할 과세표준에 미달신고할 때에는 10%의 과소신고가산세를, 무신고시에는 20%의 무신고가산세를 산출세액에 가산하고, 자진납부할 세액을 신고기한내에 납부하지 않았거나, 결정한 과세표준에 의하여 납부할 세액에 미달하게 납부한 때에는 다음의 납부불성실가산세를 산출세액에 가산한다

미납부세액 × **미납기간** × 3/10,000

제3절 재산의 평가

상속세 또는 증여세가 과세되는 재산은 상속개시일 또는 증여일 현재의 시가에 의하여 평가한다. 이 경우 시가란 불특정다수인 사이에 자유로이 이루어지는 경우에 통상 성립된다고 인정되는 가액을 말한다. 평가기준일 전후 6개월(증여재산의 경우는 3개월) 내(평가기간)에 다음의 가액이 확인되는 경우에는 그 가액을 시가로 본다. 평가기간 밖의 경우에도 평가기준일로부터 매매일까지 가격변동이 없다고 인정되는 경우 당해 가액은 평가기준일의 시가로 인정할 수 있다. 상속세 또는 증여세 신고기간 중 다음의 가액이 확인되는 경우에는 그 가액을 시가로 본다. 이때 시가로 보는 가액이 2이상 있는 경우 평가 기준일로부터 가장 가까운 날에 해당하는 가액에 의한다.

① 당해재산에 대한 매매사실이 있는 경우에는 그 거래가액
② 당해 재산에 대하여 상속·증여세의 납부목적에 적합하지 않게 감정한 2 이상의 감정평가법인이 평가한 감정가액이 있는 경우 감정가액의 평균액
③ 수용 또는 공매사실이 있는 경우 그 보상가액 또는 공매가액

재산에 대하여 시가를 산정하기 어려운 경우에는 다음과 같은 보충적 평
가방법에 의한다.

1. 부동산 등

(1) 토지

평가기준일 현재 고시되어 있는 개별공시지가에 의하여 평가한다. 다만, 국
세청장이 정하는 지정지역에 있어서는 배율방법에 의해서 평가한다.

(2) 건물

건물은 국세청장이 산정·고시한 가액에 의한다.

(3) 부동산을 취득할 수 있는 권리 및 특정시설물이용권

평가기준일까지 불입한 금액과 평가기준일 현재의 프리미엄에 상당하는 금
액을 합한 금액에 의한다.

(4) 선박, 항공기, 차량, 기계장비, 입목

처분할 경우 재취득 예상가액으로 하며, 재취득예상가액이 없을 경우 장부
가액으로 한다. 그리고, 장부가액이 확인이 안될 경우에는 지방세법상 시가표
준액에 의한다.

(5) 구축물

시설물 기타 구축물의 평가는 토지, 건물과 일괄하여 평가하는 것을 제외하고는 재건축가액에서 상속개시일까지의 감가상각비를 공제한 가액에 의한다.

(6) 판매용이 아닌 서화, 골동품

2인이상의 전문가가 감정한 가액의 평균액과 감정평가심의회에서 감정한 감정가액 중 큰 가액으로 한다.

(7) 재고자산 등 기타유형자산

처분할 때에 취득할 수 있다고 예상되는 가액에 의한다.

2. 주식과 출자 지분 등

(1) 주권상장주식(코스닥 상장주식 포함)

상속 · 증여일 이전 · 이후 2개월(총 4개월)의 매일의 한국증권선물거래소의 최종시세가액(거래실적 유무를 불문함)의 평균가액에 의한다.

(2) 비상장주식

비상장주식은 순손익가치와 순자산가치의 가중치를 각각 3 : 2 (부동산 과다법인의 경우는 가중치를 2 : 3)로 평가한다. 여기서 손익가치란 1주당 3년간 순손익액(가중평균액)을 기획재정부령이 정하는 율(10%)로 나눈 금액을 말하며, 자산가치란 순자산가액을 발행주식 총수로 나눈 금액을 말한다.

(3) 전환사채 등

한국증권선물거래소에서 거래되는 전환사채 등은 상장된 국채 등의 평가방법을 준용하여 평가한 가액으로 한다. 즉, 상장된 국·공·사채는 평가기준일 이전 2개월간에 공표된 매일의 한국증권선물거래소 최종시세가액과 평가기준일 이전 최근일의 최종시세가액중 큰가액에 의한다. 다만, 평가기준일 이전 2월의 기간중 거래실적이 없는 경우에는 평가기준일 이전 최근일의 최종시세가액에 의한다.

또한 한국증권선물거래소에서 거래되지 않는 전환사채 및 신주인수권증서는 별도의 방법으로 평가한다.

3. 무체(無體)재산권

(1) 매입한 무체재산권

매입가액에서 매입시기로부터 평가기준일까지 상각비를 공제한 가액에 의한다.

(2) 영업권

최근 3년간 가중평균순이익의 50%에서 자기자본에 대한 10% 상당액을 차감한 금액에 지속연수(원칙적으로 5년)를 곱한 가액으로 한다.

(3) 특허권, 실용신안권, 의장권, 상표권, 저작권

각 권리에 의하여 장래에 받을 각 연도의 수입금액을 각각 현재가치로 환산(10%로 할인)한 금액의 합계액으로 한다.

(4) 광업권, 채석권

평가기준일 후 채굴가능연수에 대하여 평가기준일 전 3년간 평균순소득을 각 연도마다 현가로 환산한 금액의 합계액으로 한다.

4. 증권투자신탁 수익증권

평가기준일 현재 공표된 증권거래소의 기준가격에 의하되, 없는 경우에는
가장 가까운 날의 기준가격에 의한다.

5. 예금, 저금, 적금

평가기준일에 있어서의 예입총액과 같은 날 현재 이미 경과한 미수이자액의
합계액에서 원천징수소득세를 차감한 가액에 의한다.

6. 대부금, 채권

원본과 평가기준일 현재의 미수이자액의 합계액에 의한다.

7. 저당권 등이 설정된 재산

평가기준일 당시의 시가와 다음의 당해 재산이 담보하는 채권액 중 큰 가액
으로 한다.
① 저당권이 설정된 재산의 가액은 당해 재산이 담보하는 채권액
② 공동저당권이 설정된 재산의 가액은 당해 재산이 담보하는 채권액을 안
　　분한 금액
③ 근저당권이 설정된 재산은 평가기준일 현재 당해 재산이 담보하는 채권액
④ 질권이 설정된 재산과 양도담보재산의 가액은 담보하는 채권액
⑤ 전세권이 등기된 재산의 가액은 등기된 전세금
⑥ 임대 보증금을 받고 임대한 경우 임대보증금

8. 정기금의 평가

(1) 유기정기금

잔존기간에 대한 총금액에 잔존기간에 따라 일정율을 곱하여 계산한 금액으로 한다. 다만, 1년분 정기금액의 20배를 초과할 수 없다.

(2) 무기정기금

1년분 정기금액의 20배로 한다.

(3) 종신정기금

목적으로 된 자의 연령에 따른 각 기간에 대한 정기금의 총액을 그 가액으로 한다.

1. 다음은 상속세에 대한 설명이다. 틀린 것은?
 ① 상속세는 피상속인의 사망 또는 실종선고에 따른 상속, 유증, 사인증여에 의하여 경제적 가치가 있는 피상속인의 재산이 상속인이나 수증자에게 무상으로 이전되는 것에 대하여 재산을 취득하는 상속인에게 부과하는 조세이다.
 ② 우리나라의 상속세는 유산취득세방식을 취하고 있으며, 증여세는 유산세 방식을 취하고 있다.
 ③ 상속으로 인하여 상속개시일 현재 피상속인이 거주자인 경우에는 피상속인의 모든 상속재산, 피상속인이 유증한 재산, 피상속인의 사망으로 인하여 효력이 발생하는 증여재산에 대하여 상속세를 부과하고 있다.
 ④ 상속인, 유증을 받는 자, 사망으로 인하여 효력이 발생하는 증여재산에 의하여 재산을 취득한 자는 각자가 받았거나 받을 재산의 점유비율에 따라 상속세를 납부할 의무가 있다.
 ⑤ 상속세 과세가액은 상속재산에서 비과세 상속재산을 차감하고 상속개시전 10년내 증여재산과 1년 및 2년 이내 처분가액을 가산하고 공익법인 등의 출연재산과 과세가액 공제액을 차감하여 계산한다.

2. 상속세 과세표준을 계산하는데 대한 설명이다. 틀린 것은?
 ① 생전증여를 통해 상속세의 누진부담을 회피하는 것을 방지하기 위한 것으로서 상속개시일전 10년 이내에 피상속인이 상속인에게 증여한 재산가액(상속인이 아닌 자에게 증여한 경우는 5년 이내)은 상속세 과세가액에 산입한다.
 ② 상속개시일 현재 피상속인이 납부할 의무가 있는 것으로서 상속인에게 승계된 조세와 공공요금, 피상속인에 대하여 직접 소요된 장례비용, 증

명서류 등에 의해서 확인되는 채무를 공제하여 과세가액을 계산한다. 여기서 증빙 첨부되는 경우에는 모든 장례비용을 차감할 수 있다.

③ 상속세과세가액에서 상속공제를 차감하여 상속세 과세표준을 계산하는데, 상속공제에는 기초공제, 배우자공제, 기타 인적공제, 금융재산상속공제, 재해손실공제가 있다.

④ 배우자공제는 배우자가 실제로 상속받은 금액을 공제하게 되는데, 배우자의 법정상속분에서 상속재산에 가산한 증여재산 중 배우자에게 증여한 재산의 가액을 차감한 금액과 30억 원 중 작은 금액을 한도로 한다.

⑤ 금융재산상속공제는 순금융재산가액이 2,000만원 미만인 경우에는 당해 금액, 2000만원 초과하는 경우에는 순금융재산가액의 20%(이 금액이 2,000만원 미만인 경우에는 2,000만원)를 공제하는데 2억 원을 한도로 한다.

3. 다음은 상속세 과세표준계산과 관련된 설명이다. 틀린 것은?

① 상속세 과세가액은 상속재산에서 비과세 상속재산을 차감하고 상속 개시 전 10년이내 증여재산과 1년 및 2년 이내 처분가액을 가산하고 공익법인 등의 출연재산과 과세가액공제액을 차감하여 계산한다.

② 장례비용의 경우는 500만원미만인 경우에는 500만원을, 1,000만원을 초과하는 경우 1,000만원만 공제하고, 500만원 이하의 납골사용비용이 있는 경우에는 추가로 공제한다.

③ 배우자 상속공제는 실제 상속받은 금액이 없거나 5억원 미만인 경우에는 5억원을 공제한다.

④ 기타 인적공제와 기초공제(2억원)의 합계액과 일괄공제(5억원) 중 작은 금액을 공제한다.

⑤ 일반적으로 부동산은 시가가 확인되지 않으므로 보충적으로 기준시가에 의해서 평가하게 되는데, 이 기준시가가 보통 시가에 미달하게 되는데 비해서, 금융재산의 경우는 시가대로 평가되므로 금융재산에 대해서는 과세형평에 맞추기 위해서 금융재산공제를 도입하였다.

4. 다음은 상속세액의 계산과 상속세의 신고납부에 대한 설명이다. 옳지 않은 것은?

① 상속개시전 10년(5년)이내의 증여재산은 상속세과세가액에 가산하게 되는데, 상속세 산출세액에서 당해 증여재산에 대한 이미 납부한 증여세 상당액을 공제하는데 이를 증여세액공제라고 한다.

② 상속개시 후 10년 내에 상속인 또는 수유자의 사망으로 다시 상속이 개시되는 경우에는 전의 상속세가 부과된 상속재산 중 재상속분에 대한 상속세 상당액 전액을 상속세 산출세액에서 공제한다.

③ 법정신고기한내에 상속세를 신고한 경우에는 산출세액에서 문화재 징수유예액과 공제감면세액을 차감한 금액의 10%를 공제한다.

④ 상속세 납세의무가 있는 상속인 또는 수유자는 상속개시일로부터 6월 이내에 상속세의 과세가액 및 과세표준을 납세지 관할세무서장게게 신고 납부하여야 한다.

⑤ 상속재산 중 부동산과 유가증권의 가액이 상속재산가액의 1/2을 초과하고 상속세 납부세액이 1,000만원을 초과하는 경우에는 부동산과 유가증권으로 물납할 수 있다.

5. 다음은 증여세에 대한 설명이다. 잘못된 것은?

① 증여세는 수증자가 취득하는 자산에 대하여 과세하는 유산취득세 방식을 취하고 있으므로 여러 사람에게 증여한 경우에는 각 수증자가 취득한 재산별로 과세표준에 세율을 적용하여 각각의 증여세를 계산한다.

② 증여재산에 대하여 수증자에게 소득세나 법인세가 부과되는 경우에는 증여세가 과세되지 않는다.

③ 증여세의 과세표준은 재차증여의 합산과세를 하는 경우를 제외하고는 증여가 있을 때마다 증여자별로, 수증자별로 과세표준금액을 계산하여 과세한다.

④ 증여를 받은 자가 증여받은 재산을 신고기한 경과후 3월 이내에 증여자에게 반환하거나 다시 증여하는 경우에는 처음부터 증여가 없는 것으로

되어 당초 신고납부한 증여세를 환급한다.

⑤ 특수관계자로부터 경제적 가치를 계산할 수 있는 유형·무형의 재산이
나 법률상 또는 사실상 권리 등을 직접적이거나 간접적으로 무상이전을
받은 경우에 그 무상으로 이전된 재산이나 권리등에 대하여 증여세를
부과한다.

6. 다음은 증여세액의 계산과 신고납부에 대한 설명이다. 틀린 것은?

① 수증자가 증여자의 자녀가 아닌 직계비속인 경우에는 30%를 할증 과세
하게 되는데, 증여자의 최근친인 직계비속이 사망하여 그 사망자의 최
근친인 직계비속이 증여받은 경우에는 할증과세하지 않는다.

② 증여세의 납세의무가 있는 자는 증여를 받은 날로 부터 3월 이내에 증
여세의 과세가액과 과세표준을 납세지 관할세무서장에게 신고납부 하여
야 한다.

③ 증여세의 납부세액이 1,000만원을 초과하는 경우에는 납세의무자의 신
청에 의하여 연부연납의 허가를 받는 날로부터 3년이내에 연부연납할
수 있다.

④ 증여세가 과세되는 재산은 증여일 현재의 시가에 의하여 평가하는데, 시
가란 불특정다수인 사이에 자유로이 이루어지는 경우에 통상적으로 성
립된다고 인정되는 가액을 말한다.

⑤ 상장주식은 증여일 이전·이후 3개월(총6개월)의 최종시세가액의 평균가
액에 의한다.

1.② 2.② 3.④ 4.② 5.④ 6.⑤

제 6 장 종합부동산세법

제1절 종합부동산세법

1. 의 의

종합부동산세법은 고액의 부동산 보유자에 대하여 종합부동산세를 부과하여 부동산보유에 대한 조세부담의 형평성을 제고하고, 부동산의 가격안정을 도모함으로써 지방재정의 균형발전과 국민경제의 건전한 발전에 이바지함을 목적으로 한다.

이러한 목적을 위하여 2005년부터 매년 6월1일 현재 보유하고 있는 부동산에 대해서 1차로 시·군(또는 구)에서 재산세를 부과하고, 고액의 부동산 보유에 대해서는 2차로 국가에서 전국의 부동산을 납세의무자별로 합산하여 기준금액 초과분에 대해서 종합부동산세를 부과한다.

국세로 징수한 종합부동산세는 재정이 어려운 지방자치단체에 전액 교부하도록 하여 지방재정의 균형발전을 도모하고 있다.

2. 과세기준일 및 납세지

(1) 과세기준일

종합부동산세의 과세기준일은 재산세의 과세기준일 (매년6월1일)로 한다.

(2) 납세지

종합부동산세법상 '납세지'란 종합부동산세의 관할세무서를 정하는 기준
이 되는 장소를 말하는데, 그 내용은 다음과 같다.

종합부동산세의 납세의무자	납 세 지
①개인 또는 법인으로 보지 않는 단체	소득세의 납세지
②법인 또는 법인으로 보는 단체	법인세의 납세지

3. 과세구분 및 세액

종합부동산세는 주택에 대한 종합부동산세와 토지에 대한 종합부동산세의
세액을 합한 금액을 그 세액으로 한다. 여기서 토지에 대한 종합부동산세의
세액은 토지분 종합합산세액과 토지분 별도합산세액을 합한 금액으로 한다.

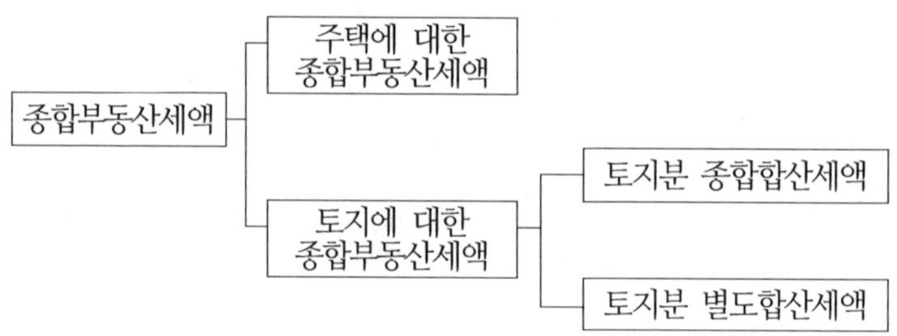

4. 비과세감면 등

지방세법·조세특례제한법 및 시·군의 감면조례에 의한 비과세·과세면제(불
균일과세·일부과세 포함) 또는 경감에 관한 규정(이하 '재산세의 감면규정'이라
한다)은 종합부동산세에 재산세의 감면규정을 준용함에 있어서 다음의 금액을

공시가격으로 본다.

> 공시가격 = 감면대상인 주택 또는 토지의 공시가격 ×
> [1- 감면비율 (비과세·면제는 100%)]

한편 시·군의 감면조례에 의한 재산세의 감면규정 또는 분리과세규정에 따라 종합부동산세를 경감하는 것이 종합부동산세를 부과하는 취지에 비추어 적합하지 않다고 인정되는 다음의 경우에는 종합부동산세를 부과함에 있어서 감면규정 또는 그 분리과세규정을 적용하지 않는다.
① 전국 공통으로 적용되는 것이 아닌 것
② 당해 규정이 전국적인 과세형평을 저해하는 것으로 인정되는 것

제2절 주택에 대한 과세

1. 납세의무자

(1) 개요

과세기준일 현재 주택분 재산세의 납세의무자별로 국내에 있는 재산세 과세대상인 주택의 공시가격을 합산한 금액이 6억 원을 초과하는 자는 종합부동산세를 납부할 의무가 있다.

가. 세대의 범위

1. 세대의 개념: 주택 또는 토지의 소유자 및 그 배우자와 그들과 동일한 주소 또는 거소에서 생계를 같이 하는 가족과 함께 구성하는 1세대를 말한다. 여기서 '가족'이란 주택 또는 토지의 배우자의 직계존비속(그 배우자 포함) 및 형제자매를 말하며, 취학, 질병의 요양, 근무상 또는 사업상 형편으로 본래의 주소 또는 거소를 일시퇴거한 자를 포함한다. 이처럼 1세대가 되기 위해서는 원칙적으로 배우자가 있어야 하지만, 다음 중 어느 하나에 해당하는 경우에는 배우자가 없는 때에도 이를 1세대로 본다.

① 30세 이상인 경우

② 배우자가 사망하거나 이혼 한 경우

③ 소득세법상 소득이 국민생활기초보장법상 최저생계비 수준 이상으로서 소유하고 있는 주택 또는 토지를 관리·유지하면서 독립된 생계를 유지할 수 있는 경우(다만, 미성년자는 제외하되, 미성년자의 결혼, 가족의 사망 그 밖에 기획재정부령이 정하는 사유로 1세대의 구성이 불가피한 경우에는 그러하지 아니하다).

2. 2년 동안 1세대로 보는 특례

① 혼인함으로써 1세대를 구성하는 경우에는 혼인한 날부터 5년 동안 위에 규정에 불구하고 주택 또는 토지를 소유하는 자와 그 혼인한 자별로 각각 1세대로 본다.

② 60세(여자의 경우에는 55세) 이상의 직계존속을 동거봉양하기 위하여 합가함으로써 1세대를 구성하는 경우에는 합가한 날부터 2년 동안은 위에 규정에 불구하고 주택 또는 토지를 소유하는 자와 그 합가한 자별로 각각 1세대로 본다.

(2) 개인의 경우 : 주된 주택소유자 판정 및 연대납세의무

1) 주된 주택소유자 : '주된 주택소유자'란 과세기준일 현재의 상황에 의하여 다음 순위에 따른 자를 말한다.

① 주택을 소유한 세대원 중에서 소유한 주택의 공시가격을 합한 금액이 가

　　장 큰 자

② 주택의 공시가격을 합한 금액이 가장 큰 자가 2인 이상인 경우에는 그 중에서 종합부동산세의 신고를 하는 자

③ 주택의 공시가격을 합한 금액이 가장 큰 자가 2인 이상인 경우로서 종합부동산세의 신고가 없는 때에는 국세청장이 정하는 자

2) 연대납세의무 : 주된 주택소유자 외의 세대원은 그가 소유한 주택의 공시가격을 한도로 주된 주택소유자와 연대하여 종합부동산세를 납부할 의무가 있다.

주택에 대한 납세의무 판정기준을 보면 다음과 같다.

구분	판정기준	납세의무자
개인의 경우	세대별 주택의 공시가격 합계 > 6억원	세대원 중 주된 주택소유자
법인의 경우	법인 주택의 공시가격 합계 > 6억원	당해 법인

* 개인의 경우 세대원은 연대납세의무가 있음

2. 과세표준

(1) 개요

주택에 대한 종합부동산세의 과세표준은 납세의무자별로 주택의 공시가격을 합산한 금액(과세 기준일 현재 세대원 중 1인이 해당 주택을 단독으로 소유한 경우로서 대통령령이 정하는 1세대1주택자의 경우에는 그 합산한 금액에서 3억원을 공제한 금액)에서 6억원을 공제한 금액에 부동산 시장의 동향과 재정 여건 등을 고려하여 100분의 60에서 100분의 100까지의 범위에서 대통령령이 정하는 공정시장가액비율을 곱한 금액으로 한다.

> **주택에 대한 과세표준 = 주택의 공시가격 합계 − 6억원**

(2) 합산배제 주택

다음 중 하나에 해당하는 주택은 과세표준 합산의 대상이 되는 주택의 범위에 포함되지 않는 것으로 본다.

1) 합산배제 임대주택: 임대주택법의 규정에 따른 임대사업자로서 과세기준일 현재 사업자등록을 한 자가 과세기준일 현재 임대하고 있는 다음 중 어느 하나에 해당하는 주택을 말한다.

① 임대주택법의 규정에 의한 건설임대주택으로서 다음의 요건을 모두 갖춘 주택이 2호 이상인 경우 그 주택

㉠ 전용면적이 149㎡ (45)평 이하로서 2호 이상의 주택의 임대를 개시한 날 (2호 이상의 주택의 임대를 개시한 날 이후 임대를 개시한 주택의 경우에는 그 주택의 임대 개시일을 말한다) 또는 최초로 합산배제신청을 한 연도의 과세기준일의 공시가격이 6억원 이하일 것

㉡ 5년 이상 계속하여 임대하는 것일 것

② 임대주택법의 규정에 의한 매입임대주택으로서 다음의 요건을 모두 갖춘 주택이 5호 이상인 경우 그 주택

㉠ 임대주택법의 규정에 의한 국민주택 규모 이하로서 5호 이상의 주택의 임대를 개시한 날 (5호 이상의 주택의 임대를 개시 한 날 이후 임대를 개시한 경우에는 주택의 임대개시일을 말한다) 또는 최초로 합산배제신청을 한 연도의 과세기준일의 공시가격이 3억원 이하일 것

㉡ 10년 이상 계속하여 임대하는 것일 것

③ 임대사업자의 지위에서 2005년 1월 5일 이전부터 임대하고 있던 기존임대주택으로서 다음의 요건을 모두 갖춘 주택이 2호 이상인 경우 그 주택

㉠ 국민주택규모 이하로서 2005년도 과세기준일의 시가표준액이 3억원 이하일 것

㉡ 5년 이상 계속하여 임대하는 것일 것

2) 합산배제 기타주택 : 다음 중 어느 하나에 해당하는 주택을 말한다.

① 종업원 (친족·과점주주는 제외)에게 무상으로 제공하는 사용자 소유의 주택으로서 국민주택규모 이하의 주택

② 건축법 시행령상의 기숙사

③ 과세기준일 현재 사업자등록을 한 주택법에 의한 사업계획승인을 얻은자 또는 건축하여 소유하는 미분양주택(2005.1.1 이후에 주택분재산세의 납세의무가 성립한 날부터 3년이 경과하지 않은 주택을 말한다.)

④ 세대원이 영유아보육법의 규정에 따라 시장·군수 또는 구청장의 인가를 받고 사업자등록을 한 후 과세기준일 현재 5년 이상 계속하여 가정보육시설로 운영하는 주택 (가정보육시설용 주택)

3. 세율 및 세액

(1) 주택분 종합부동산세액

주택에 대한 종합부동산세액은 다음 산식에 의하여 계산한 금액을 그 세액으로 한다.

주택분 종합부동산세액 = 과세표준 × 세율

과세표준	세율	누진공제액
6억원 이하	0.5%	0원
6억원 초과 12억원 이하	0.75%	1,500,000원
12억원 초과 50억원 이하	1%	4,500,000원
50억원 초과 94억원 이하	1.5%	29,500,000원
94억원 초과	2%	76,500,000원

(2) 재산세액 공제

주택분 과세기준 금액에 대하여 해당 과세대상 주택의 주택분 재산세로 부과된 세액 (재산세 표준세율에 50% 범위 안에서 가감조정된 세율이 적용된 경우에는 그 세율이 적용된 세액, 재산세 세부담 상한을 적용받은 경우에는 그 상한을 적용받은 세액을 말한다)은 주택분 종합부동산세액에서 공제한다.

과세기준일현재 만60세이상인 1세대 1주택자의 공제액은 다음과 같다.

만60세이상   만65세미만   10%
만 65세이상 만70세미만   20%
만 70세이상   30%

또한 1세대 1주택자로 해당주택을 과세기준일 현재 5년이상 10년미만 보유
자는 20%, 10년이상 보유한자는 40%를 공제한다.

(3) 세부담의 상한

종합부동산세의 납세의무가 당해연도에 납부하여야 할 주택분 재산세액 상
당액과 주택분 종합부동산세액 상당액의 합계액(이하 '주택에 대한 총세액상
당액'이라 한다)이 당해 납세의무자에게 전년도에 당해 주택에 부과된 주택에
대한 총세액 상당액의 150%를 초과하는 경우에는 그 초과하는 세액에 대하여
는 이를 없는 것으로 본다.

제3절 토지에 대한 과세

토지에 대한 종합부동산세는 국내에 소재하는 토지에 대한 지방세법상 재산
세 종합합산과세대상과 별도합산과세대상으로 구분하여 과세하는데, 그 내용
은 다음과 같다.

1. 납세의무자

(1) 개요

과세기준일 현재 토지분 재산세 납세의무자로서 다음 중 어느 하나에 해당하는 자는 당해 토지에 대한 종합부동산세를 납부할 의무가 있다.

구 분	납 세 의 무 자
①종합 합산과세 대상인 경우	국내에 소재하는 해당 과세대상 토지의 공시가격을 합한 금액이 5억원 을 초과하는 자. 다만, 개인의 경우에는 세대원 중 주된 토지소유자로 한다.*
②별도 합산과세 대상인 경우	국내에 소재하는 해당 과세대상 토지의 공시가격을 합한 금액이 80억원, 서비스업 사업용 토지에 대하여는 200억원을 초과하는 자 (이하 '토지 별도합산 과세기준금액 ' 이라 한다)

(2) 개인의 경우(종합 합산과세대상) : 주된 토지소유자 판정 및 연대납세의무

1) 주된 토지소유자 : '주된 토지소유자' 란 과세기준일 현재의 상황에 의하여 다음 순위에 따른 자를 말한다.

① 종합 합산과세 대상 토지를 소유한 세대원 중에서 소유한 종합합산과세 대상토지의 공시가격을 합한 금액이 가장 큰 자

② 종합 합산과세 대상 토지의 공시가격을 합한 금액이 가장 큰 자가 2인 이상인 경우에는 그 중에서 종합부동산세 신고를 하는 자

③ 종합 합산과세 대상 토지의 공시가격을 합한 금액이 가장 큰 자가 2인 이상인 경우로서 종합부동산세 신고가 없는 때에는 국세청장이 정하는 자

2) 연대납세의무 : 주된 토지소유자 외의 세대원은 그가 소유한 토지의 공시

가격을 한도로 주된 토지소유자와 연대하여 종합부동산세를 납부할 의무가 있다.

2. 과세표준

종합 합산과세대상인 토지에 대한 종합부동산세의 과세표준은 납세의무자별로 당해 과세대상토지의 공시가격을 합한 금액에서 5억원을 공제한 금액에 부동산 시장의 동향과 재정 여건 등을 고려하여 60/100부터 100/100까지의 범위에서 대통령령이 정하는 공정시장 가액비율을 곱한 금액으로 하며, 별도 합산과세대상인 토지에 대한 종합부동산세의 과세표준은 납세의무자별로 당해 과세대상 토지의 공시가격을 합한 금액에서 80억원을 공제한 금액에 부동산 시장의 동향과 재정 여건 등을 고려하여 60/100부터 100/100까지의 범위에서 대통령령이 정하는 공정시장 가액비율을 곱한 금액으로 한다.

① 종합 합산과세대상인 토지에 대한 과세표준*   = 당해 토지의 공시가격 합계 - 5억원
② 별도 합산과세대상인 토지에 대한 과세표준*   = 당해 토지의 공시가격 합계 - 80억원

* 다만, 이 금액이 영(0)보다 작은 경우에는 영(0)으로 본다

3. 세율 및 세액

(1) 종합 합산과세대상인 토지

1) 토지분 종합합산세액 : 종합 합산과세대상인 토지에 대한 종합부동산세액은 다음 산식에 의하여 계산한 금액을 그 세액으로 한다.

토지분 종합합산세액 = 과세표준 × 세율

과세표준	세율	누진공제액
15억원 이하	0.75%	0원
15억원 초과　45억원 이하	1.5%	11,250,000원
45억원 초과	2%	33,750,000원

2) 재산세액 공제 : 종합과세대상인 토지의 과세표준금액에 대하여 해당 과세대상 토지의 토지분 재산세로 부과된 세액(재산세 표준세율에 50% 범위 안에서 가감 조정된 세율이 적용된 경우에는 그 세율이 적용된 세액, 재산세 세부담 상한을 적용받은 경우에는 그 상한을 적용받은 세액을 말한다)은 토지분 종합합산세액에서 이를 공제한다. 토지분 종합합산세액에서 공제되는 재산세액을 산식으로 표현하면 다음과 같다.

(당해 토지분 과세기준금액을 초과하는 분에 대하여　당해 토지분 재산세표준세율로 계산한 재산세 상당액) ÷ (당해 토지를 합산하여 토지분재산세 표준세율로 계산한 재산세 상당액) X (당해 토지분 재산세로 부과된 세액의 합계액)

(2) 별도 합산과세대상인 토지

1) 토지분 별도합산세액 : 별도 합산과세대상인 토지에 대한 종합부동산세액은 다음 산식에 의하여 계산한 금액을 그 세액으로 한다.

토지분 별도합산세액 =세율별 과세표준 × 세율

과세표준	세율	누진공제액
200억원 이하	0.5%	0원
200억원 초과　400억원 이하	0.6%	20,000,000원
400억원 초과	0.7%	60,000,000원

2) 재산세액 공제 : 별도합산과세대상인 토지의 과세표준 금액에 대하여 해당 과세대상 토지의 토지분 재산세로 부과된 세액 (재산세 표준세율에 50% 범위 안에서 가감조정된 세율이 적용된 경우에는 그 세율이 적용된 세액, 재산세 세부담 상한을 적용받은 경우에는 그 상한을 적용받은 세액을 말한다) 은 토지분 별도합산세액에서 이를 공제한다. 토지분 별도합산세액에서 공제되는 재산세액을 산식으로 표시하면 다음과 같다.

(당해 토지분 과세기준금액을 초과하는 분에 대하여 당해 토지분 재산세표준세율로 계산한 재산세 상당액) ÷ (당해 토지를 합산하여 토지분재산세 표준세율로 계산한 재산세 상당액) × (당해 토지분 재산세로 부과된 세액의 합계액)

(3) 세부담 상한

1) 종합 합산과세대상인 경우 : 종합부동산세의 납세의무자가 종합 합산과세대상인 토지에 대하여 당해연도에 납부하여야 할 재산세액상당액과 토지분 종합 합산세액상당액의 합계액(이하 '종합 합산과세대상인 토지에 대한 총세액상당액' 이라 한다)이 당해 납세의무자에게 전년도에 당해 토지에 부과된 종합합산과세대상인 토지에 대한 총세액상당액의 150%를 초과하는 경우에는 그 초과하는 세액에 대하여는 이를 없는 것으로 본다.

제4절 종합부동산세의 납세절차

1. 신고·납부

종합부동산세의 납세의무자는 매년 납부하여야 할 종합부동산세의 과세표준과 세액을 당해연도 12월 1일부터 12월 15일까지 납세지 관할세무서장이 부과징수한다. 그러나 동 기간내에 관할세무서장에게 자진 신고·납부할 수 있다.

2. 물납과 분납

관할세무서장은 종합부동산세로 납부하여야 할 세액이 1천만원을 초과하는 경우에는 물납을 허가할 수 있으며, 종합부동산세로 납부하여야 할 세액이 5백만원을 초과하는 경우에는 세액의 일부를 납부기한이 경과한 날부터 2월일 이내에 분납하게 할 수 있다.

구분	분납할 수 있는 금액
① 납부할 세액이 2천만원 이하인 경우	1천만원을 초과하는 금액
② 납부할 세액이 2천만원을 초과하는 경우	그 세액의 50% 이하의 금애

3. 결정과 경정

또한, 종합부동산세 과세표준 및 세액을 신고한 자의 신고내용에 탈루 또는 오류가 있는 때에는 당해연도의 과세표준과 세액을 경정하여야 한다.

과세표준과 세액을 결정 또는 경정한 후 그 결정 또는 경정에 탈루 또는 오류가 있는 것이 발견된 때 또는 종합부동산세 과세표준 합산대상에서 제외되는 임대주택의 소유자로서 종합부동산세를 경감받은 자가 임대사업에 사용하던 당해 주택이 추후 임대주택에 해당하지 않게 된 때에는 이를 경정 또는 재경정하거나 경감받은 세액을 추징하여야 한다.

위에서 설명한 내용을 요약하면 다음과 같다

(1) 과세 구분별 종합부동산세 계산구조

공시가격 합계액 - 과세기준금액	· 6억원, 5억원, 80억원 공제
= 과세표준 ⇩ 과세표준 ⇩ × 세율	
= 종합부동산세액 - 재산세액 공제 - 세부담 상한초과세액 = 종합부동산세산출세액	· 과세기준금액 초과분에 부과된 재산세액

또한, 부동산 보유 과세의 방법을 요약하면 다음과 같다

(2) 부동산 보유상태에 따른 과세 방법

구분	1차 (시·군·구)재산세	2차 (국가)종합부동산세
주택 (건물과 부속토지)	주택별로 누진세율로 과세(대물개별과세)	①납세의무자: 전국 주택의 공시가액의 합계액이 과세기준금액(6억원)을 초과 하는 자 ②세액계산: 과세기준금액 초과분을 과세표준으로 하여 누진세율로 과세
종합합산과세 대상인 토지 나대지 등	인(人)별로 시·군·구 관할구역 안의 당해 토지가액을 합한	①납세의무자: 개인별로 전국의 당해토지 고시가격의 합계액이 과세기준금액(5억원)을 초과

	금액을 과세표준으로 하여 누진세율로 과세 (관내 대인합산과세)	하는 자 ②세액계산: 과세기준금액 초과분을 과세표준으로 하여 누진세율로 과세
별도합산과세 대상인 토지 *일반영업용 건축물 부속 토지	인(人)별로 시·군·구 관할구역 안의 당해 토지가액을 합한 금액을 과세표준으로 하여 누진세율로 과세(관내 대인합산과세)	①납세의무자: 인(人)별로 전국의 당해토지 공시가격의 합계액이 과세기준금액(80억원)을 초과하는 자 ②세액계산: 과세기준금액 초과분을 과세표준으로 하여 누진세율로 과세(인별 합산과세)
위 이외의 건축물 및 토지	재산별로 당해 재산가액을 과세표준으로 하여 차등비례세율로 과세 (대물개별과세)	(과세 안함)

1. 종합부동산세에 관한 설명 중 틀린 것은?

  ① 종합부동산세는 주택에 대한 종합부동산세의 세액을 합한 금액을 그 세액으로 한다.

  ② 과세기준일 현재 주택분 재산세의 납세의무자로서 국내에 있는 재산세 과세대상인 주택의 공시가격을 합산한 금액이 8억원(개인의 경우 세대별로 합산한 금액)을 초과하는 자는 종합부동산세를 납부할 의무가 있다.

  ③ 과세기준일 현재 토지분 재산세의 납세의무자로서 국내에 소재하는 종합합산과세대상 토지의 공시가격을 합한 금액이 5억원(개인의 경우에는 세대별로 합산한 금액)을 초과하는 자는 종합부동산세를 납부할 의무가 있다.

  ④ 과세기준일 현재 토지분 재산세의 납세의무자로서 국내에 소재하는 별도합산과세대상 토지의 공시가격을 합한 금액이 80억원을 초과하는 자는 종합부동산세를 납부할 의무가 있다.

  ⑤ 개인의 종합부동산세의 납세지는 소득세의 납세지이다.

2. 홍길동씨가 주거목적으로 2015년 5월 20일에 50평(공동주택가격: 12억원) 아파트를 유상으로 취득하였다. 홍길동씨가 취득한 아파트가 세법상 과세제외 대상이 아니라고 할 때, 다음 2015년 중 아파트의 취득 및 보유와 관련 하여 부담하는 세목이 아닌 것은?

  ① 등록면허세   ② 지방교육세   ③ 농어촌특별세

  ④ 종합부동산세   ⑤ 지역자원시설세

3. 다음은 주택, 상업용 건물 및 토지를 보유하고 있는 거주자 양XX씨가 2015년에 납부해야 할 재산세와 종합부동산세에 대한 설명이다. 가장 잘못된 설명은?

① 주택에 대한 재산세는 2015년 6월 1일 현재의 소유 주택에 대하여 재산세를 계산하며, 산출세액의 2분의 1은 2015년 7월 16일부터 7월 31일까지, 나머지 2분의 1은 2015년 9월16일부터 9월30일까지 납부한다.

② 상업용 건물에 대한 재산세는 2015년 6월 1일 현재의 소유 건물에 대하여 재산세를 계산하며, 세액은 건물의 소재지를 관할하는 시·군에 납부한다.

③ 토지에 대한 재산세는 2015년 6월 1일 현재의 소유 토지에 대하여 재산세를 계산하며, 세액은 2015년 9월 30일까지 납부한다.

④ 상업용 건물에 대한 종합부동산세의 과세기준일은 2015년 6월 1일이며, 과세표준과 세액은 2015년 12월 1일부터 12월 15일까지 납부해야 한다.

⑤ 주택에 대한 종합부동산세는 국내에 있는 재산세 과세대상인 주택의 공시가격을 합산한 금액이 6억원 (세대별로 합산한 금액을 말한다)을 초과하는 경우 납세의무가 있다.

4. 부동산 보유에 대한 조세부담 형평성과 부동산 가격안정을 도모하기 위하여 일정 금액 이상의 부동산 보유자에 대해서 재산세를 부과한 후 추가로 부과하는 세금으로 옳은 것은?

① 종합부동산세 ② 농어촌특별세 ③ 취득세 ④ 인지세 ⑤ 지방교육세

5. 주택분 종합부동산세와 관련된 다음 설명 중 옳지 않은 것은?

① 주택에 대한 종합부동산세는 국내에 있는 재산세 과세대상인 주택의 공시가격을 합산한 금액이 6억원을 초과하는 경우 납세의무가 있다.

② 주택분 과세표준 금액에 대하여 해당 과세대상주택의 주택분 재산세로

부과된 세액은 주택분 종합부동산세액에서 이를 공제한다.

③ 주택분 종합부동산세의 납세의무자는 종합부동산세의 과세표준과 세액을 당
해연도 12월 1일부터 12월 15일까지 관할세무서장에게 신고·납부하여야 한다.

④ 세율은 0.5%-2%의 초과누진세율이다.

⑤ 종업원의 주거에 제공하기 위한 기숙사는 종합부동산세 과세표준 합산
의 대상이 되는 주택의 범위에 포함되지 않는 것으로 본다.

6. 토지분 종합부동산세와 관련된 다음 설명 중 옳지 않은 것은?

① 종합부동산세액은 토지분 종합부동산세 과세표준에 세율을 곱한 금액에
서 토지분 재산세를 차감하여 계산한다.

② 종합합산과세대상인 토지에 대한 종합부동산세의 과세표준은 납세의무
자별로 해당 과세대상토지의 공시가격을 합산한 금액에서 5억원을 공제
한 금액에 공정시장가액비율을 곱한 금액으로 한다.

③ 토지에 대한 종합부동산세는 국내에 소재하는 토지에 대하여 종합합산
과세대상과 별도합산과세대상으로 구분하여 과세한다.

④ 과세기준일 현재 토지분재산세의 납세의무자로서 국내에 소재하는 종합
합산과세대상 토지의 공시가격을 합한 금액이 5억원을 초과하는 자는
종합부동산세의 납세의무를 진다.

⑤ 종합합산관세대상 토지에 적용되는 종합부동산세율은 별도합산과세대
산 토지에 적용되는 종합부동산세율보다 낮다.

가장 중요한 것은 당신이 무엇을 하느냐가 아
니라 당신이 누구인가이다.

1.② 2.⑤ 3.④ 4.① 5.③ 6.⑤

제7장 기타의 세법

제1절 지방세법

지방세란 지방자치단체가 재정수요를 조달하기 위하여 그 지방자치단체 내의 주민에게 강제적으로 부과하는 조세를 말한다. 현행 지방세는 도(道)의 수입을 위한 도세와 시·군의 재정수입을 위한 시·군세로, 특별시와 광역시의 지방세는 특별시 및 광역시세와 구(區)세로 나누어 진다.

(1) 특별시세·광역시세와 구세

구분	보통세	목적세
특별시세· 광역시세	취득세, 주민세, 자동차세, 담배소비세, 레저세, 지방소비세, 지방소득세	지역자원시설세, 지방교육세
구세	등록면허세, 재산세	

(2) 도세와 시·군세(광역시의 군세를 포함함)

구분	보통세	목적세
도　세	취득세, 등록면허세, 레저세, 지방소비세	지역자원시설세, 지방교육세
시·군세	주민세, 재산세, 자동차세, 담배소비세, 지방소득세	

구체적으로 살펴보면, 도세에는 취득세, 등록면허세, 레저세, 지방소비세, 지역자원시설세, 지방교육세가 있고, 시·군세는 주민세, 재산세, 자동차세, 담배소비세, 지방소득세,가 있다. 또한 특별시 및 광역시세는 취득세, 주민세, 자동차세, 담배소비세, 레저세, 지방소득세, 지방소비세, 지역자원시설세, 지방교육세가 있고, 구(區)세에는 등록면허세, 재산세가 있다.

1. 세율

세율은 세액을 산출하기 위하여 과세표준에 곱하는 비율 또는 금액을 말한다. 지방세의 세율은 일정세율, 표준세율, 제한세율 및 임의세율의 4가지로 구분된다.

(1) 일정세율

일정세율이란 일정액 또는 일정률로 고정된 세율을 말하는데 세율 적용에 있어서 융통성이 없고 정하여진 세율을 따라야 하므로 지방자치단체가 이를 임의로 조정할 수 없다. 등록면허세, 지역자원시설세(원자력발전 제외)의 세율이 대표적인 예이다.

(2) 표준세율

표준세율이란 과세를 함에 있어서 통상 적용하여야 할 세율이나, 지방자치단체의 재정상의 이유 또는 기타 사유가 있는 경우에 지방자치단체의 판단에 의하여 이에 따르지 않을 수 있는 세율을 말한다. 취득세, 지방소득세, 지방교육세, 재산세, 법인균등할주민세, 자동차세, 지역자원시설세의 세율이 대표적인 예이다.

(3) 제한세율

제한세율이란 과세를 함에 있어 이를 초과할 수 없는 최고세율을 말한다. 표준세율인 경우에는 지방자치단체의 재량에 의하여 세율을 정할 수 있으나 지나치게 높은 세율의 적용을 허용한다면 문제가 있으므로 제한세율은 표준세율의 채택과 더불어 채택하는 것이 일반적이다. 개인균등분 주민세, 재산분 주민세가 대표적인 예이다.

(4) 임의세율

임의세율이란 세율을 정하지 아니하고 각 지방자치단체가 임의적으로 결정하여 적용할 수 있는 세율을 말한다. 현재 임의세율을 채택하고 있는 지방세는 없다.

2. 징수방법

(1) 보통징수

보통징수란 세무공무원이 납세고지서를 당해 납세의무자에게 교부하여 지방세를 부과하는 것을 말한다. 보통징수방법의 세목인 경우 고지서에 의한 납부기한이 경과하면 가산금이 부과된다. 재산세가 보통징수방법으로 징수된다.

(2) 신고납부

신고납부란 납세자가 납부하여야 할 지방세의 과세표준과 세액을 신고하고 그 신고한 세액을 자진하여 납부하는 방법을 말한다. 납세자가 신고한 과세표준과 세액이 차이가 있는 경우에는 지방자치단체의 장은 동 과세표준과 세액을 경정하고 동 차액을 납세고지서에 의하여 부과 징수한다. 신고납부기한이 경과하면 가산세가 부과된다. 취득세, 등록면허세 등이 신고납부방법으로 징수된다.

(3) 특별징수

특별징수란 지방세 징수의 편의가 있는 자를 특별징수의무자로 지정하고, 그 지정된 특별징수의무자가 납세의무자로부터 지방세를 징수하여 이를 지방자치단체에 납입하는 방법을 말한다. 특별징수는 국세의 원천징수와 같은 제도로서 지방소득세 소득세분 등에 적용하고 있다.

3. 불복절차

지방세 처분에 대하여는 행정심판전치주의를 채택하고 있지 아니하므로 지방세법에 의한 불복절차나 감사원법에 의한 불복절차를 거치지 않고도 행정소송을 제기할 수 있다. 불복절차에는 이의신청과 심사청구의 선택적인 두 단계로 되어 있으며 결정종류, 보정, 행정소송 제기기한 등에 있어서 납세자의 권리는 국세의 불복절차와 동일하다.

지방세에 대하여 불복하고자 하는 자는 처분이 있은 것을 안 날(처분의 통지를 받은 경우에는 통지를 받은 날)로 부터 90일 이내에 불복의 사유를 구비하여 도세에 있어서는 도지사에게, 시·군에 대해서는 시장·군수에게 이의신청을 할 수 있다.

이의신청을 거친 후에 심사청구를 하고자 할 때는 이의신청에 대한 결정통지를 받은 날로부터 90일 이내에, 또는 이의신청을 거치지 아니하고 바로 심사 또는 심판청구를 하고자 할 때에는 당해 처분이 있은 것을 안 날부터 90일 이내에 심사 또는 심판청구를 할 수 있다. 이때, 도지사의 결정에 대하여는 조세심판원장에게, 시장·군수의 결정에 대하여는 도지사 또는 조세심판원장에게 심사 또는 심판청구를 하여야 한다. 이의신청에 대한 결정을 받지 못한 경우에는 그 통지를 받기 전이라도 그 결정기간이 경과한 날로 부터 심사 또는 심판청구를 할 수있다.

이의신청이나 심사청구를 받은 지방자치단체의 장 또는 조세심판원장은 그 청구를 받은 날로 부터 90일이내에 지방세심의위원회의 의결에 따라 결정

하고 신청인 또는 청구인에게 그 이유를 함께 기재한 결정서를 송달하여야
한다.

4. 취득세

(1) 취득세의 개관

취득세는 부동산 등 법 소정 자산의 취득에 대하여 과세하는 지방세로서 유
통세의 일종이다. 부동산, 입목, 차량, 기계장비, 항공기, 선박, 광업권,어업권,
골프회원권, 콘도미니엄회원권, 종합체육시설이용권을 취득하는 자는 취득세
의 납세의무가 있다. 건축물의 건축(신축 및 재축 제외) 또는 개수한 경우와 선
박·차량·기계장비의 종류변경, 토지의 지목변경으로 인하여 당해 건축물 등의
가액이 증가한 경우에도 이를 취득한 것으로 보므로 취득세의 납세의무가 있
다.

여기서 취득이란 매매, 교환, 상속, 증여, 기부, 법인에 대한 현물출자, 건축,
공유수면의 매립, 간척에 의한 토지의 조성 등과 기타 유사한 취득으로서 원시
취득, 승계취득, 유상취득, 무상취득을 불문하고 일체의 취득을 말한다. 따라서
취득세 과세대상 물건을 매입한 경우는 물론 자가건설에 의한 건물의 취득, 공
유수면매립에 의한 토지의 취득, 상속이나 증여에 의한 취득도 취득세 과세대
상이다. 그러나 차량, 기계장비, 항공기, 주문에 의하여 건조하는 선박은 승계
취득에 한하여 취득세를 과세한다.

한편, 법인의 주식 또는 지분을 취득함으로써 비상장법인의 과점주주가 된
자는 법인의 취득세 과세대상물건을 그 지분비율에 상당하는 금액에 대한 취득
세의 납세의무가 있다. 다만, 법인설립시 발행하는 주식 또는 지분을 취득함으
로써 과점주주가 된 경우 또는 과점주주에 대한 취득세 납세의무 성립일 현재
취득세가 비과세, 감면되는 부분에 대하여는 취득세 납세의무를 지지 않는다.

(2) 비과세

① 국가, 지방자치단체, 지방자치단체조합, 외국정부, 주한 국제기구의 취득
② 공익사업목적, 주민공동소유목적, 별정우체국사업목적을 위한 부동산의
   취득
③ 천재, 지변 기타 불가항력으로 멸실 또는 파손된 건축물, 선박, 자동차,
   기계장비의 대체취득
④ 토지수용법, 도시계획법 등으로 수용된 부동산, 선박, 어업권, 광업권의
   대체취득
⑤ 상속, 합병, 공유권의 분할, 건축물의 이축, 환매권의 행사 등으로 취득

(3) 과세표준

취득세의 과세표준은 취득당시의 가액으로 하되, 연부취득인 경우에는 연부
금액으로 한다. 이 경우 취득당시의 가액이란 취득자가 신고한 가액을 말하나,
다만 신고 또는 신고가액의 표시가 없거나 그 가액이 시가표준액에 미달하는
하는 때에는 지방세 시가표준액에 의한다. 다만, 다음의 경우에는 실지거래가
액에 의한다. (증여, 기타 무상취득은 제외)
① 국가·지방자치단체 및 지방자치단체조합으로부터 취득
② 외국으로부터의 수입에 의한 취득
③ 판결문, 법인장부 등에 의하여 취득가격이 입증되는 취득
④ 공매방법에 의한 취득

(4) 세율

취득세의 세율은 취득물건의 가액 또는 연부금액의 2.8%로 한다. 다만, 별장,
골프장, 고급오락장, 고급주택, 법인의 비업무용토지 , 고급선박 등의 사치성
재산은 표준세율과 중과기준세율의 4배를 합한 세율, 과밀억제권역 내 공장
의 신설, 증설과 본점용 부동산의 취득은 표준세율에 중과기준세율(2%)의 2
배를 합한 세율로 과세를 한다.

(5) 취득시기

취득세의 취득시기는 계약상의 잔금지급일 (계약상 잔금지급일이 명시되지 아니한 경우에는 계약일로 부터 30일이 경과되는 날)로 한다. 단, 무상승계취 득의 경우에는 계약일로 하고, 잔금을 계약상 지급일 전에 사실상 지급한 경우 와 다음의 유상승계취득의 경우에는 사실상 잔금지급일로 한다.
① 국가, 지방자치단체 및 지방자치단체조합으로 부터 취득
② 외국으로 부터 수입에 의한 취득
③ 판결문, 법인장부에 의하여 취득가격이 입증되는 취득
④ 공매방법에 의한 취득
한편, 건축물의 건축은 사용검사필증 교부일 (그 이전 사실상 사용의 경우에 는 사실상의 사용일), 매립·간척 등으로 토지의 원시취득의 경우에는 공사준공 인가일, 선박·차량·건설기계의 종류변경에 따른 취득은 사실상 변경한 날, 토 지의 지목변경에 따른 취득은 토지의 지목이 사실상 변경된 날을 취득시기로 본다.

(6) 신고납부

취득세 과세물건을 취득한 자는 취득한 날로 부터 60일이내에 이를 신고납 부하여야 한다. 단, 상속으로 인한 취득의 경우는 상속개시일로 부터 6월이내 에 신고납부하여야 한다.

5. 등록면허세

(1) 등록면허세의 개관

등록세면허세는 취득을 원인으로 하는 등기나 등록 외 각종 등록을 하거나 면허를 받는 경우 그 등기나 등록을 받는 자에게 부과하는 지방세이다. 이 경

우 납세지는 등기 또는 등록일 현재 등기 또는 등록할 재산의 소재지나 등기 또는 등록권자의 주소지 해당 사무소 또는 영업소 등의 소재지를 관할하는 도 이다.

(2) 비과세

① 국가, 지방자치단체, 지방자치단체조합, 외국정부, 주한국제기구의 등기·등록
② 공익사업목적, 주민공동소유의 부동산 등기
③ 학교법인, 사회복지법인의 설립과 합병의 등기
④ 대체취득에 대하여 취득세가 비과세되는 건축물, 선박, 자동차, 건설기계의 등기·등록

(3) 과세표준

부동산, 선박, 항공기, 자동차, 건설기계의 등록에 대한 등록면허세의 과세표준은 등기 또는 등록 당시의 가액으로 한다. 다만, 취득당시의 가격이 등기 또는 등록 당시 시가표준액에 미달하는 경우에는 시가표준액에 의한다.

(4) 세율

등록면허세의 세율은 재산별(부동산, 선박, 자동차, 상호, 무체재산 등), 권리의 종류별(소유권, 지상권, 저당권, 전세권, 임차권 등), 취득의 형태별로 각각 달리 적용한다. 부동산의 유상취득의 경우는 2%, 소유권 이외의 권리는 각 권리의 0.2% 등이 대표적인 예이다. 다만, 과밀억제권역 내에서의 설립,전입 등기와 그에 따른 부동산 등기, 공장의 신설, 증설에 따른 부동산 등기 등은 3배로 중과세한다. 단 과밀억제 권역 안에 설치가 불가피하다고 인정되는 업종으로 대통령령이 정하는 업종에 대하여는 예외로 한다.

(5) 신고·납부

등기 또는 등록을 하고자 하는 자는 등기 또는 등록을 하기 전까지 등록면허세액을 신고·납부하여야 한다. 등록면허세 납부의무자가 등록면허세를 신고 또는 납부의무를 다하지 않은 경우에는 신고불성실 가산세(20%)와 납부불성실 가산세(납부지연일자×3/10,000)가 부과된다.

6. 재산세

(1) 재산세의 개관

재산세란 법인이나 개인이 소유하는 재산에 대하여 부과하는 조세이다. 재산세 과세기준일 현재(매년 6월 1일) 과세대장에 토지, 건축물, 주택, 선박, 항공기의 소유자로 등재된 자는 재산세를 납부할 의무가 있다. 다만, 권리의 양도, 도시계획사업의 시행 또는 기타의 사유로 인하여 재산세 과세대장에 등재된 자의 권리에 변동이 생겼거나 재산세 과세대장에 등재가 되지 아니하였을 때에는 사실상 소유자가 재산세를 납부할 의무를 진다. 소유권의 귀속이 분명하지 아니하여 소유권자를 알 수 없는 경우에는 그 사용자가 재산세를 납부할 의무를 진다. 국가, 지방자치단체, 지방자치단체조합과 재산세 과세대상물건을 연부로 매매계약을 체결하고 그 재산의 사용권을 무상으로 부여받은 경우에는 그 매수계약자가 재산세를 납부할 의무를 진다.

(2) 비과세

① 국가, 지방자치단체, 지방자치단체조합, 외국정부 및 주한국제기구가 소유하는 재산
② 공익사업목적, 주민공동소유, 별정우체국, 임시사용의 재산

③ 국가, 지방자치단체, 지방자치단체조합이 1년 이상 공용 또는 공공용에
   사용하는 재산

(3) 과세표준

재산세의 과세표준은 시가표준액(공시지가)으로 한다.

(4) 세율

주택의 경우는 0.1%~0.4%의 누진세율, 골프장·별장·고급오락장용 건축물
은 4%, 주거지역 특정지역 내의 공장용 건축물은 0.5%, 기타의 건축물·선박·
항공기는 0.3%의 세율을 적용한다. 다만, 대도시내의 공장을 신설 또는 증설
하는 경우는 최초의 과세기준일로 부터 5년간은 1.25%로 중과세한다.

(5) 징수

재산세의 과세기준일은 매년 6월 1일로 하고, 주택은 매년 7월 16일부터 7월
31일까지와 9월 16일부터 9월 30일까지 각 1/2씩 납부한다. 또한 토지는 매년
9월 16일부터 30일까지, 기타재산은 7월 16일부터 7월 31일까지 납부한다. 납
세고지서는 토지, 건축물, 주택, 선박, 항공기로 구분하여 각 개별 해당 과세표
준세액과 그 합계세액을 기재하여 늦어도 납기 개시 5일 전까지 발부하여야
한다.

7. 기타 지방세

이상으로 지방세 중에서 주요한 3가지만 설명하였다.
기타의 지방세에 대한 납세의무자와 과세표준 및 징수방법 등에 대해서 요
약하면 다음과 같다.

(1) 주민세

구 분	대 상	세 액	비 고
1) 균등분	주소를 둔 개인	₩10,000	제한세율, 보통징수
	사업장을 둔 개인	₩50,000	표준세율: 신고납부
	사업장을 둔 법인	₩50,000 ~ ₩500,000	
2) 소득분	소득세·법인세의 납세의무자	소득세·법인세액×10%	

(2) 기타의 지방세

세목	납세의무자	과세표준 또는 세액	세율	징수방법
1)레저세	승자투표권, 승마투표권 등을 발매·환급하는 사업을 영위하는 자	승자투표권, 승마투표권 등의 총발매금액	10% *레저세액에 20%의 농어촌특별세와 40%의 지방교육세가 부가된다.	신고납부 (익월 10일)
2)자동차세	자동차 소유자로 등재된 자	자동차 유형별 1대당 일정액(표준세율) 자동차세액에 30%의 지방교육세가 부가된다.		보통징수
	휘발유 등에 대한 교통·에너지·환경세의 납세의무자	교통·에너지·환경세액	26%(30% 범위 내 조정가능)	다음달 말일까지 특별징수의무자에게 신고납부
3)담배소비세	담배제조업자·수입판매업자·외국으로부터의 반입자	제조담배의 개비수·중량	조정세율 30% 범위내 *담배소비세액에 50%의 지방교육세가 부가된다.	신고납부

4)등록면허세	등록을 하는 자	등록 당시의 가액		신고납부
	면허를 받거나 변경하는자	면허의 종류에 따른 일정액		신고납부
	면허갱신으로 의제되는 자 *유효기간이 1년을 초과하는 경우 매년 1월 1일에 갱신 의제함			보통징수
5)지방교육세	①등록면허세·재산세의 납세의무자	해당세액	20%(표준세율)	본세의 징수 방법에 따름
	②레저세·균등할주민세·자동차세·담배소비세의 납세의무자	해당세액	10%~50% (표준세율)	
6)지역자원시설세	발전용수, 지하수, 지하자원, 원자력발전을 활용하거나 컨테이너를 입·출항 하는 자	용수량 등의 일정액 또는 광물가액의 일정률(표준세율) 원자력발전 : 0.5원/kwh(일정세율)		신고납부
	소방시설로 이익을 받는 자	토지 및 건축물의 전부 또는 일부에 대한 가액	0.023%의 단일 비례세율	보통징수
	오물처리시설·수리시설·기타 공공시설로 이익을 받는 자	건축물(주택의 건축물부분 포함) 또는 선박 (소방선이 없는 시·군은 제외)의 가액	0.05%-0.13% 까지의 초과누 진세율	
7)지방소득세	법인세와 소득세	법인세액, 소득세액, 종업원 급여총액	10% 0.5%	신고납부
8)지방소비세	부가가치세를 납부하여야 하는 자	부가가치세 납부세액 －감면·공제세액 ＋가산세	5%	부가가치세 신고납부 시

제2절 국세징수법

1. 국세징수법의 의의

　국세징수법이란 국세의 징수절차를 규정한 법률을 말한다. 국세징수법은 각 세법에 의하여 성립확정된 조세채권에 대한 임의적인 납부를 구하는 절차인 납세고지·독촉과 체납시 강제적인 조세채권의 실현절차인 압류, 압류재산의 매각, 청산에 대하여 규정하고 있다. 국세징수법은 총칙법으로서의 성격과 절차법으로서의 성격을 가지고 있다. 국세징수에 관하여는 일반적으로 국세징수법에 의하나, 국세징수법에 규정한 사항에 대하여 다른 세법에 특별한 규정이 있으면, 다른 세법의 규정에 따른다. 따라서 국세징수법은 국세기본법이나 다른 세법의 하위법에 해당된다. 또한 국세징수법은 지방세의 강제징수에 관하여도 보충적으로 적용된다. 국세, 가산금, 체납처분비의 징수에 있어서 체납자의 재산이 체납액에 부족한 경우에는 체납처분비, 가산금, 국세의 순위에 의하여 징수한다. 이 때 국세에 대하여 당사자의 명백한 의사표시가 없는 경우에는 교육세, 농어촌특별세, 교통세 기타의 국세의 순으로 징수한다.

　국세의 납부를 간접적으로 강제하기 위한 사전적 납세보전제도에는 납세증명서제출제도·미납국세 등의 열람, 관허사업의 제한, 체납 또는 결손처분 자료의 제공 등이 있다.

2. 징수

　국세채권은 세법이 정하는 과세요건의 충족으로 인하여 성립하고 납세의무자의 신고 또는 과세권자의 부과처분에 의하여 구체적으로 확정된다. 확정된 국세채권에 대한 징수절차는 납세고지 또는 독촉에 따라 납부기한 내에 스스로 납부하게 하는 임의적 징수절차와 이를 이행하지 아니하는 경우에 납세자의 재산을 압류·공매하여 국세채권에 충당하는 강제적 징수절차로 나누어진다. 임의적 징수절차에는 납세자가 납부기한 내에 스스로 납부하도록 이행을 청구하는 납세고지 및 납부통지와 그 납부기한 내에 납부하지 아니하는 경우, 자진납부를 구하는 독촉과 최고절차, 그리고 징세비용 절약을 위하여 국세의 징수를 시장 또는 군수에게 위임하는 시·군 위탁징수로 나눌 수 있다. 그리고 법 소정의 사유가 있는 경우에 기한의 이익을 박탈하는 납기전 징수 및 국세를 납부할 수 없는 불가항력의 사유가 발생한 때 납부기한을 연장하거나 분납시키는 징수유예 등의 특별징수절차도 있다.

3. 체납처분

조세채권은 과세요건이 충족되면 성립되고, 납세의무자의 신고나 정부의 부과처분에 의해 구체적으로 확정된다. 이와 같이 확정된 조세채권은 납세자의 자진납부 또는 납세고지에 의한 납부로 실현되며 이것을 조세채권의 임의적 징수절차라고 한다. 그러나, 고지를 하여도 납세자가 납부기한 내에 조세를 납부하지 않는 경우에는 과세관청이 독촉을 하여 이행을 최고하게 되며 독촉에 의한 납부기한까지 납부하지 않는 때에는 과세관청은 부득이 체납자의 재산을 압류·환가하여 체납액에 충당하는 체납처분절차를 밟게 된다.

이와 같은 체납처분은 국가의 자력집행력에 근거를 두는 강제적 실현절차로서 압류·매각과 청산의 절차를 따르게 된다. 압류는 체납처분의 첫단계절차로서 납세자가 소유하는 재산에 관하여 법률상 또는 사실상의 처분을 금지시키는 처분을 말한다. 압류에 의하여 압류재산의 처분권이 국가에 이전되며 압류 후에는 압류재산의 양도 또는 권리설정 등의 법률상 처분으로도 압류권자인 국가에 대항할 수가 없다. 세무공무원은 신분증을 제시하고 체납자의 가옥, 선박, 기타의 장소를 수색하여 압류할 재산을 선택, 압류하는 절차를 밟게 된다. 체납처분을 집행하는 공무원에게는 체납처분집행의 실효성을 확보하기 위하여 질문조사권, 수색권과 출입제한명령권이 부여되어 있다.

압류재산의 매각이란 압류한 채권자의 재산을 환가하는 행정처분을 말한다. 압류재산의 매각은 체납자의 재산권에 대한 중대한 침해가 될 수 있으므로 그 방법과 절차를 법률로서 엄격히 규정하고 있다. 압류재산을 매각하는 방법에는 공매와 수의계약이 있으며, 공매는 경매와 입찰로 나누어진다. 청산이란 체납처분의 최종단계로서 압류재산의 매각대금을 국세, 가산금, 체납처분비와 기타 채권에 배분하는 처분을 말한다. 배분할 금액이 체납액과 기타 채권액보다 많으면 초과액을 체납자에게 교부하고, 그 반대의 경우에는 배분순위에 따라 배분하게 된다.

결손처분이란 구체적으로 확정된 조세채권을 일정한 사유로 징수할 수 없다고 인정되는 경우에 그 조세채권을 소멸시키는 처분을 말한다. 결손처분은 체납처분을 집행하는 것이 불가능한 상태이거나 납세자에게 재산이 없어서 체납처분을 집행하는 것이 징세비용만 낭비할 경우에 이를 막기 위한 것이다.

제3절 국제조세조정에 관한 법률

1. 의의

세계무역기구의 출범과 경제협력개발기구의 가입 등 우리 경제의 세계화가 진전됨에 따라 국제거래가 급증하고 있으므로 원활한 경제교류를 도모하고 우리나라의 과세권을 보호하기 위하여 국제적으로 인정된 과세규범에 맞게 국제조세에 관한 기본법을 제정할 필요가 있다. 이에 따라 국제조세에 관한 사항을 종합적으로 규율함으로써 외국계기업에 대한 과세권을 강화하고 해외진출 국내기업을 보호하기 위하여 국제조세조정에 관한 법률을 제정하게 되었다. 국제조세조정에 관한 법률은 국제거래에 관한 조세의 조정에 관한 사항과 국가 간의 조세행정협조에 관한 사항을 규정함으로서 국가 간의 이중과세 및 조세회피를 방지하고 원활한 조세협력을 도모함을 목적으로 한다.

2. 이전가격세제

다국적 기업은 관련 기업 간에 재화 및 용역 거래시 거래가격을 조작함으로서 상대적으로 세율이 낮은 국가에 소재한 기업의 소득을 증가시키고 세율이 높은 국가에 소재한 기업의 소득을 감소시킴으로써 다국적기업 전체의 조세부 담을 최소화하려는 경향이 있다. 또한 다국적 기업은 거래가격을 조작함으로 써 사업소득에 대한 진출국의 과세를 피하면서 이익을 모기업에 이전하려고 하는 경향이 있다. 이러한 다국적기업의 조세회피행위를 규제하고 자국의 과 세권을 보호하기 위하여 국제간의 거래에 있어서 일방이 국외특수관계자인 국 제거래에 있어서 그 거래가격이 정상가격에 미달하거나 초과하는 경우에는 정 상가격을 기준으로 거주자의 과세표준 및 세액을 결정 또는 경정할 수 있다. 여기서 정상가격은 비교가능 제 3자 가격, 재판매가격, 원가가산가격으로 하 고, 이것으로도 산출할 수 없는 경우에는 이익분할법, 거래순이익률법등 기타 합리적인 방법에 의한다.

3. 과소자본세제

다국적 기업이 외국에 자회사나 지점으로 진출하는 경우에는 자본금을 적게 하고 차입금을 많이 함으로써 진출국의 소득금액을 최소화하려는 경향이 있는 데 이를 규제하기 위해서 특수관계자로부터 과다한 차입금의 이자를 배당으로 간주하여 손금불산입하는 규정을 두고 있다.

내국법인이나 외국법인의 국내사업장의 차입금 중 국외지배주주로 부터 차 입한 금액과 국외지배주주의 지급보증에 의하여 제삼자로부터 차입한 금액이 그 국외지배주주가 주식 등으로 출자한 출자지분의 3배 또는 업종별 배수를 곱한 금액을 초과하는 경우에는 그 초과한 부분에 대한 이자비용 및 할인료는 법인세법의 규정에 의한 배당 또는 기타 사외유출로 처분된 것으로 보고 그 내국법인의 손금에 산입하지 아니한다.

4. 조세피난처의 법인소득에 관한 과세조정

내국법인이 조세부담이 적은 지역(법인의 조세부담률이 15%이하인 국가 또 는 지역, 이하 조세피난처라 한다.)에 본점 또는 주사무소를 둔 외국법인에 당해 외국법인의 각 사업연도말 현재 발행주식의 20%이상을 직간접으로 투자한 경우에는 그 외국법인의 각 사업연도 말 현재 배당가능한 유보소득 중 내국인에게 귀속될 금액은 내국인이 배당받은 것으로 본다. 이 때 배당으로 간주된 금액은 특정외국법인의 당해 사업연도 종료일의 다음 날로 부터 60일이 되는 날이 속하는 내국인의 과세연도의 익금에 산입한다. 이렇게 유보소득이 내국인의 익금으로 산입된 후 그 법인이 당해 유보소득을 실제로 배당받은 경우에는 당해 과세연도 개시일로 부터 소급하여 5년간 배당으로 간주된 금액의 합계액을 한도로 이월익금이나 이월된 소득금액으로 본다.

5. 국외증여에 대한 증여세 과세특례

국내에 주소를 둔 자가 국외에 주소를 둔 자에게 국외에 있는 재산을 증여한 경우에는 상속세 및 증여세법의 규정에 불구하고 증여자는 이 법에 의하여 증여세를 납부할 의무가 있다. 다만, 당해 자산에 대하여 외국의 법령에 의하여 증여세가 부과되는 경우에는 그러하지 아니하다. 이 경우 증여재산의 가액은 증여재산이 소재하는 국가의 증여 당시의 현황을 반영한 시가에 의한다.

6. 상호합의 절차

우리나라 국민, 거주자 또는 내국법인은 ① 조세조약의 적용 및 해석에 관하여 체약상대국과 협의할 필요성이 있는 경우 ② 체약상대국의 과세당국으로부터 조세조약의 규정에 부합하지 아니하는 과세처분을 받았거나 받을 우려가 있는 경우 ③ 조세조약에 따라 우리나라와 체약상대국간에 조세조정이 필요한 경우에 상호합의 절차의 개시를 신청할 수 있다. 재경부 장관 또는 국세청장은 상호합의 절차 개시의 신청을 받은 경우에는 체약상대국의 권한 있는 당국에게 상호합의 절차의 개시를 요청하여야 하고 신청인에게 그 요청사실을 통지하여야 한다. 국세청장은 상호합의 개시신청을 받은 경우에는 기획재정부장관에게 보고하여야 하며, 기획재정부장관은 필요한 경우 상호합의절차와 관련된 지시를 할 수 있다. 기획재정부장관과 국세청장은 상호합의가 필요한 경우 직권으로 체약상대국의 권한 있는 당국에 상호합의 절차의 개시를 요청할 수 있다. 상호합의 절차의 종료일은 우리나라와 체약상대국의 권한 있는 당국 간에 문서에 의하여 합의가 이루어진 날로 한다. 다만, 상호합의가 이루어지지 않은 경우에는 개시일의 다음 날부터 5년이 되는 날을 상호합의 절차의 종료일로 한다.

7. 국가간의 조세협력

비거주자 또는 외국법인의 국내원천소득의 구분에 있어서는 소득세법 및 법인세법의 규정에 불구하고 조세협약의 규정이 우선하여 적용된다. 체약상대국에 대하여 조세의 징수를 상호 위탁하고 위탁받을 수 있다. 국세청장은 조세의 부과와 징수, 조세불복에 대한 심리 및 형사 소추 등을 위하여 필요한 조세정보와 국제적 관행으로 일반화 되어 있는 조세정보를 다른 법률에 저촉되지 아니하는 범위 내에서 체약상대국과 교환할 수 있으며, 체약상대국간의 상호 세무조사에 협력을 할 수 있다.

제4절 조세특례제한법

1. 조세특례제한법의 의의

조세에 관한 각종 감면 및 조세특례에 관한 사항을 규정함으로써 경제적 또는 사회적, 재정정책적 목적을 효율적으로 수행하게 하고 조세의 감면 등에 대한 법률의 범위를 법으로 제한함으로써 조세감면의 통일성과 과세의 공평 및 조세수입확보 등 조세의 감면과 국고목적을 동시에 달성하고자 하는 법률이다.

2. 조세특례제한법의 성격

(1) 조세특례 및 감면에 관한 기본법으로서의 성격

조세특례제한법은 조세의 감면 및 특례에 관한 사항을 광범위하게 규정하고 조세감면 등을 할 수 있는 법률의 범위를 규정함으로써 이에 대한 기본법적 성격을 갖고 있다.

(2) 세법으로서의 성격

조세특례제한법은 조세에 관한 감면 및 그 절차 등을 규정하고 있으므로 세법에 해당하며 국세기본법도 세법으로 규정하고 있다.

3. 조세감면의 배제

조세특례제한법, 국세기본법, 조세조약 및 조세감면에 관한 법률 등에 의하여 감면되는 조세의 범위에는 당해 법률이나 조약에 특별한 규정이 있는 경우를 제외하고는 가산세 및 양도소득세는 포함하지 아니한다.

1. 다음은 지방세에 대한 설명이다. 틀린 것은?

① 지방세란 지방자치단체가 재정수요를 조달하기 위하여 그 지방자치단체 내의 주민에게 강제적으로 부과하는 조세를 말한다.

② 보통징수란 세무공무원이 납세고지서를 당해 납세자에게 교부하여 부과하는 것을 말하는데, 당해 세목에는 재산세, 자동차세, 균등할 주민세 등이 있다.

③ 지방세의 처분에 대하여는 행정심판전치주의를 채택하고 있으므로 지방세법에 의한 불복절차나 감사원법에 의한 불복절차를 거치지 않고도 행정소송을 제기할 수 있다.

④ 재산세란 재산세 과세기준일(매년 6월 1일) 현재 과세대장에 재산세 과세대상인 토지, 건축물, 주택, 선박, 항공기의 소유자로 등재된 개인이나 법인에게 부과하는 조세이다.

⑤ 취득세는 부동산 등 법 소정 자산의 취득에 대하여 과세하는 지방세인데, 차량, 기계장비, 항공기, 주문에 의하여 건조하는 선박은 승계취득에 한하여 취득세를 과세한다.

2. 다음 중 지방세법상 납세의무자가 과세표준과 세액을 신고하고, 신고한 세액을 납부하는 신고납부방식을 인정하고 있는 세목이 아닌 것은?

① 주민세 균등분　　② 지방소비세　　③ 취득세
④ 등록면허세　　⑤ 자동차세(소유분)

3. 지방세의 세율을 정하는 방식으로서 표준세율에 해당하는 지방세가 아닌 것은?

① 균등분 주민세　　② 취득세　　　　③ 재산세
④ 자동차세(소유분)　⑤ 면허에 대한 등록면허세

4. 부동산 취득 시 납부해야하는 세금에 해당하지 않는 것은?

　① 취득세　　② 지방교육세　　③ 종합부동산세

　④ 인지세　　⑤ 농어촌특별세

5. 취득세 등의 해당 지방세에 붙는 부가세 형태의 목적세에 해당되는 것은?

　① 지방소비세　　② 지방교육세　　③ 지역자원시설세

　④ 지방소득세　　⑤ 레저세

6. 다음 중 취득세의 과세대상으로 올바르게 짝 지어진 것은?

| ㉠ 승마회원권 | ㉡ 종합체육시설이용권 | ㉢ 선박 |
| ㉣ 기계장비 | ㉤ 특허권 | |

　① ㉠, ㉡, ㉣, ㉤　　② ㉠, ㉡, ㉢, ㉣　　③ ㉠, ㉡, ㉤

　④ ㉡, ㉢, ㉣　　⑤ ㉠, ㉡, ㉢, ㉤

7. 다음 중 취득세가 과세되지 않는 경우는 어느 것인가?

　① 차량을 사실상 취득하였지만 등록을 하지 아니한 경우

　② 보유토지의 지목이 임야에서 대지로 변경되어 토지의 평가액이 증가
　　한 경우

　③ 상속으로 인하여 상속인이 부동산을 취득하는 경우

　④ 회사에서 사용할 기계장비를 관련 부품을 구입하여 자체 제작하여
　　취득하는 경우

　⑤ 골프회원권, 콘도미니엄회원권은 취득세 과세대상이다.

8. 다음 중 주민세 및 지방소득세에 관한 설명으로 잘못된 것은?

　① 주민세는 주민세 균등분 만 과세한다.

　② 지방소득세는 소득세액의 10%를 지방세로 납부한다.

　③ 국가, 지방자치단체 등에 해당하는 종업원분은 비과세한다.

④ 주민세는 지방자치단체의 구성원인 주민을 대상으로 과세한다.

⑤ 법인지방소득세의 납세의무자는 산출세액을 각 사업장 관한 지방자
치단체별로 안분계산하여 해당 사업연도종료일부터 4개월 내에 관할
지방자치단체의 장에게 신고하고 납부하여야 한다.

9. 다음 중 재산세 과세대상이 아닌 것은?

① 항공기　② 선박　③ 토지　④ 주택　⑤ 콘도미니엄회원권

10. 재산세에 대한 설명으로 틀린 것은?

① 토지에 대한 재산세 납기는 매년 7월 16일부터 7월 31일까지이다.

② 재산세의 과세기준일은 매년 6월 1일로 한다.

③ 재산세 과세대상에 자동차는 포함되지 않는다.

④ 재산세의 납세의무자는 재산을 사실상 소유하고 있는 자이다.

⑤ 국가·지방자치단체의 소유에 속하는 재산세를 과세한다.

〔해답〕

1. ③　2. ⑤　3. ④　4. ③　5. ②　6. ②　7. ④　8. ①　9. ⑤　10. ①

고 성 삼

약 력

미 일리노이주립대학교, 죠지와싱톤대학교 교환교수
(사) 한국회계정보학회 회장 역임, 고문
(사) 대한경영학회 수석부회장, 회장(현)
공인회계사시험 출제위원
한국생산성본부 원가관리사 시험위원
국세청 부기검정시험위원
재무부 증권관리위원회 회계제도 자문위원
(사)한국건설경영연구원 이사장(현)
현, 중앙대학교 회계연구소 소장
현, 중앙대학교 경영대학 교수(경영학 박사)
공인회계사

주요 논문 및 저서

물가변동과 재무제표수정에 관한 연구
외화환산회계에 관한 연구
사립대학의 재정합리화방안에 관한 연구
한국 공인회계사제도 개선에 관한 연구 외
현대부기회계
회계원리
회계학원론
최신회계감사론
모의 공인회계사 제1차시험문제집
국세기본법
회계의 이해
세무.회계용어 사전
최신원가관리회계 외

이 동 찬

약 력

중앙대학교 회계학과 졸업
중앙대학교 대학원 (경영학석사)
중앙대학교 경영학박사 (회계학 전공)
인천대학교 세무회계학과 겸임교수
성균관대학교 경영대학 겸임교수
한국회계학회 영구회원(현)
(사)한국경영지도연구원 이사(현)
한국국제회계학회 이사(현)
현, 햄텍코리아㈜ 부장(경영관리,회계관리)
현, 나사렛대학교 경영학과 겸임교수

주요 논문 및 저서

활동기준원가관리 시스템에 대한
　기업내부고객의 만족도와 경영성과에 관한
　연구
한국 제조기업의 ABCM 시스템 도입실태에
　관한 연구
기업특성변수와 활동기준원가관리시스템
　도입이 경영성과에 미치는 영향
기업특성요인과 활동기준원가관리시스템이
　기업내부고객의 만족도에 미치는 영향
의료기기 소프트웨어 밸리데이션 사례연구
알기쉬운 기초회계원리(무역경영사)

쉬운 세법의 이해　　정가 **20,000**원

발 행 일 / 2015년 8월 30일 1판 발행
저　　자 / 고 성 삼 · 이 동 찬
편　　찬 / (사) 한국건설경영연구원
발 행 인 / 김 현 호
발 행 처 / 법문북스
주　　소 / 156-756 서울특별시 구로구 구로동 636-62
전　　화 / (02) 2636-2911
팩　　스 / (02) 2636-3012
등　　록 / 제 5-22 호

ISBN 978-89-7535-329-1 13320